智能财会丛书

智能财会联盟

AI FINANCE-ALLIANCE

U0794994

财务共享
理论与实务

FINANCIAL SHARED SERVICE

THEORY AND PRACTICE

卢 闯 编著

中国人民大学出版社

·北京·

图书在版编目（CIP）数据

财务共享：理论与实务/卢闯编著．--北京：中国人民大学出版社，2021.10
（智能财会丛书）
ISBN 978-7-300-29875-7

Ⅰ.①财… Ⅱ.①卢… Ⅲ.①财务管理系统 Ⅳ.①F232

中国版本图书馆 CIP 数据核字（2021）第 187702 号

智能财会丛书
财务共享：理论与实务
卢 闯 编著
Caiwu Gongxiang：Lilun yu Shiwu

出版发行	中国人民大学出版社		
社　　址	北京中关村大街 31 号	**邮政编码**	100080
电　　话	010－62511242（总编室）		010－62511770（质管部）
	010－82501766（邮购部）		010－62514148（门市部）
	010－62515195（发行公司）		010－62515275（盗版举报）
网　　址	http://www.crup.com.cn		
经　　销	新华书店		
印　　刷	天津中印联印务有限公司		
开　　本	787 mm×1092 mm　1/16	**版　　次**	2021 年 10 月第 1 版
印　　张	20.5 插页 1	**印　　次**	2024 年 6 月第 8 次印刷
字　　数	368 000	**定　　价**	53.00 元

前言

PREFACE

随着新技术浪潮的蓬勃发展，大数据、智能化、移动化、云计算等新技术深刻改变着每一个传统领域，企业财务管理也处于变革转型的关口。传统注重核算的财务管理不再能够满足企业管理的需要，以财务共享、多维预算和智能分析为核心的新时代管理会计体系正在形成。财务变革的新趋势对会计人才培养提出了新的要求。会计人才不仅要掌握会计专业知识与技能，更要提升业财融合能力和数据分析能力，为企业的经营决策提供支持，实现会计人才培养从核算型向管理型转变。

作为管理会计的基础，财务共享在企业财务管理中起着承上启下的作用。一方面，财务共享承接了管理会计的管理意图和管理要求，落实到财务共享的流程、规则和数据中，为管理者提供管理决策所需信息；另一方面，财务共享为会计核算提供业财融合的核算数据来源，并自动生成核算账务信息。因此，必须站在管理会计的角度去理解财务共享，才能深刻领会财务共享为何可以作为企业财务转型的切入点，以及财务共享在推动业财融合、优化组织流程、提高财务运作效率、建立财务大数据等方面发挥的作用。

本书以管理会计的视角为读者讲述了财务共享的理论及相关实务。全书共分为十五章，其中，第一章从财务共享的基本概念，引出财务共享与财务集中、财务共享与财务转型的关系；第二章至第六章系统介绍了财务共享服务中心的建设，包括战略定位、组织架构、流程再造、信息系统和运营管理；第七章总结了财务共享的发展阶段，以及未来财务共享的发展方向；第八章和第九章介绍了财务共享实务的案例背景和实训平台；基于此，第十章至第十五章详细阐述了财务共享中的常见模块，包括费用报销、资产管理、合同管理、薪酬管理、税务管理和核算中心。

在每个模块中，本书突出两个重点：一是强调对流程的关注，特别是传统财务流程与财务共享流程的对比。让学生体会到，将管理会计融入财务共享的核心是将管理会计思想融入财务共享的流程中，将管理会计的能力嵌入财务共享的系统中。二是注重在实训中深化理解。每个模块的实训内容中详细阐述了实训目标、任务背景、操作流程和操作要点以及典型业务和操作步骤，为学生迅速进入特定情境并展开有效学习提供了理论基础和方向指引，而且在每一个模块后均附有业务练习题，方便学生巩固相关理论知识与实践操作。

作为教材，本书并非定位于用于指导如何开展财务共享的建立和管理的实施类书籍，而是定位于财务共享教材，让学生通过理论学习和实训操作，掌握传统财务模式与财务共享的区别，在管理会计的视角下理解财务共享的主要内容。

本教材重印增加了与党的二十大报告相关的内容。正在准备新版本的修订，在新版本中，我们会更充分体现党的二十大报告的精神，用二十大报告的理论和方法指导教材建设。

财务共享的迅速发展给我们编写这样一本理论与实务兼顾的财务共享教材提出了极大的挑战。以前沿性、系统性和适用性为目标，在参考国内外有关实训教材编写经验的基础上，本书在写作中注意突出以下几点：

1. 专题性。全书按专题设计，每个专题涉及财务共享的某一特定范畴。学生可对财务共享既有全局性的掌握，又有专题性的实践。

2. 领先性。本书的财务共享理念、建设内容、业务流程及实训平台均代表了国内财务共享实践的先进水平。学生可以深入体会财务共享的最新发展。

3. 实操性。本书各专题将系统阐述本专题中财务共享的工作流程、操作要点、典型业务和操作步骤，并附有详细的图片。学生可以自主学习，轻松上手。

4. 实用性。本书的财务共享软件系统广泛应用在安踏、顺丰、奇瑞、国美等国内知名企业，内容紧密结合财务共享的企业实践。学生学为所用，实践性强。

在编写中，中国移动通信集团有限公司财务部副总经理陈静女士负责了本教材部分章节的撰写工作以及全书的校对工作。这本教材从构思酝酿到编著成书，得到了中国人民大学出版社和元年科技的大力支持，在教材出版之际，特此表示衷心的感谢。

本书可以作为大中专院校会计学、财务管理等专业会计信息化课程的教材，也可用于单独开设财务共享课程。囿于学识和经验，本书难免存在不足之处，敬请广大读者朋友不吝赐教。

卢　闯

目录
CONTENTS

第一章

财务共享概述

本章学习目的

本章重点介绍共享服务和财务共享服务的基本概念。通过本章的学习，应了解共享服务的由来和概念；掌握财务共享的概念；理解财务共享与财务集中的区别；了解财务共享在财务转型中的作用。

第一节 财务共享的概念

一、共享服务的概念

最早诞生于20世纪80年代西方国家的共享服务，被视为一场跨国企业的“集体冲动”。当时，正值经济全球化和信息技术的迅猛发展期，发达国家经济增长放缓、竞争加剧，而发展中国家和新兴市场经济增长强劲。一些领先的跨国企业将视野转移到发展中国家和新兴市场，纷纷加速区域化扩展的步伐，通过直接投资、兼并收购等建立了遍布全球的分支机构。伴随着全球化、区域化经营脚步的加快，跨国企业管理中出现了一个新的难题：企业规模不断发展壮大，分支机构日益增多，原有的分散式组织形式出现了规模不经济、管理成本居高不下、集团管控难度大、政策执行力差、机构人员冗杂等问题，一种新的管理模式呼之欲出。

“只有那些能以最小单位成本提供业务支持的企业，才是市场上的赢家。”正如《服务共享——新竞争系列》作者安德鲁·克里斯所说，如何降低成本、提高效率、加强管控，成为许多跨国企业之间激烈竞争的关键，而共享服务正是在上述背景下应运而生的一种新型管理模式。

共享服务的核心内容，就是把原本分散于企业各个分支的重复的、日常的事务性活动，从原来的业务单元中剥离出来，进行合并或者重新整合，再由专门成立的独立实体提供专业、统一、标准化的服务。这种由分散到集中、由共享服务中心统一提供的标准化、流水线作业模式，带来显而易见的好处——低成本、高效率。通常而言，财务、人力资源管理和信息技术等事务性或专业化活动适宜采用共享服务模式。

共享服务背后的逻辑并不复杂。往远可追溯到200多年前英国经济学家亚当·斯密在《国富论》中提出的“专业化分工可以提高劳动生产率”；往近可追溯到20世纪初，美国人亨利·福特在汽车生产中率先引入“流水线”作业方式，隐藏在背后的秘方就是规模经济所带来的生产成本的降低和劳动生产率的提高。

共享服务在企业中应用广泛，凡是企业中事务性或者需要充分发挥专业技能的活动，如财务、IT、人力资源，都可以通过共享服务的方式进行企业内部不同部门和业务单元间的组织和资源整合。

根据国际财务共享服务管理协会（International Financial Shared Service Association，IFSS）的定义，所谓共享服务，是依托信息技术，以流程处理为核心，以优化组织结构、规范流程、提升流程效率、降低运营成本或创造价值为目的，以市场化的视角为内外部客户提供专业化生产服务的管理模式。

共享服务的目的是为所有客户提供低成本、灵活且优质的服务。共享服务结合了集中化模式和分散模式的优点，具有如下几个特点：

（1）通过流程和技术优化消除冗余过程；

（2）合并并重新设计非核心支持职能，将其纳入服务中心；

（3）对运营单元保留的组织和职责进行重新设计；

（4）通过双向服务水平协议促进责任共担；

（5）加强对内部客户服务和成本管理的关注。

二、财务共享服务的概念

得益于财务业务的规范化和易于标准化等特点，以及财务信息化工具在企业中的日渐普及，财务往往成为很多企业建立共享服务中心的首选领域。财务共享服务能有效解决经济全球化背景下跨国企业管理中所遇到的整合资源、加强分子公司控制、控制管理成本、提高协同效率等诸多管理的难题，因此，自诞生以来就受到跨国企业的青睐。

1981年，美国福特公司建立了世界上第一个财务共享服务中心。随着经济全球化和全球信息化的推进，杜邦、美孚、壳牌、宝洁、强生、摩托罗拉、花旗银行、戴尔等跨国公司也相继成立了财务共享服务中心。国内，中兴通讯、海尔、华为、中国石油、中国石化、华润集团等大型企业集团纷纷建立财务共享服务中心。根据《2020年中国共享服务领域调研报告》，截至2020年底，中国境内共享服务中心已经超过1 000家。

财务共享服务（Financial Shared Service，FSS），也称财务共享，是共享服务在财务领域的应用。简单来说，就是依托信息技术，将企业中重复性高、易于标准化的财务业务进行流程再造和标准化，交由财务共享服务中心统一处理，达到降低成本、提高业务处理效率、强化企业管控等目的的分布式管理模式。

在企业所有的部门职能中，财务工作有着重复性高、流程性强、规则性强等特征。因此，在财务领域应用共享服务这一模式最为广泛成熟。

三、财务共享服务中心的概念

财务共享服务中心（Financial Shared Service Center，FSSC）就是对外提供财务共享服务的组织。集团企业通过建立和运行财务共享服务中心，使财务组织和财务流程得以再造，使一些重复性高、易于流程化和标准化的财务工作，集中到财务共享服务中心来处理，从而大大提高财务日常工作的效率。

财务共享服务是一种创新的财务管理模式，提供这一服务的财务共享服务中心具有如下几个特点：

1. 财务共享服务中心是一个独立的组织

财务共享服务中心是以一个独立组织的形式对外提供财务共享服务。这个中心是通过对财务职能部门的再次分工聚合而来的一个专门的财务机构。财务共享服务中心与其他财务机构相对独立，专门负责处理财务核算工作。作为独立组织，财务共享服务中心通过独立化、专业化、标准化、规范化的运营，对外提供高质量的财务共享服务。

2. 财务共享服务中心是一个专业平台

财务共享服务中心是一个提供“财务会计和财务报告业务”服务的专业平台。财务共享服务中心为企业各个业务部门提供财务共享服务，以客户需求为导向，签订服务水平协议，促使企业将有限的资源和精力专注于核心业务。

3. 财务共享服务中心是一个会计核算作业中心

财务共享服务中心是一个由专门的团队按照统一的流程，利用 IT 信息技术进行标准化的会计核算作业中心。财务共享服务中心可以称为“会计工厂”或者“企业经营信息的标准化处理工厂”。这个工厂可以把业务语言翻译成财务语言，动态地反映企业财务状况、经营成果和现金流量。这个专门团队可以是实体的，也可以是虚拟的；既可以对内提供服务，也可以对外提供服务。

4. 财务共享服务中心是一个任务管理中心

财务共享服务中心是一个任务管理中心，是一个任务委派发布、分配、处理、存档的中心。在财务共享服务中心，任务就是唯一地描述一个端到端的核算工作的属性，而不同的属性决定了任务的不同内容，即费用报销、应收应付、总账等。

在财务共享服务中心，可以将一个任务理解为一个单据。一旦任务得以建立，财务共享服务中心就要按照相应的流程开始执行任务，而这个流程是信息流、实物流、资金流、工作流的融合。财务共享服务中心通过流程的再造与优化、标准化来提高工作效率、保证工作质量、加强内部控制、防范财务风险等。

5. 财务共享服务中心是会计信息的存储仓库

财务共享服务中心是会计信息的存储仓库，这个信息仓库可以为前端业务提供财务服务支持，也能为后端决策提供会计信息支持。当然，会计信息本身并不会创造价值，也不能进行决策，财务共享服务中心只是通过不同的技术展现形式为业务管理和决策分析提供专业的会计信息。这个仓库提供的会计信息只是企业信息的一部分，不是全部企业信息。也就是说，财务共享服务中心不可能取代企业其他信息系统，如 ERP、HR、CRM 等。

财务共享服务中心的建设，通常会涉及五个要素：战略定位、组织架构、流程再造、信息系统和运营管理。

第二节　财务共享和财务集中

随着企业的发展壮大，集团型企业对子公司会形成不同的管控模式。根据分权与集权的程度，管控模式分为三种形式：财务管控型、战略管控型和运营管控型。

第一种是财务管控型，是一种倾向于分权的管控模式。集团总部只关注子公司的收入、利润等主要财务指标，一般不干涉子公司的具体经营和管理活动，分子公司财权、人权相对独立，分散式发展，集团总部一般没有业务管理部门。

第二种是战略管控型，是一种相对集权的管控模式。集团总部和分子公司相对平衡地发展，集团总部专注于战略决策和资源部署，通过战略规划与控制保证集团整体发展方向，集团总部一般没有具体的业务管理部门。

第三种是运营管控型，是一种高度集权的管控模式。集团总部高度集权，几乎所有事务的最终决策权均收在集团，下属企业仅是集团决策的被动执行者，集团总部对子公司的日常经营进行直接管理，集团总部的职能部门较为完善，总部的人员规模也较为庞大。

不管是财务管控型、战略管控型还是运营管控型，上述三种集团管控模式均存在一个显而易见的弊端：随着集团企业规模的不断扩展，集团总部或者分子公司的财务组织会日益庞大，财务人员会不断膨胀。“大而全、小而全”的状态下，集团企业进行集中式财务管理的需求日益迫切。

财务共享服务中心是企业集中式管理模式在财务管理上的最新应用。它将原本分散于不同地方、不同分支机构的某些重复性财务业务整合到一个专门成立的组织进行集中处理，其目的在于通过集中的运作模式，解决集团企业财务职能建设中重复投入和效率低下的弊端。

但是，财务共享并不是简单的财务集中。两者有明显的差异：

首先，适用范围不同。财务集中是一种简单的集中，它把财权集中到总部，所有收入和支出都由总部统一划拨，收支两条线，是一种高度集权的管理方式，仅适用于运营管控型的集团企业。而财务共享服务中心会引发企业的组织变革、流程再造和财务变革。把财务职能中那些可标准化、可复制、重复性高的业务进行集中，通过流程再造和组织变革，财务共享服务中心实现了费用管理、薪酬、合同和税务等财务业务的服务共享。因此，财务共享是站在整个集团的角度提高财务效率、降低运营成本、提高管控效果，它适用于上述三种不同的集团管控模式。

其次，组织方式不同。财务集中是一种简单的集中和对原有流程的简单梳理，进而将财务业务集中于总部进行集中处理，不涉及组织变革；而财务共享服务中心要进行流程再造和组织变革，它是一个独立的组织，可以对内对外提供专业、统一、标准化服务的独立运营实体，甚至可以是一个独立的利润中心。

最后，目的不同。财务集中是对原有财务业务流程的简单梳理和优化，其目的是资源的集中管理、控制和成本降低；而财务共享是将企业分散的、重复的、同质性、易于标准化的财务业务整合到财务共享服务中心来处理，减少重复性工作，提高工作效率，促进企业专注于高增值的核心业务，其目的在于推动企业的财务转型。

财务集中与财务共享之间的区别如表 1－1 所示。

表 1-1　财务集中与财务共享之间的区别

财务集中	财务共享
仅适用于运营管控型	适用于三种管控模式
不涉及组织变革	独立的组织
注重集中控制，降低成本	推动财务转型
不改变原财务流程和标准	关注流程优化与流程再造，一致的标准和流程
简单的人员集中	财务人员的重新组织与配置
向管理层负责	向服务客户负责，签署客户服务协议
事务处理者	服务提供者
业务单元无选择权	客户有选择权
业务单元不参与监督	客户参与服务质量的监督
一般设在总部	地点选择更关注成本、人力要素，与总部无关

第三节　财务共享与财务转型

一、财务转型的目标

随着市场化改革的不断深入，财务管理在空间、时间和效率上都发生了变化。不论是外部环境还是企业自身发展，都对财务信息的及时性、准确性和有效性提出了更高的要求，财务转型已箭在弦上。2014 年 11 月，财政部出台《关于全面推进管理会计体系建设的指导意见》，引领中国会计行业迈入从财务会计向管理会计的财务变革之路。当前的财务状况和未来的转型方向如图 1-1 所示。

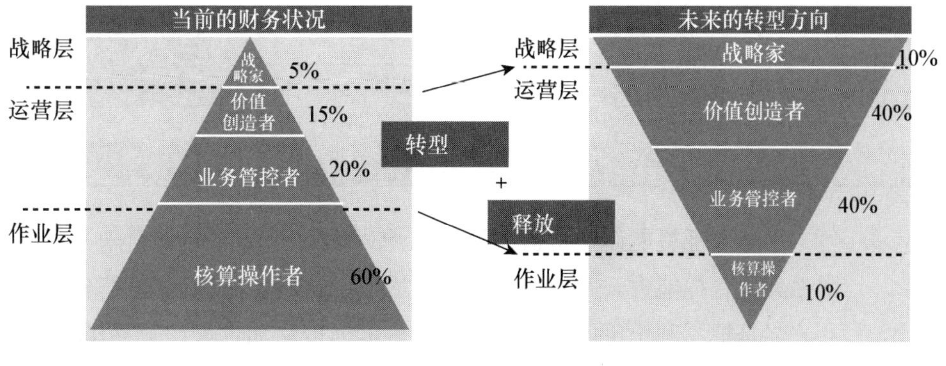

图 1-1　当前的财务状况和未来的转型方向

麦肯锡公司最近的一项调查表明，企业财务部门的现状是：用于业务处理的时间为60%，只有不到10%的时间用于决策支持，而世界级企业的财务部门用于决策支持的时间已超过50%。现实中，很多公司的财务人员把大部分时间都用在了整理单据、做凭证、做报表、核对数据等工作上，大学本科毕业甚至研究生毕业的人都在从事这些简单重复的工作，这既是人力资源的浪费，也是高成本的表现。所以，财务转型是必然的趋势。

财务转型从根本上来说是三方面的变革，转型后的财务管理模式如图1-2所示。

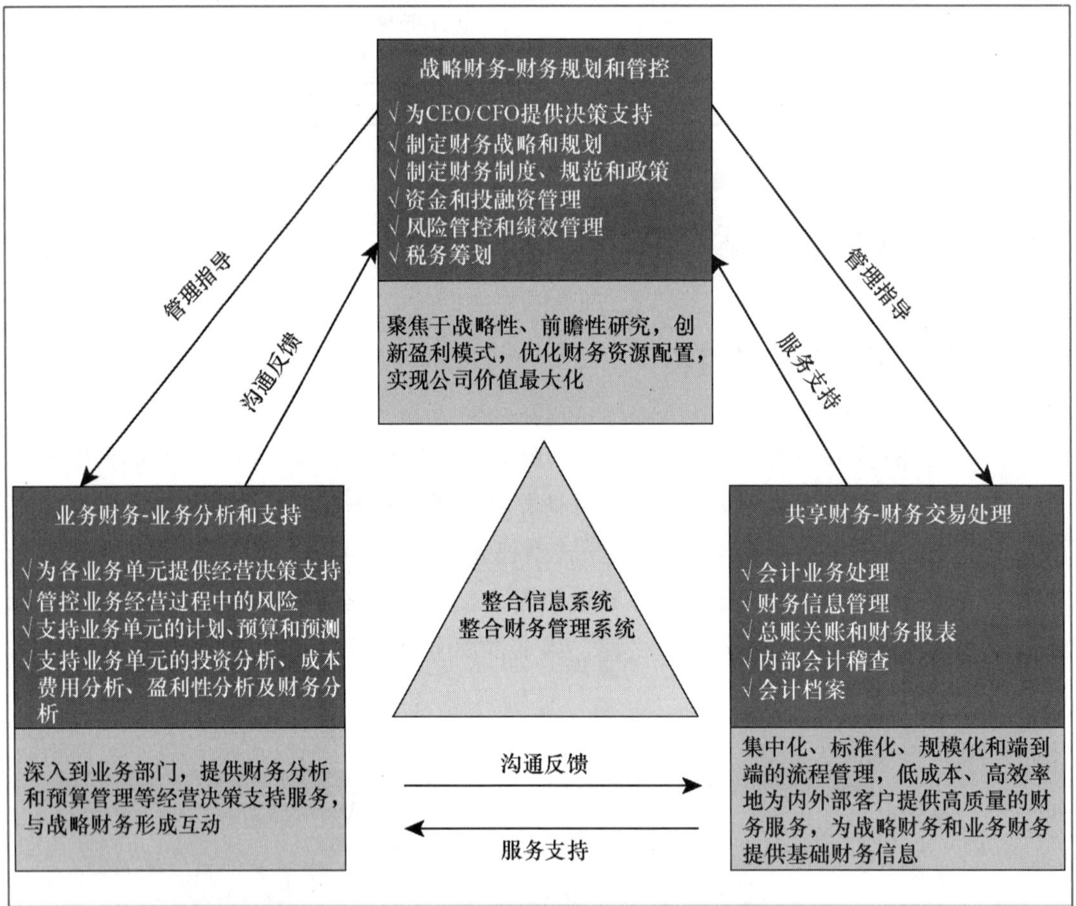

图1-2 转型后的财务管理模式

一是要把更能创造价值的活动从原来的财务部门分离出来，放到集团层面，增强集团管控能力，为创造企业价值服务。这部分职能就是战略财务。

二是把不利于价值创造活动和非价值创造活动，如核算活动，剥离出来，由专门的组织去承担，这个专门的组织就是共享财务/核算财务。

三是把集团层面实现价值最大化的目标落实到具体的业务层面。具体地说就是把财务体系与整个业务流程紧密地结合起来。把集团的管控工作植入业务过程，向业务部门提供服务，让业务部门或人员能及时地了解销售订单哪些赚钱，哪些不赚钱。协助销售清楚地计算出每一份订单的成本和利润。财务人员的工作不再是业务的事后核算和监督，而是从价值角度对前台业务进行事前预测，计算业务活动的绩效，并把这些重要的信息反馈到具体业务人员，从而为其行动提供参考。财务人员扮演策略咨询专家的角色，成为业务最佳的合作伙伴，这就是业务财务。

有一种观点认为，ERP 能够帮助企业实现财务转型。实际上，ERP 系统是基于交易的信息系统（transaction-based information system），主要面对企业的业务流程和交易，并没有触及管理本身，对分工方式和工作性质没有带来实质性改变；而财务转型是管理方式的变革，需要的是基于分析的信息系统（analysis-based information system），通过专业化分工，由专门的部门、专职的人员和专业的信息系统完成财务会计、管理会计等工作。

二、财务共享对财务转型的作用

财务共享服务中心的建立为企业的财务转型奠定了基础，原因如下：

第一，从组织架构层面看，财务共享服务中心进行的财务岗位职能分离，采用扁平化管理方式，为后续财务转型的组织架构调整奠定了基础。企业构建财务共享服务中心，目的是将那些简单重复且易于标准化、流水线作业的费控、合同、税务、资产等业务归集在统一的共享服务中心进行集中处理。因此，财务共享服务中心的建立势必要求企业进行财务岗位的分离——少部分核算会计专门负责会计核算，而大部分财务人员将向管理会计转型，即以提供分析、管控、决策支持为主要职能，高效率、多维度、全方位提供信息，满足企业管理与发展的需求。财务共享服务中心的建立使财务会计与管理会计的岗位职能分离成为可能。在岗位分离的基础上，企业可以分步设置管理会计职能和岗位，财务职能逐渐向管理会计转化。

第二，从人员储备看，财务共享服务中心为财务转型奠定了人力资源基础。一方面，财务共享服务中心成为财务人员快速成长的第一关。在财务共享模式下，费控、合同、税务、资产等大量重复的工作被标准化、规范化、流程化，即便是刚毕业的会计人员也能很快上手。另一方面，财务共享服务中心使财务人员"术业有专攻"。传统财务部门对财务人员进行统一的分配与管理，而财务共享模式更强调财务人员的专业化分工，财务人员各司其职，初级财务人员从事核算工作，高级财务人员可将更多精力投入到企业的战略决策、投融资分析、经营管理、绩效评价等管理会计领域。

在财务共享模式下，管理会计人员有更多的时间和机会站在业务前端，用业务视角、管理者视角、战略视角去审视财务问题，并在实践过程中逐步积累构建业务模型的能力、分析决策能力，进而使管理会计人员的职业路径规划更明确清晰。

第三，从系统要求看，财务共享的信息系统是管理会计体系的有机组成部分。一方面，一个完整的管理会计体系不但包括全面预算管理、成本管理、绩效管理、内部控制、管理报告、管理仪表盘等模块，还应当包括核算、费控、报销等基础模块。另一方面，财务共享的信息系统，不单单是一个独立的系统。财务共享服务本质上是一个信息化平台，构建共享服务系统要对业务模式优化，要进行流程重组，这会涉及多个业务管理环节的管理系统，要与业务处理系统、全面预算管理系统和绩效评价系统等多个系统实现有机融合。

第四，从数据关系看，财务共享服务中心产生的大量实际数据、历史数据为管理会计的决策支持、精细化管理积累了数据基础。一方面，财务共享服务中心把原来分散在各个分支机构的数据汇总到共享中心进行统一处理，为管理会计的分析与决策支持收集了大量真实、可靠、低成本的历史数据。此外，财务共享服务中心为管理会计提供了外部数据源，通过数据仓库和数据集成工具箱的加工，为管理驾驶舱、管理会计报告、预算、成本、绩效管理提供数据来源。另一方面，财务共享服务中心夯实了数据基础，促进了流程、管理、数据质量的规范，而这些真实的数据正是战略分析、管理决策中的重要部分。

第五，财务共享服务中心可以提炼出管理者最关心的报告级数据，是管理会计管控思想最基础的体现。譬如，公司的费用报销数据可以从不同角度进行分析和挖掘，而这些分析数据才是管理者最感兴趣和最有价值的。

从核算型会计向价值创造型会计转变，离不开财务共享服务中心的支撑作用，而管理会计是企业的战略、业务、财务一体化最有效的工具，是财务共享展现价值的最终方向。

思考题

1. 财务共享服务与企业传统的财务模式有什么区别？
2. 财务共享服务为什么能够推动企业的财务转型？

延伸阅读

关于财务共享服务建设的三大误区

误区一：所有企业都需要财务共享服务中心

虽然财务共享服务中心能提高企业的经营管理效率、降低成本，但并非所有企业都适用。财务共享服务模式更适合规模大、分支机构多的企业，特别是跨国、跨地区、多元化的企业集团。一是这些企业有足够的人力、物力、财力来支撑财务共享服务中心的前期建设和后期运营完善，并且这些集团企业信息化基础较好，有利于共享中心的快速建设；二是因为大型企业集团组织结构复杂、财务流程冗余、管理成本高，亟须降本增效、加强管控、优化组织结构，所以大型企业集团有建设共享中心的需求；三是大型企业集团体量大，可能会有上千家分支机构，每个月可能会有上万张单据需要处理，财务共享服务中心可以充分利用其规模效应优势。

一般来说，符合以下五类特征（见图 1-3）的企业可以引入财务共享服务模式。

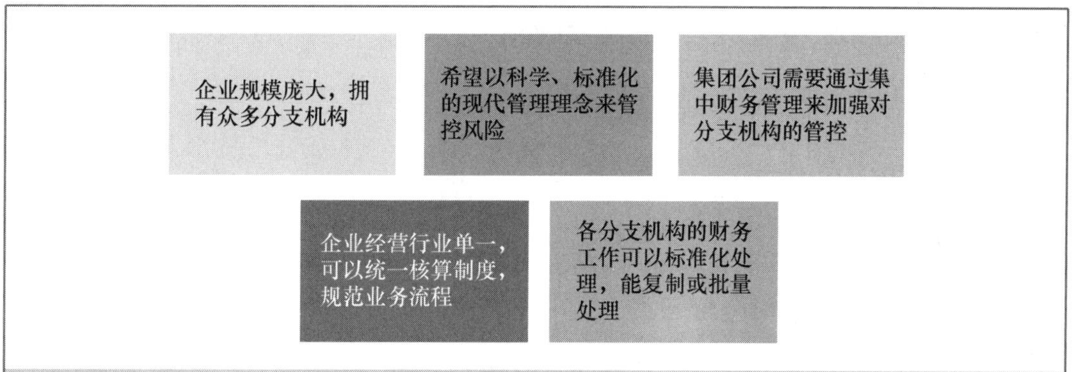

图 1-3　适合引入财务共享服务模式的企业特点

误区二：所有的财务工作都可以共享

在企业中，并不是所有的财务工作都可以放到共享中心处理，那些可以流程化、易于标准化和系统化处理的财务工作更适合共享。

根据国内外企业财务共享服务中心的建设案例，财务共享服务中心在发展过程中形成的典型业务主要是费用、资产、税务、应收应付等。财务管理领域的现金管理、成本管理、风险管理、内审业务也被多数企业纳入财务共享服务中心的业务范围。财务共享服务中心业务流程覆盖情况如图 1-4 所示。

误区三：系统建设要“一步到位”

财务共享服务中心的建设和运行是一场对企业组织架构、流程管理、系统建设、人员

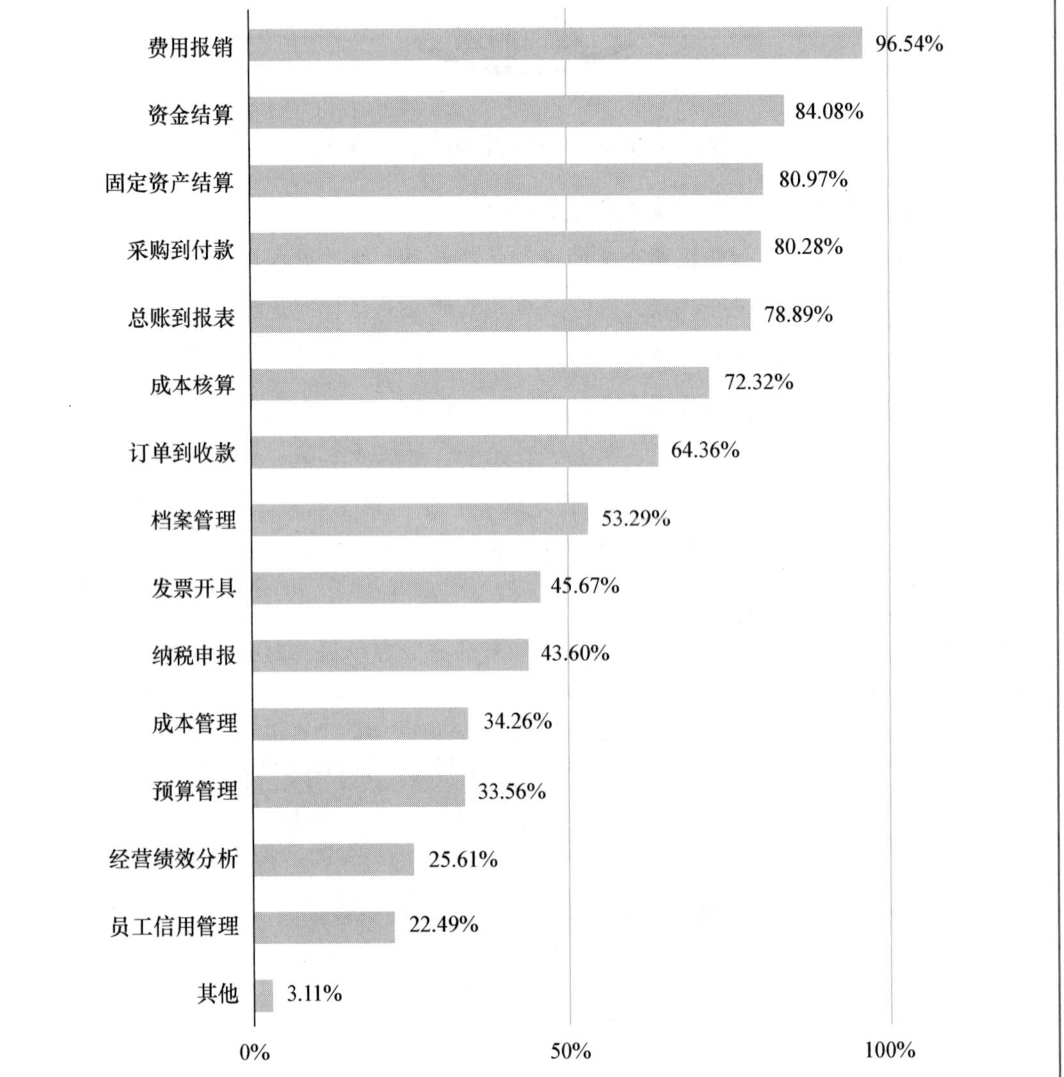

图 1-4　财务共享服务中心业务流程覆盖情况

资料来源：2020 年中国共享服务领域调研报告.

规划等领域的全面变革。财务共享服务中心的建设不可能是短期工程，要随着企业业务发展和管理提升不断改进和完善。

一方面，企业构建财务共享服务中心需要经历多个阶段，包括调研评估、设计构建、运行管理和提高改进，每一个阶段都需要缜密地设计和实施。一般来说，企业自身摸索财务共享服务中心的建设和管理路径难度较大，可以结合外部经验和自身实际情况，如邀请专业咨询机构给予帮助和建议。北京国家会计学院 2015 年的一项调研显示，在构建财务共享服务中心时，88%以上的企业选择借助外部力量，在这其中，半数以上企业选择由咨询公司进行财务共享服务中心的方案设计。

另一方面，即使对于已经成功完成财务共享服务中心建设的企业，系统的上线也并不意味着工作的结束。企业在信息系统建设完成后，还需要不断完善业务流程、人员管理、制度管理、系统管理等方面。

第二章

财务共享服务中心的战略定位

本章学习目的

本章重点介绍财务共享服务中心战略定位的主要内容。通过本章的学习，应了解财务共享服务中心的战略目标；掌握财务共享服务中心的五种运行模式；理解财务共享服务中心的战略结构。

第一节　战略定位概述

财务共享服务中心的战略定位是指为了配合公司整体经营战略而确定的财务共享服务中心未来工作的主要目标，以及为达成目标而采取的行动。战略定位是建立财务共享服务中心首先需要考虑的内容，对其他方面起着决定性的作用。

战略定位主要包括财务共享服务中心的战略目标、运营模式和战略结构。

第二节　战略目标

在企业着手建立财务共享服务中心之前，首先需要从企业战略的高度，确立财务共享服务中心的目标。当然，不同的企业建立财务共享服务中心的战略目标可能各不相同。同一个企业，在财务共享服务中心建设的不同阶段，战略目标也会有所不同。

根据国内外已经建立财务共享服务中心的企业的实践情况，建立财务共享服务中心的战略目标主要有以下几个：

1. 降低成本，提高效率

降低成本是所有建立财务共享服务中心的企业的一个共同目标，因为企业是以盈利为目的的经济体。事实证明，财务共享服务中心对于成本降低的成效显著。据埃森哲在欧洲的调查，30 多家在欧洲建立财务共享服务中心的跨国公司平均降低了 30％的财务运作成本。

建立财务共享服务中心，需要统一企业的财务制度，梳理企业的财务流程，最终促使企业财务的统一和标准化，这既有助于降低企业的财务成本，又有助于提升企业的财务效率。据 ACCA 对中国企业的调查，超过 50%的中国企业认为，实施共享服务对于降低财务成本，提升财务流程效率非常重要。

2. 加强财务控制，降低风险

在建立财务共享服务中心之前，很多企业的财务组织和人员往往比较分散，子公司、分公司甚至公司的部门内部都建有财务组织，配备有财务人员。这种分散的财务管理模式不但削弱了企业对财务的控制力，而且隐藏着巨大的风险。建立财务共享服务中心，就要将分散的财务加以集中。对于企业而言，这是加强财务管控的重要途径。财务管控的加强，自然可以降低与管控有关的风险。

3. 促进财务转型

财务转型对于中国企业来说可能显得更为重要。因为当前国内大部分企业的财务部门和财务人员主要从事核算工作，而在决策支持上相对不足。企业通过建立财务共享服务中心，使大量基础财务工作标准化、流程化，提高财务核算工作的效率，降低对财务人员的需求量，使财务人员能够从烦琐的核算工作中解放出来，从事战略财务和业务财务，使企业的财务实现转型升级。

除了以上三个主要目的外，建立财务共享服务中心的战略目标可能还包括：提升财务能力、提高财务工作质量、提升内部和外部客户满意度、加强财务对决策的支持力度、强化企业内部管理等。

根据《2018 年中国共享服务领域调研报告》，财务共享服务中心可以带来的收益如图 2－1 所示。

第三节　运营模式

最初，财务共享服务中心只是进行基本财务业务的处理，随后，慢慢发展成一个运作与控制分离的职能部门，最后发展为独立经营模式，成为一个独立的营利组织。比如，壳牌石油建立的“壳牌石油国际服务公司”，每年约 10%的收入来自向外界提供服务。从只为内部客户服务，到同时向外部客户提供自己的财务共享服务；从降低企业的运作成本到为企业创造利润，随着共享服务不断发展进步，逐渐走向成熟，财务共享服务中心向企业内外部客户提供了优质的服务、丰富的服务内容和服务形式，以满足客户的需求和选择。

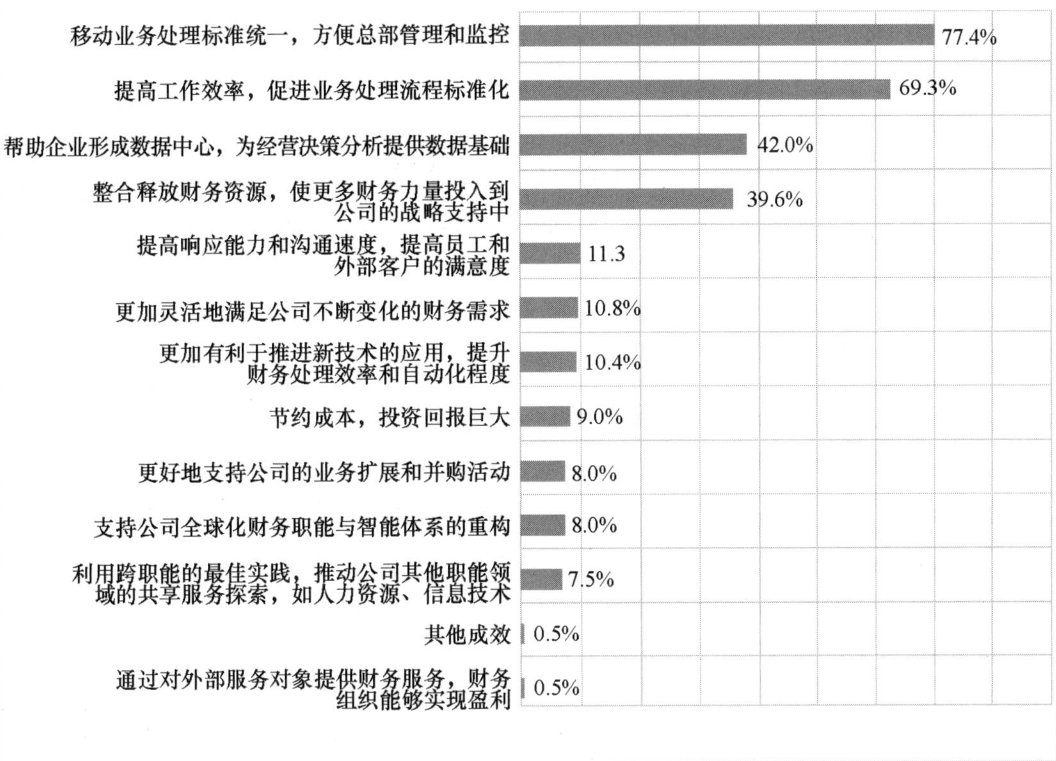

图 2-1 财务共享服务中心可以带来的收益

资料来源：2018 年中国共享服务领域调研报告.

企业需要根据自身的经营情况、组织结构、信息化程度等，确定财务共享服务中心的运营模式。按照组织发展的阶段，财务共享服务中心的运营模式分为以下五种类型：基本模式、市场模式、高级市场模式、独立经营模式以及财务众包模式。

1. 基本模式

这种运营模式通常处于财务共享服务中心发展的初期阶段。这种模式下，组织内部的基础运营与决策权统一在公司总部。出于集中管控、降低成本以及提高效率等方面的考虑，会强制性地要求各分支机构将总账、应付账款、应收账款、固定资产等典型的财务工作集中到财务共享服务中心处理。这种类型的财务共享服务中心比较注重选址、人员测算、最优工作量标准核定等。

2. 市场模式

这种运营模式是财务共享服务中心发展到一定阶段的产物。它分离了公司职能内部的基本运作权和决策权，使财务共享服务中心成为相对独立的经营实体，拥有基本运作权使得机构更加灵活，只需执行总部规定的相关政策，并受总部的监管，集团内部分支机构的客户不再被动接受托管性的服务，可以根据自己的意愿做出是否接受这些服务的决定。这种模式的财务共享服务中心，不但提供基础的业务服务，还提供更专业的咨询服务，不断提升自身的服务质量，根据确定的服务流程与标准提供服务。与此同时，财务共享服务中心开始通过服务收费抵偿成本。我国大多数企业集团采用这种服务模式。

3. 高级市场模式

这种类型的财务共享服务中心，是市场模式的进一步发展。与市场模式最大的不同是高级市场模式引入了竞争，其核心目标是为客户提供比竞争对手更优的服务。此时，企业内部各机构的客户具有更多的自主权。因为市场上有更多能够替代的系统软件服务商，这种财务共享服务中心在收费标准上，按照市场价格或成本加成收取相应费用。目前这种运营模式的应用在我国不是很多，一些具有雄厚实力的大型企业集团会采用这种运营模式。

4. 独立经营模式

独立经营模式是财务共享服务中心的高级模式。这一阶段财务共享服务中心的服务对象包括企业的内外部客户，面临与各种外部咨询机构与服务供应商的竞争，需要不断提高技能，充实各种咨询服务知识。此时的财务共享服务中心以盈利为出发点，其服务收费采用的是市场价格模式，成为能够创造价值的利润中心。独立经营模式的财务共享服务中心具有完全的独立性，并且通过服务与产品的不断改进或升级，发展壮大其市场，提高客户满意度。国外跨国企业或咨询公司一般应用这种类型的运营模式，我国企业集团对该模式的应用还很少。

5. 面向未来的财务众包模式

“众包”概念由美国专家 Howe 于 2006 年提出。借助于“互联网＋”和互联网思维、技术，财务业务也可以在逻辑上集中、物理上分散，由此产生了“财务众包”的概念。这也意味着，财务共享服务中心本身的管理可以分散进行，员工即使分散在不同的地区也可以完成同一项工作。

2016 年 10 月 17 日，阳光保险发布“阳光财务众包平台”，将会计作业与新兴的互联网结合，开创“互联网＋会计”的共享经济新模式。该平台将会计作业拆分成微任务，并面向互联网用户进行任务招募，由互联网用户抢单、随时处理完成。阳光保险也由此成为首家面向社会大众、采用财务众包模式处理会计事项的企业。

由于财务共享服务中心的业务都是统一、标准化的，依托目前的互联网技术，从操作层面来说，财务共享服务中心采用财务众包模式是具备可行性的。但是对于一向把财务视为企业核心商业机密的企业，对这一模式的选择会更多考虑安全性问题。

第四节　战略结构

战略结构是财务共享服务中心的顶层架构，也是建立财务共享服务中心的重要决策。战略结构涉及按照什么方向建设财务共享服务中心，建设的数量是多少，各个财务共享服务中心的职责与服务范围如何划分。

在战略结构的选择上，根据为客户提供服务所覆盖领域的不同，财务共享服务中心的战略结构主要有三种：全球中心、区域中心、专业中心。全球中心和区域中心是以地域作为标准，而专业中心是以单个/类业务流程为标准。

1. 全球中心

全球中心是将企业全球内可以集中的业务流程都通过一个统一的财务共享服务中心进行处理。全球中心的优点是规模经济优势明显，但需要应对不同国家和地区的法律法规，需要面对语言、文化、时差等差异，需要有完全整合的系统。因此，全球中心这种模式在实际操作中难度最大，对企业的管理水平要求非常高，一般企业很少采用。

典型代表如惠而浦（Whirlpool）、中兴通讯等。中兴通讯在西安建立财务共享服务中心为全球100多个国家和地区的分支机构和分子公司提供财务服务。

2. 区域中心

区域中心是企业将其财务工作集中整合到一个或多个区域中心，较为充分地实现规模经济，降低企业的整体成本的一种模式。这种模式下，企业会将全球的业务分成几个区域，然后把可以集中的业务流程集中到某个区域的财务共享服务中心。这种方式相对于全球中心来说，建立的难度较低，被更多的企业所采用。

典型代表如通用电气（GE）、壳牌（Shell）、华为等，它们在全球范围内建立了多个区域中心。

3. 专业中心

专业中心主要是以单个或单类业务流程为标准，在全球范围内建立财务共享服务中心。比如，专门处理应付账款的财务共享服务中心，专门处理固定资产的财务共享服务中心。这种模式的重点在于消除重复劳动，提供单一或单类流程服务。

譬如，壳牌的格拉斯哥中心作为专业中心，仅承担集中报销业务，为壳牌全球各业务单元服务。

对于非跨国公司来说，以地域为标准，可以建立全国中心和地区中心。可以先建立地区中心进行试点，试点成功后，再将地区中心的经验复制到全国，建立全国中心。未来如果走出国门，实现国际化，还可以进一步建立区域中心和全球中心。

思考题

1. 收集相关企业资料，举例说明企业财务共享服务中心的运营模式是什么？为什么会这么选择？
2. 财务众包模式的前景如何？如何看待这一模式？

延伸阅读

中国石油集团：一次全球布局的智能升级

中国石油集团公司财务共享服务建设以“打造世界一流的智能型全球财务共享服务体系”为愿景，具有智能、全球、综合等显著特征。财务共享服务中心功能定位为交易处理中心、创新中心和专家中心。共享建成后，总部财务、专业公司和地区公司财务、共享服务中心分别承担战略财务、业务财务、共享财务职能，形成“四位一体”的新型财务管理体系。

智能：以智提“质”、以智增“值”、以智图“治”

共享服务是财务自动化和智能化的基础。在试点过程中，集团公司积极创新应用智能化信息技术，先后上线5款16个虚拟智能化“小铁人”机器人，处理效率达到人工10倍以上，同时结合业务流程优化和专业化、标准化、智能化、精益化管理，财务共享业务实际用工效率提升43%，集约效应、规模效益切实显现。

未来，集团公司财务共享服务中心具有三大功能定位：交易处理中心、创新中心和专家中心。作为交易处理中心，财务共享服务将逐渐从简单会计处理向业务流程前端拓展，提升风险管控水平；作为专家中心，财务共享服务中心将着力培养数字专家、算法专家、模型专家、业务专家，不断拓展数据服务和专家咨询服务；作为创新中心，财务共享服务中心将紧紧围绕模式创新和技术创新两大主题，不断吸收和应用优秀管理经验和新兴技术。

全球：面向全球业务提供服务

全球化的企业，一定会有全球化的财务共享服务中心。集团公司目前已建成五大油气合作区、四大油气战略通道、三大国际油气运营中心，业务遍及全球80多个国家和地区，共设有500多家海外分支机构。未来财务共享服务中心将面向全球业务提供服务，建成后将成为全球单一最大的财务共享信息系统，国际化特征显著。

在中国石油，部分单位已经开始尝试海外共享。中油国际公司2017年4月成立财务共享服务中心，将本部及中间持股公司的会计核算及财务报表工作，本部及海外项目中方员工费用报销、薪酬福利核算等纳入共享。

长城钻探将7个境外项目内账核算及报表纳入本部境外核算科进行统一管理并处理，实现部分交易处理类业务的共享。

共享服务就是管理变革和流程再造，如何规避项目投资回报、国际汇率、国际税收等风险，将面临诸多挑战。在推进海外财务共享服务建设中，集团公司“借智借脑”。通过共享服务的建设，将实现财务的全面转型和再造、全球化的财务管理体系、全球化视野的总部财务部门、财务核心职能的研究能力，这四个财务专业能力将有力地支撑中国石油“走出去”战略，实现从优秀到卓越的管理提升。

综合：为多元客户提供多元服务

集团公司明确，逐步建立财务、人力资源、技术、信息、物资采购、审计等共享服务中心。财务共享服务中心采用“全球商务服务”模式，为多元客户提供多元服务，综合一体化特征显著，为后续其他业务共享服务留足接口。

未来，集团公司共享服务中心将具备多种职能，包含财务、人力、IT等，且在各个职能之间进行整合；拥有多元客户，服务对象不局限企业内部，拓展到外部合作伙伴以及其他实体；实现多种交付，提供交易处理、专家咨询、外包服务三种交付模式；具备多元技能，员工技能不局限于基础操作类技能，还具有增值服务、精益管理、客户管理等高阶技能。

共享建成后，总部财务、专业公司和地区公司财务、共享服务中心分别承担战略财务、业务财务、共享财务职能，形成“四位一体”的新型财务管理体系。战略财务职能定位为决策和配置，主要负责财务战略管理、财务政策制定、预算管理、筹融资管理、税收筹划、投资者关系管理等工作；业务财务职能定位为协同和推动，主要负责预算管理、成本管理、财务运营分析、税收筹划方案执行、风险管理、利益相关者的日常管理等工作；共享财务职能定位为记录和控制，主要负责会计核算、资金结算、财务报表、费用报销及差旅管理、发票管理、纳税申报、财务信息化建设、财务数据管理等工作。

第三章

财务共享服务中心的组织架构

本章学习目的

本章重点介绍财务共享服务中心的组织架构。通过本章的学习，应了解构建财务共享服务中心组织的原则；掌握财务共享服务中心的组织定位，即财务共享服务中心在集团整体架构中的定位；掌握财务共享服务中心内部的组织架构；理解财务共享服务中心内部的岗位配置和人员配置。

第一节　组织构建原则

财务组织的调整和重构是集团企业建设财务共享服务中心的必要环节。调整和重构财务组织的目的是围绕财务共享服务中心的战略定位，建立相应的组织结构体系，降低组织管理成本，增强组织应对环境的灵活性，提高组织运作效率。当然，财务组织的调整和重构必然要改变原有的内部利益格局和权责的分配。

在构建财务共享服务中心时，企业需要遵循以下三项原则：

1. 专业化

建立财务共享服务中心，需要把财务工作中易于标准化的业务纳入共享中心，同时按照业务性质，对共享中心的工作进行分工，将原来的财务人员大部分集中到共享中心，为企业内部和外部的客户提供统一标准的专业化服务。

2. 流程化

财务共享服务中心需要以流程化运作为主要管理模式，内部组织需要相互协作和支持，追求核算工作的效率提升和风险的有效控制。

3. 扁平化

扁平化是指通过减少管理层次、压缩职能部门和机构，使企业管理层次大幅减少、管理幅度扩大的富有弹性的管理模式。财务共享服务正是基于扁平化，打破原有的以财务部门为主的各职能机构，围绕工作流程而不是部门职能来运作，通过资源整合和信息共享来处理企业中的大量财务管理和会计核算的工作，加速信息的传递和处理，提高企业管理层对各种事件的反应速度和处理能力。

第二节　组织定位

在建立财务共享服务中心时，企业需要明确财务共享服务中心在集团整体架构中的组织定位，即需要明确财务共享服务中心与集团总部财务、成员公司财务之间的隶属或平行关系。

财务共享服务中心的组织定位主要取决于企业的管理需求和财务共享服务中心的发展阶段。按照财务共享服务中心的管理级别，其组织定位一般有以下三种模式：

1. 隶属于企业总部财务部

在这种模式下，财务共享服务中心是财务部下面的一个部门，这也是财务共享服务中心的管理级别最低的模式，组织架构如图 3－1 所示。在这种情况下，财务共享服务中心和财务部的其他职能部门是同一个级别，都归属集团公司财务部领导。这种模式便于总体的管理和协调，有利于财务政策的推行。但由于管理级别较低，不利于获得公司高层领导的支持。

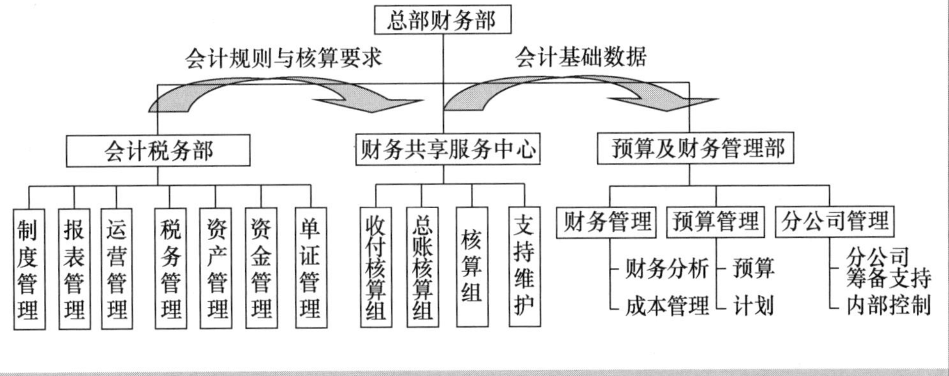

图 3－1　隶属于总部财务部的组织架构图

2. 与集团公司财务部平行

在这种模式下，财务共享服务中心和集团公司财务部平行，都归属集团 CFO 领导，具体组织架构如图 3－2 所示。这种模式下，由于与财务部是平行关系，财务共享服务中心在和财务部的下属机构，如会计部门、预算部门等协作上会有一定的难度。反过来，会计部门通过财务共享服务中心向成员公司贯彻会计政策也会有一定的协作难度。

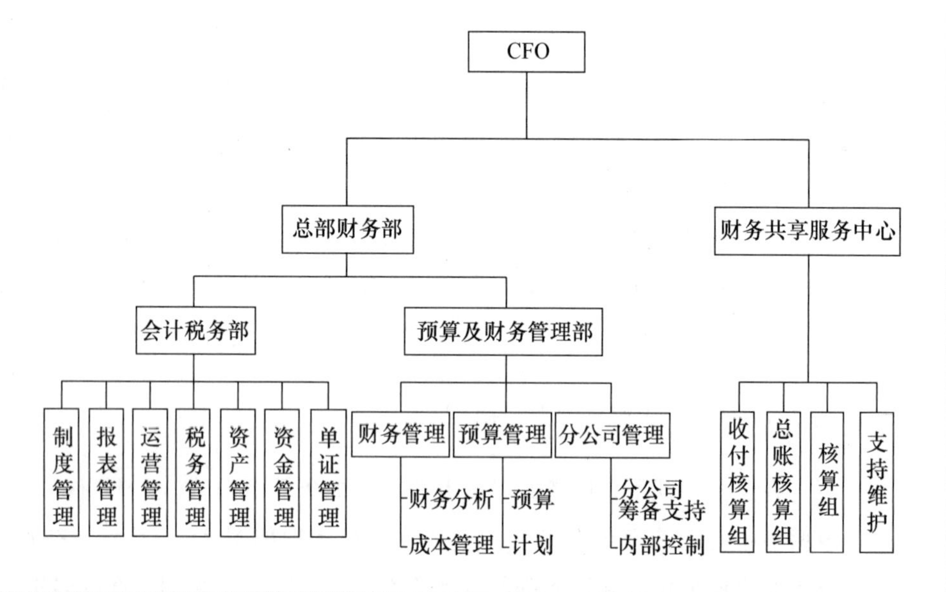

图 3-2　与集团公司财务部平行的组织架构图

但这种模式有利于财务共享服务中心获得公司高层领导的支持和指导，尤其是在财务共享服务中心的建设初期，对于其开展和推进有很大的帮助。因此，很多企业在建立财务共享服务中心时会选择这种模式。

3. 隶属于集团公司共享服务中心

财务共享服务是共享服务的一种。当公司建立起统一的共享服务体系，一般会将财务共享服务中心纳入集团公司共享服务中心之下，而集团公司共享服务中心一般由集团公司主管副总领导。组织架构如图 3-3 所示。

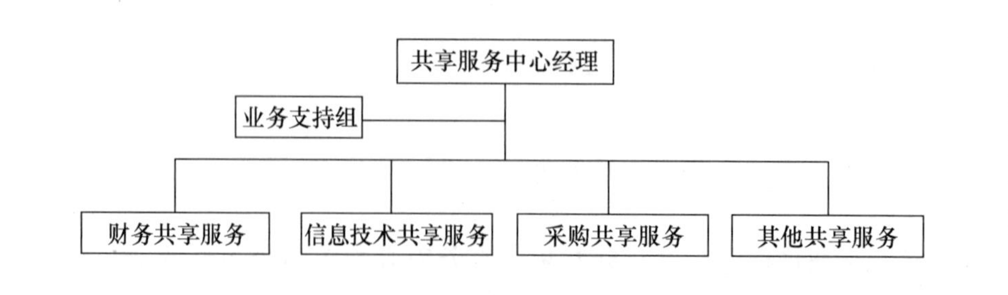

图 3-3　隶属于共享服务中心的组织架构图

第三节　内部组织架构与岗位配置

财务共享服务中心内部的组织架构和岗位配置与财务共享服务中心的业务范围是相辅相成的。一般而言，业务范围影响组织架构，业务工作量差异影响岗位配置。因此，财务共享服务中心的组织架构、岗位配置和业务范围要协同规划同时确定。

一、内部组织架构

财务共享服务中心的内部组织架构，常见的划分方法主要有两种。一种是按职能划分，即按照不同岗位的具体工作职能划分。这种方式遵循了专业性原则，标准化程度高，有利于提高财务工作效率。另一种是按区域划分，即按服务对象的业务区域划分。这种方式有利于为不同区域的客户提供专业化、个性化的服务，可提高客户的满意度，但流程标准化程度低，对人员的要求比较高，财务工作效率也会相对较低。

很多需要建立财务共享服务中心的企业认识到，职能和区域这两个维度都是很重要的，企业的财务共享服务中心既需要按照职能服务于不同的客户，又需要满足不同区域的客户需要。因此，企业更愿意选择将职能和区域相结合的内部组织架构。实践中，可以选择以一种方法为主，而以另一种方位为辅，既可以先按职能划分再按区域划分（见图 3－4），也可以先按区域划分再按职能划分（见图 3－5）。

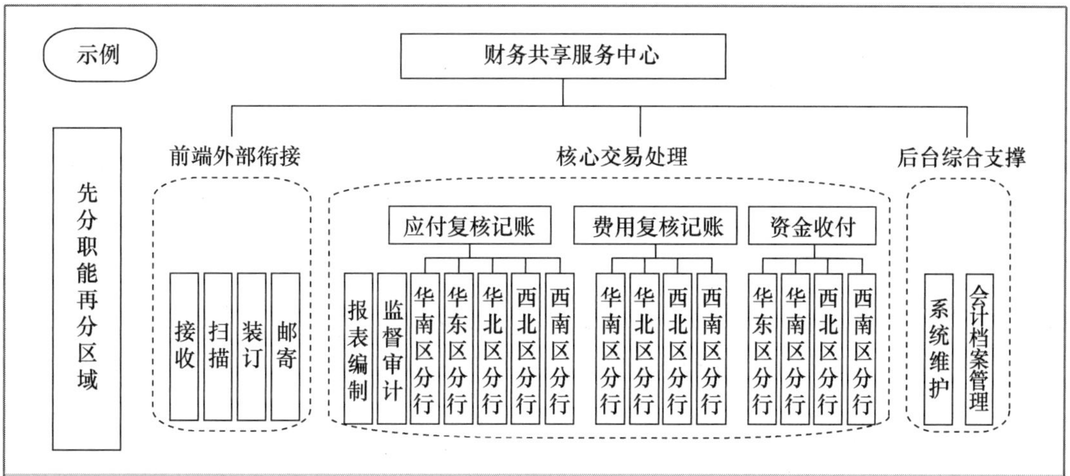

图 3－4　先按职能划分再按区域划分的组织架构

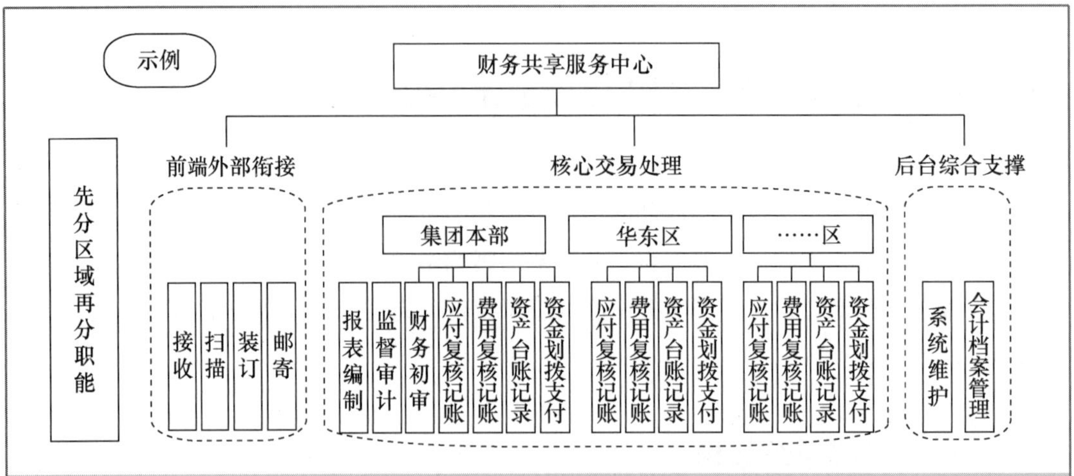

图 3-5　先按区域划分再按职能划分的组织架构

二、岗位配置

财务共享服务中心内部组织架构不同，岗位配置也会有所不同。一般财务共享服务中心应配置的岗位包括：

1. 基础类岗位

（1）影像扫描岗。影像扫描岗负责票据及纸质资料的接收和基本审核工作，包括发票等配套附件的简单检查、地方特色审核点等；各流程中对纸质材料的扫描工作；纸质材料和扫描影像的审核工作；单据的日常管理工作；会计档案的打印、整理、归档管理工作。

（2）共享审核岗。共享审核岗分为共享初审岗和共享复核岗，负责对进入共享中心的经济业务及交易进行审核，包括审核业务的真实性、合理性、合法合规性、完整性、准确性、风险性等，对不符合相关规定的予以退回处理，为合规的生成会计记账凭证。

（3）资金结算岗。资金结算岗负责处理银企直联结算方式、网银结算方式支付的付款单据；付款失败业务的查询、跟进及处理，以及银行账户状态异常事项的沟通协调；银行收款信息、银行自动扣款信息的维护并发布到款项认领系统；配合共享审核岗进行银企对账工作，沟通核实未达账项原因；制单 U 盾和支付密码器的保管，定期进行检查，确保存放安全。

2. 支撑类岗位

（1）流程管理岗。流程管理岗负责承接财务共享服务中心流程管理、优化工作，输出落地流程优化方案；承接流程优化过程中需求以及项目推进、管理、监督工作；优化共享中心运营，提高运营服务质量及效率；配合区域新财务共享建设工作，进行需求流程梳理，推进项目落地。

（2）质量管理岗。质量管理岗负责财务共享服务中心内部控制管理制度与实施操作细则的制定，建立财务共享服务中心内部会计业务流程，并进行持续的更新和优化，为财务共享服务中心日常运行和各部门的具体业务和工作质量进行定期的内部稽核。

（3）系统运维岗。系统运维岗对财务共享服务中心的各个相关信息系统的主数据（供应商和客户）进行定期管理与维护。

（4）人力资源岗。人力资源岗负责为财务共享服务中心的快速扩张和发展提供有效的人力资源解决方案，确保业务的顺利开展；根据部门发展要求，进行组织诊断，推动组织变革，梳理组织架构，优化流程，调配组织资源；为部门的招聘管理、员工关系、绩效管理等人力资源工作提供全面支持，协助业务部门提升组织绩效；建立良好的沟通渠道，主动与业务部门、员工进行多种形式的接触和有效沟通；推动部门贯彻落实人力资源相关政策、机制，并提出优化建议；了解所支持部门的业务状况和团队状况，提供符合部门需求的其他人力资源支持工作。

（5）报表管理岗。报表管理岗负责财务报表优化，提出相应的流程、报表编制规范、系统改进建议；负责单体报表的日常工作检查和指导，确保各小组任务正常运转，确保审单和核算效率；负责单体报表质量；安排相关系统需求和问题的收集，并提交至系统运维岗。

3. 管理类岗位

（1）中心总监。总监整体全面地负责财务共享服务中心的各项日常工作，确保财务共享服务中心提供的财务数据和信息是及时的、准确的和完整的，保证中心的正常运行。总监对财务共享服务中心的各项工作负责并向集团财务管理层报告。

（2）业务经理。业务经理负责财务流程的建立与持续改进、建立和维护会计实务核算操作的具体规范制度等，负责对具体会计业务的完整性、准确性、合规性进行内部监督，定期对其下属岗位员工的工作业绩和表现进行综合的评价和考核。财务共享服务中心业务经理直接向财务共享服务中心总监报告。

如果是先按职能划分再按区域划分的内部组织结构，可以先按照职能部门设置经理，在职能部门经理之下，再按照区域设置组长；先按区域划分再按职能划分的内部组织结构，则可以先按照区域设置经理，在区域经理之下，再按照职能设置组长。

三、人员配置

建立财务共享服务中心，原来财务工作中共性的、重复的、标准化的业务会集中到中心。原来从事这些工作的财务人员面临两个变化：一部分会集中到总部的财务共享服务中心；另一部分要转型，由原来的核算型财务转到高价值的决策支持上来。企业需要根据财务共享服务中心的组织架构和岗位配置，匹配合适的岗位人员。

在进行财务共享服务中心人员配置时，需要坚持以下三项原则。

1. 岗位和技能匹配

财务共享服务中心采用的是标准化的流程和操作，每一个岗位都有特殊的专业技术要求。因此，企业需要了解原来分散在总部和下属公司的财务人员的擅长，把他们尽可能放到和技能相匹配的岗位上。

2. 岗位和能力匹配

在财务共享服务中心，主要有两类岗位：业务处理岗位和运营管理岗位。业务处理属于操作性岗位，要求员工有熟练的专业技能，而运营管理岗位则要求员工有主动性和创新性。

3. 岗位和空间匹配

在设置岗位和配备人员时，应考虑员工的个人发展潜力以及个人发展意愿。应尽量避免由于建立财务共享服务中心，财务人员大量流失。

财务共享服务中心的人员选择、使用、晋升都与原来的组织有所区别。由于强调客户满意的服务导向，强调业务的标准化、流程化和规范化，财务共享服务中心需要设计不同的岗位类型的人才梯队和人才层次，以及不同岗位的职业发展路径。财务共享服务中心的岗位设置要切忌过度分工，每个员工负责工作内容较为单一，员工可能感到工作枯燥，对职业发展产生顾虑而导致人才流失。由于财务共享服务中心的内部分工细化，各岗位对人才的需求也有很大差异，需要在人员安排时加以考虑。例如，票据管理人员一般不需要专业的财务知识，而细心、耐心等个人品质尤为重要；报表管理人员必须要求专业的财务背景，要有相对丰富的工作经验。

思考题

1. 财务共享服务中心的组织定位有哪几种？不同组织定位的优缺点是什么？
2. 收集相关企业资料，谈一下他们选了哪种组织定位，原因是什么。

延伸阅读

L集团财务共享服务中心的组织架构

L集团是集旅游服务及旅游商品相关项目的投资与管理，旅游服务配套设施的开发、改造与经营，旅游产业研究与咨询服务为一体的大型股份制企业，年收入规模达200多亿元。

针对集团业务特点及人员现状，L集团财务共享服务中心的建设采用了大集中部署，即在L集团整体集中部署一套信息化系统，为保证快速上线及合理利用现有财务人员能力，在共享建设阶段设置三个共享中心，即总部共享中心及两个次集团分中心，三个中心的业务都在统一部署的信息化平台上运作，进入稳定运行阶段后将撤销两个分中心统一到总部共享中心。L集团财务管理结构如图3-6所示。

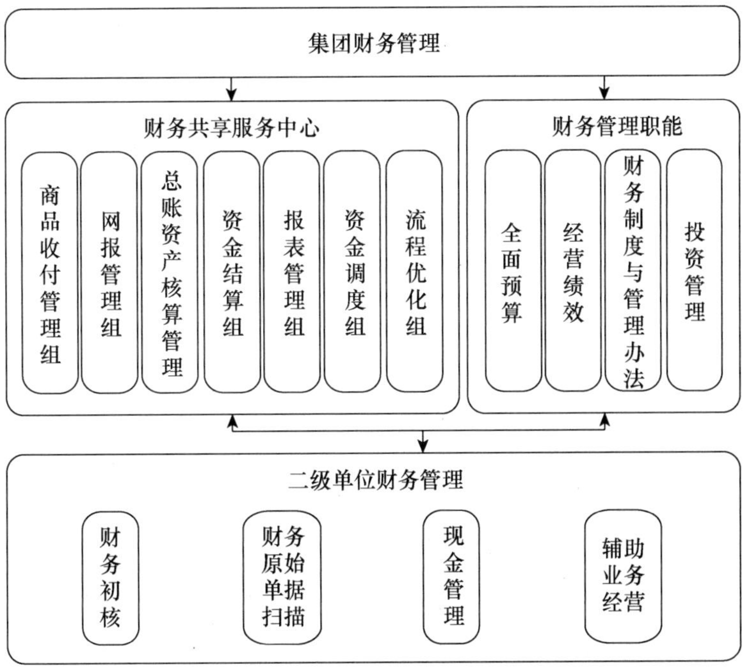

图3-6　L集团财务管理结构图

在每个共享中心，L集团按业务分别设立多个业务组，如费用组、收入组、成本组、资金组、报表组等，每个组配备相应的核单人员。

两个次集团本部及所属各级单位的业务单据，进入到两个次集团分中心，其他所有各级单位的业务单据，进入到总部共享中心。这样，各个分中心人员对本部分业务及流程相对比较熟悉，在运行初期能够更好地总结经验、优化业务流程，有利于快速培养出更多的业务型和战略型财务人员，以便将来更好地充实到业务中。总部共享中心还具体负责整个共享中心的日常运维、全局级项目的管理、流程优化与设计、对分中心的业务监管及临时指派、共享中心制度建设、权限维护等。

财务共享服务中心建立后，L集团的财务组织架构从以各个单位为主体的独立、分散、分级的财务管理系统，转变为“战略财务—共享财务—业务财务”三位一体、扁平化的财务管理体系，分为财务共享服务中心、财务管理中心、二级单位财务部三个部分。集团总部和两个次集团本部为战略财务，设置独立财务机构，其余各级单位将逐步取消独立的财务机构，改为由集团统一委派业务财务，业务财务的人员数量根据公司规模确定。财务共享服务中心设在集团财务部内，由财务部统一领导和管理。

第四章

财务共享服务中心的流程再造

本章学习目的

本章重点介绍财务共享服务中心的流程再造。通过本章的学习，应了解流程再造的原则；理解流程再造的主要步骤。

第一节　流程再造的内容与原则

一、流程再造的内容

财务共享服务中心的建设过程就是企业财务流程再造的过程。实行财务共享之前，企业的核算、结算和报账的流程都是分散在各业务单元单独进行的，每个业务单元都有自身的流程，且每个流程上的运行标准、效率和风险管理规范都不尽相同。要建立财务共享服务中心，必须按照统一的要求，调整各业务单元现有财务业务流程，将简单的事务性的会计核算工作向集团总部集中，将财务权限上收，缩减分支机构的财务人员编制，并最终制定一套适合所有业务单元的业务流程。图 4－1 为财务共享前后流程对比。

二、流程再造的原则

为建立财务共享服务中心而进行的财务流程再造，必须遵循以下原则：

1. 以战略为指导原则

财务共享服务中心的流程再造要从战略的高度理解和实施。企业建立财务共享服务中心而实施流程再造，根本动力和出发点是适应企业长期可持续发展的战略需要。没有明确的战略指导，流程再造不可能彻底完成。

2. 以流程为中心原则

财务共享服务中心的流程再造目的要由过去以职能部门和分工为中心转变为以流程为中心。许多企业的流程再造偏离了最初设计的轨道，原因就在于未能坚持以流程为中心原则。

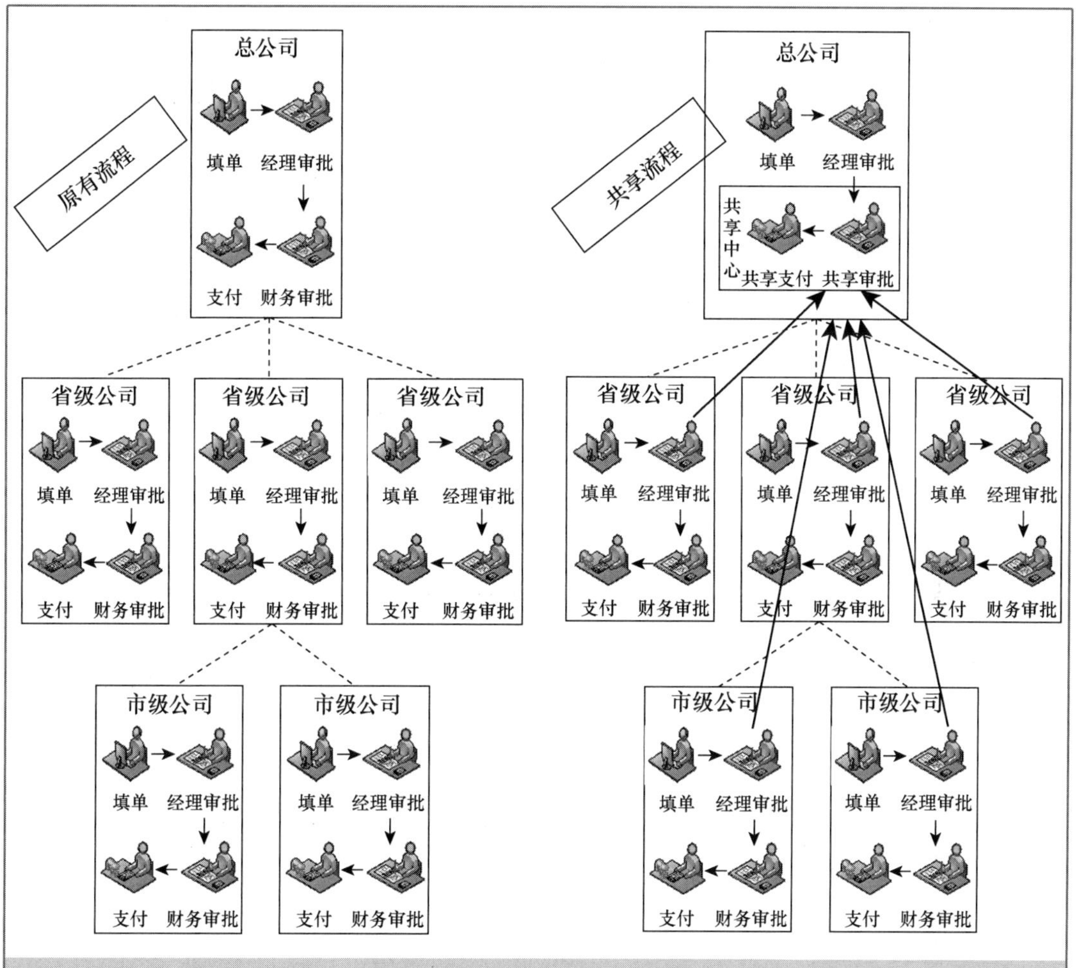

图 4-1　财务共享下的流程再造

3. 以人为本原则

财务共享服务中心的流程再造要坚持以人为本原则。传统的劳动分工将企业管理划分为多个职能部门，员工被限制在某个部门的职能范围内。流程再造要求在设计流程时，使每个流程在企业处理的过程中最大限度挖掘个人潜力，充分发挥每个员工的积极性。同时，在流程与流程之间强调人与人之间的合作精神，让流程作为联系人与人之间的纽带，使之发挥巨大作用。

4. 客户价值导向原则

财务共享服务中心的流程再造的核心是客户价值，这里的客户包括内部客户和外部客户。企业的使命就是了解市场和市场上客户的需要，并有针对性地提供产品和服务，为客户提供价值的增值。因此，流程再造中必须打破原有组织结构中的职能和部门界限，分离出相互独立的创造价值的财务流程，使企业的经济活动重新构建在跨越职能部门与分工界限的“客户需求导向”基础上。

第二节　流程再造的步骤

财务共享服务中心的流程再造，主要包括如下几个步骤：财务流程分析、财务流程的优化及重新设计、试点与转换和持续改进。

一、财务流程分析

财务流程分析的重要目标是通过客观、理性的分析，寻找那些可以或需要纳入财务共享服务中心的流程。一般而言，可纳入财务共享服务中心处理的财务业务具备如下特征：

（1）业务量大、发生频次较高、相似度高。如员工报销、应收应付等。

（2）在各业务单元中存在普遍共性的业务。如会计月结年结、总账核算、各类标准报表。

（3）能够专业化、标准化的业务。如各公司的会计核算、单体和合并报表的编制。

（4）支撑集团公司层面对业务单元财务管控的标准制定，如会计核算标准的制定等。

总体而言，可纳入财务共享服务中心的内容如表 4－1 所示。

表 4－1　可纳入财务共享服务中心的内容

财务核算	财务结算	其他财务职能	衍生财务职能
（1）总账管理 （2）应收应付 （3）费用报销 （4）工程核算 （5）资产核算 （6）生产成本 （7）物资核算 （8）其他核算 （9）内部交易抵销 （10）月结/年结	（1）资金支付 （2）资金收款 （3）银行对账	（1）归档管理 （2）体系建设 （3）应用支持 （4）风险预警	（1）财务人员绩效考核 （2）客服中心 （3）自助服务 （4）财务任务管理 （5）电子化凭证 （6）条码/二维码 （7）信用管理

二、财务流程的优化及重新设计

财务流程的优化和重新设计是指在分析现有流程的基础上，系统地改造和创建新的财务流程。流程再造的终极目标是业务流程的规范化或标准化，需要达到以下几个标准：

1. 处理环节操作规范化

制定每个环节的操作标准和手册，做到事事有章可循，通过标准化作业提高工作质量和效率。例如，针对票据而言，其范围界定、审核、流转、归档，各循环的会计核算流程、会计报告编报流程、统计信息发布流程等均要实现规范化与标准化。再如，应制定财务报账管理办法等规章制度和操作手册，对财务共享服务中心的工作职责、报账流程、审批权限、财务会计档案管理、分行报账工作考核办法等进行明确规定，确保有章可循，规范操作。

2. 客户需求的响应机制规范化

这是指建立客户需求受理、客户需求分析、风险评估规划、项目立项、系统开发、任务分解、任务跟踪、项目验收全流程标准化管理，加快响应速度。

3. 业务流程以及信息系统的变更流程规范化

这是指对于系统和业务流程的变更，按照成本效益原则确定方案，评估交接过程中的风险，强化验收测试环节，确保交接过程中公司各项业务正常开展。建立完善的变更记录制度，保证持续改善工作的顺利进行。

三、试点与转换

财务共享服务中心的流程再造必须先要保证新旧两种流程的“并行运转”。虽然这种行为会对组织造成一定的不便与资源浪费，但与通过试点积累的经验和得到的教训相比，试点必不可少。

在试点期间，如何选择优秀的组织团队，充分理解新流程的内涵以保证试点工作的有效和高效是关键所在。完成试点之后，需要在整个组织范围内确定转换次序，分阶段地进行新流程的引入实施。在转换阶段，要特别注意考虑转换顺序，避免为组织带来动荡不安，影响组织的正常工作与运营，同时也要做好对员工的再培训，并将整个转换计划向员工清晰地阐释。当然，在这个过程中，同样不能忽视高层管理者的支持。他们必须投入更多的精力，帮助转换工作顺利开展。

四、持续改进

由于企业业务领域的拓展、组织结构的变化、战略目标的转变，流程管理不可能一次完成，而是一个持续性的过程。这就需要建立不断自我优化的机制，从而实现流程的持续评估、改进和提升，以满足公司成本、战略、合规性上的要求，避免由于流程等相关内容的变化而带来财务共享服务质量的下降。财务共享服务中心业务流程的持续改进同样可以通过细节改进、流程再造的方式实施。但无论通过何种方式落实，财务共享服务中心流程持续改进的目标都不能脱离企业对于公司整体战略、成本、效率和合规性方面的要求。同时，持续改进也给财务共享服务中心尤其是管理者团队提出了较高的要求。管理者不但需要具有改进变革流程的技能技巧，更要有持续改进的意识、敏锐的洞察力及坚定的信念去推进一项项改革。因此，财务共享服务中心需要为此配置合适的管理团队去不断推进持续改进工作。

思考题

1. 为什么在建设财务共享服务中心时要重塑财务流程?

2. 从传统财务模式转变到财务共享服务模式，你认为哪些财务流程要发生改变？举几个例子。

延伸阅读

T集团的财务流程再造

在共享平台建设工作中，T集团对总账、应收、应付、固定资产、费用报销、资金、税务、运营支持、主数据等9大流程、62个一级自流程、143个二级自流程逐一梳理和筛选，有效地实现了核算流程的统一、会计语言的统一、会计报告的统一，有力地提升了效率、控制了风险、优化了流程。

具体而言，业务流程明确了三个关键节点，一是事前预算控制，超过预算的事项在流程开始时就会在系统中直接被拒，根本无法提交；二是事中信息共享，实现财务、业务一体化，流程透明清晰，流程发起方、流程相关方、财务可同步共享信息，同时，对于业务中心审批时间明确做出 24 小时必须审批完成的限制，并通过共享中心每周发布的各审批节点审批效率预警报表对审批时限进行监控；三是事后同步入账，驱动共享内部自运转，同步实现集团内收入费用的入账。

以费用管控为例，共享前，T 集团的费用报销流程（见表 4-2）需要经过多个业务领导审批，审批流程耗时较长。

表 4-2　T 集团共享前的费用报销审批流程

费用事项	业务单位	发起人	申请流程							报销流程						
			1	2	3	4	5	6	7	1	2	3	4	5	6	7
差旅费	CSC	申请人	部门经理	部门总监	财务经理	财务总监	总经理			部门经理	部门总监	财务经理	财务总监	总经理		
	HQ	使用部门	直接主管	部门负责	财务会计	财务经理	财务总监			部门负责	财务会计	财务经理	财务总监	CFO	CEO	
	OTT	使用部门	直接业务	使用部门	总经理					使用部门	财务会计	财务部门	总经理			
	OBC	使用部门	部门负责	分管领导	财务会计	财务经理	财务总监			部门负责	分管领导	财务会计	财务经理	财务总监		
	RD	员工	部门负责	研发财务	分中心总经理/总监					部门负责	研发财务	分中心总经理/总监				
	PC	使用部门	部门总监	财务经理	财务总监	PC总经理				部门总监	财务会计	财务总监	PC总经理			
	ODM	使用部门	部门经理	部门负责	财务负责	总经理				部门经理	部门负责	财务会计	财务负责	分管领导	总经理	
	OC	制造中心	部门主任	部门经理	部门总监	部门主管	HR负责人	制造中心	运营中心	部门经理	部门总监	部门主管	财务经理	财务总监	制造中心	运营中心总经理

共享后，T 集团将业务审核放置在申请时，系统自动对比预算数据，对超出预算部分的事项直接不予提交，在后续报销时则不再需要审批，强化控制，简化流程，减少单据流转时间。

第五章

财务共享服务中心的信息系统

本章学习目的

本章重点介绍财务共享服务中心的信息系统。通过本章的学习，应了解财务共享服务中心信息系统的主要内容；理解财务核算系统、网络报销系统、资金管理系统和影像管理系统的主要功能模块。

第一节　财务共享信息系统概述

一个集中、完善的信息系统平台是实现财务共享服务的基础和保障，是建立财务共享服务中心的物质基础。只有在信息系统的支持下，财务共享服务才能够跨越地理距离的障碍，向服务对象提供内容广泛的、持续的、反应迅速的服务，才能够顺利完成组织和流程的再造。因此，信息系统平台的统一搭建和整合是实现财务共享服务的关键环节。

财务共享信息系统（见图 5－1）一般包括：财务核算系统、网络报销系统、资金管理系统、影像管理系统等，以及各个系统之间的接口关系。这些系统相互关联，共同完成财务共享服务中心的各项业务。

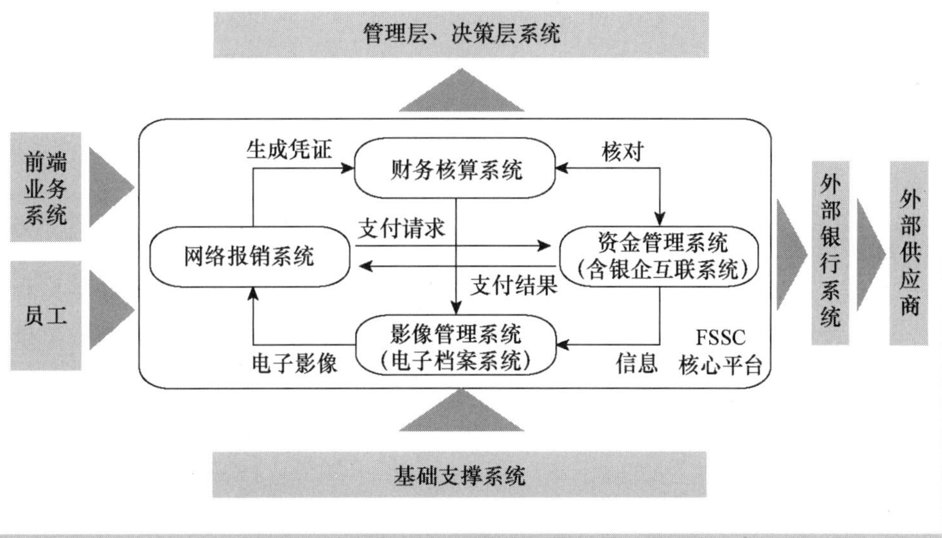

图 5－1　财务共享服务中心的信息系统

财务共享信息系统一般具有下列特征：

1. 以流程设计为核心

针对不同业务类型，规范其处理流程，且企业可以根据自身情况调整不同单据的流程设计，实现弹性控制。财务业务通过流程驱动，某一流程结束后，系统自动将业务推送至下一节点进行处理。

2. 员工自助，流程透明

员工可以随时填写单据，部门领导随时在线审核，同时审核意见和审核节点支持在线查询，消除审批过程中员工和领导时间、空间不对称造成的审核拖沓等问题。

3. 强化内控，降低风险

单据按照规定流程逐级审批、统一处理，管理部门可以及时了解部门预算使用情况和相关业务处理情况，可以调取较为准确的业务财务数据，提高报表相关性。同时，财务共享信息系统将预算的控制节点前移，在员工进行费用申请时进行预算管控，防止报销时财务人员不了解业务内容导致预算管控失效。

第二节　财务核算系统

财务核算系统是财务共享信息系统中的核心构成部分，是财务共享服务业务处理的汇总中枢。财务核算系统的功能模块主要包括：

1. 总账模块

总账模块是财务核算系统的核心，提供了一个完整的财务核算和分析流程，是公司业务活动的最终财务反映，并生成财务报表和管理报表，提供会计信息。用户通过总账管理系统可以完成的任务包括：记录并复核会计信息；处理会计信息；分析会计信息。

2. 应付模块

应付模块主要负责企业应付购货款、员工报销款等的账务处理，是采购流程的末端，在订单完成接收处理后，进行付款环节的核算。应付模块的功能一般包括：供应商管理、发票管理、付款管理、银行对账等。

3. 应收模块

应收模块是有效管理客户、发票和收款过程的系统，主要功能一般包括：客户管理、发票管理、收款管理、会计处理等。

4. 成本模块

成本模块主要负责采购、库存、在制品、产成品、制造费用等各个业务环节中的成本核算和成本结转等。

5. 资产模块

资产模块可以帮助企业选择最好的会计和税收策略对资产进行有效的管理，主要功能一般包括：资产管理的设置，包括资产控制、资产账簿和资产类型的设置；固定资产的增减、调整和转移；资产的折旧和报废；财务日记账、资产报告和在线咨询、税务管理等。

6. 现金模块

现金模块用来帮助企业管理和控制现金周转，主要功能包括：银行调节、现金预测和报表编制。

第三节 网络报销系统

网络报销系统是处理成本费用、采购、工程资产等报账业务的辅助系统，它解决了报账过程的信息化处理问题，将会计信息系统从编制记账凭证提前到业务流程中，将会计信息系统的关注点从记账凭证转移到原始凭证，大大降低了财务基础工作量，财务共享服务的效率得以大幅度提升并更有效地实施。网络报销系统的主要功能包括单据制作、单据审批、账务处理、报表查询、个人工作台等模块，具体框架如图 5－2 所示。

1. 单据制作

单据制作环节负责原始信息的采集，既包括业务信息的采集，也包括财务信息的采集。由于不同的企业业务不同，需要的单据种类也不一样。

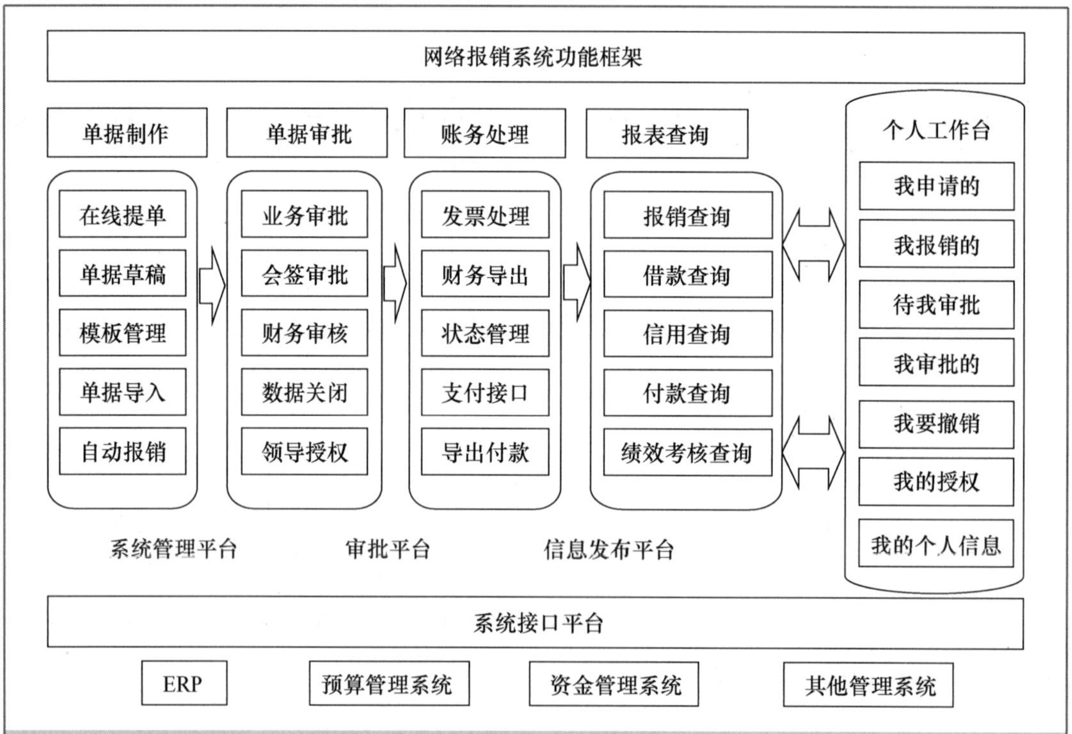

图 5-2　网络报销系统框架

一般企业采用的网络报销系统，不管是自行开发的还是外购的，对于比较简单、固定的业务，都采用固定模板的形式，比如差旅费报销模板、借款报销模板、业务费报销模板。固定模板的优点就是比较省事，既节省员工填单的工作量，又节省审核人员的工作量。对于比较复杂、变化比较多的业务，可以采用可配置模板。

2. 单据审批

单据审批包括两个环节：一是业务审批；二是财务审核。业务审批就是员工的直属领导对员工提交的单据的审批；财务审批就是共享中心的财务人员对业务和财务信息的审核以及相关数据的补充录入。业务审批的重点是业务的真实性，财务审批的重点是业务的合规性、合法性和准确性。

3. 账务处理

经过审批和审核的数据，首先要按照核算系统对各个字段的要求逐个检验，以便于核算系统能够自动生成会计凭证。账务处理结束以后，就进入支付环节。可以通过银企互联系统将数据传递到银行，完成最终的支付业务。

4. 报表查询

网络报销系统提供了丰富的信息查询功能，无论是报销人员还是业务审批领导，都可以通过网络报销系统查询相关的信息，比如，报销人员可以通过报表查询查询自己的单据报销的进度，审批人员可以查询自己审批过的单据的进展情况。

5. 个人工作台

网络报销系统个人工作台，为企业所有员工设计，提供与每个员工相关的报销信息交互服务，是员工参与网络报销业务的自助平台。员工可在个人工作台自助填报单据、查询单据、审批单据、管理与维护个人信息、查询台账、审批权限授权。个人工作台是财务部门为员工提供服务的窗口，也是员工与上级管理者展开报销工作的互动平台。

第四节　资金管理系统

企业付款的方式一般包括柜台转账付款、网银付款和银企互联付款。而银企互联付款是其中最为便捷的模式。

银企互联系统就是指网上银行系统和企业的财务软件系统相连接，从而在封闭通道中进行支付数据交互的系统。企业财务共享服务中心的银企互联系统，包括银行账户管理、资金转拨管理以及快捷的银行支付管理等功能。

银企互联系统包括两种模式：银企直联和银企互联。银企直联是由企业提供ERP系统的接口标准，银行配合企业客户ERP系统进行接口的接入。银企互联指的是由银行提供标准接口给企业，企业按照银行提供的接口标准接入。图5-3为银企互联的总体架构图。

银企互联系统的实施过程中，需重点关注支付信息的可靠性。为配合系统实施，通常需要在网络报账或其他前端系统中存储员工及供应商银行账号信息，一旦前端业务处理环节确定，出纳环节就不可更改，以确保资金安全。

此外，银企互联系统需要和银行签订协议，并在其配合下进行系统实现，因此，系统实施前需谨慎选择一家或多家合作银行，而且在进行洽谈时，需重点关注支付手续费、接口方式以及是否能够和银行数据交互。如进行数据交互，实现与银行间的自动对账等高端功能。

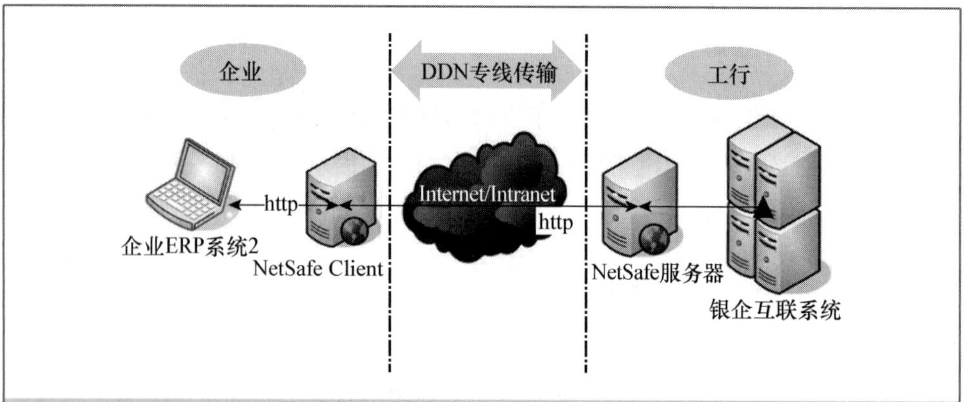

图 5-3　银企互联总体架构图

第五节　影像管理系统

随着信息技术和网络技术的发展，图片信息的采集和传输不再成为问题，影像管理系统应运而生，并迅速成为财务共享服务领域的核心技术系统。影像管理系统通过扫描方式将票据实物、合同等纸质文件转换为电子档案，并用于财务共享服务的业务处理过程。图 5-4 为通过电子影像实现全电子化的审批流程。

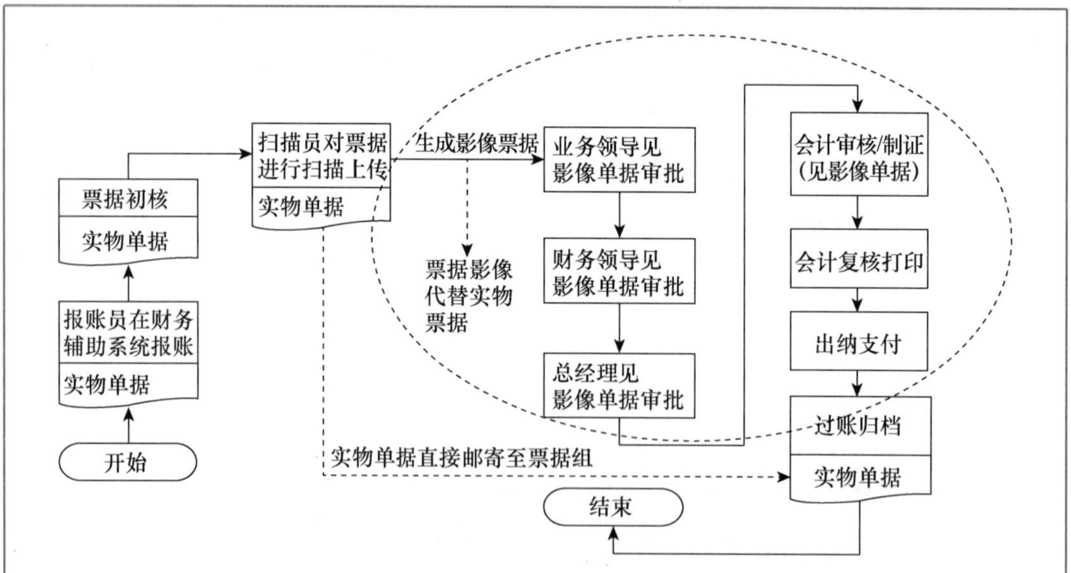

图 5-4　通过电子影像实现全电子化的审批流程

财务共享服务中心的影像管理系统一般包括四个主要模块：影像采集模块、影像传输模块、业务处理模块和信息调用模块。

1. 影像采集模块

影像采集是影像管理系统中最基础的功能，是其他功能运作的前提。该模块将纸质实物票据扫描传入系统，并通过条码将其区分为单个的电子单据。

2. 影像传输模块

该模块解决了影像向服务器上传的问题。当质检人员发现影像质量出现问题，可以将影像退回，负责扫描的人员重新扫描后再上传。

3. 业务处理模块

业务处理模块对于财务共享服务中心的影像应用并不是必需的，但该模块使影像系统从一个简单的采集和传输系统上升为一个核心的业务系统，影像系统的价值得到提升。业务处理模块主要包括业务分配和业务处理两个部分。业务分配是基于任务分配机制对扫描上传后的影像进行分配的过程。当任务分配给相关的业务处理人员后，业务处理人员可以借助系统提供的辅助处理功能进行业务处理。

4. 信息调用模块

信息调用主要包括影像调用和数据调用。影像调用主要是指对影像采集并传输后，对系统中保存的单据影像进行调用。数据调用主要是对影像处理时间、任务分配时间、审核时间等系统数据的查询。通过信息调用模块，财务人员可以更方便快捷地进行业务查询和处理，以及数据的汇总和分析。

思考题

财务共享服务、财务共享服务中心与财务共享平台之间的关系是什么?

延伸阅读

X集团的财务共享信息系统

X集团是一家以清洁能源与新能源为主营业务的综合能源集团公司，拥有近千亿元资产。业务分为四大板块，即光伏、电力、天然气和金融，2015年集团开始全力打造金融板块，发展融资租赁、融资保险等业务。其财务共享服务是在2010年由电力板块的共享开始的，到 2012 年逐步向其他业务板块扩充，涵盖集团所有板块，并持续扩大管控范围。目前，财务共享服务平台已经为集团近 200 家企业提供共享服务。

X 集团财务共享服务平台对信息系统的要求主要集中在四个方面。一是建立统一的平台，实现统一登录和工作分配机制。在这个基础上，可以实现员工的绩效考核，提高员工的积极性。二是作为服务性的公司，财务共享服务平台也需要提供客服管理相关功能，将服务辐射到每一个人。三是在 ERP 系统里进一步加强基础数据梳理、流程标准化和系统的控制。四是实现预算和报表的管控以及各个系统之间的整合。利用信息系统实现一键式报表的生成，同时实现更多业务系统与 ERP 系统的整合。

目前，X 集团已经构建起基本完善的信息系统平台，可以满足现有各板块业务及财务管理需要，并与现有的预算、报表分析、项目管理、银企直联、税控系统、影像系统、客商门户等外围系统进行无缝对接。

1. ERP 系统

ERP 系统是 X 集团实现财务共享服务平台四大目标的技术支撑。ERP 系统将业务与财务集成为一体，财务数据来源于业务，使得业务与财务异地工作成为现实。通过系统规范业务流程，监控业务执行，保证了财务数据的准确性；统一的科目体系及入账规则系统控制，保证了财务报表的一致性。

X 集团依据不同业务板块特点采用不同的 ERP 系统。集团直属公司和电力、新能源、地产板块采用的 ERP 系统主要应用的是一些基础模块，包括财务基础方面的会计总账、应收、应付、存货、核算报销、固定资产、现金管理，和业务基础方面的采购管理、销售管理、库存管理、燃料管理等。这一系统最上端还将实现预算编制和预算对业务的管控，最终实现全面预算管理。

光伏板块属于制造型产业，与电力板块相比业务比较复杂，其 ERP 系统在供应链管理上增加内部交易、委托加工、合同管理，以及资金管理方面的信用证管理、保函管理、存款管理，实现了网页版的员工报销，并将管理会计功能融入进来。

2. 银企直联

银企直联对于共享中心来说非常重要。因为将 ERP 系统付款信息抛到网银，可以节省人工输入的时间，也可以保证数据准确和支付安全。

银企直联的应用大大提高了资金集中支付的效率。资金支付是财务重要的工作之一，财务人员不仅要保证资金支付的准确性、及时性和安全性，还要保证资金账户每日的账实相符。X 集团财务共享服务平台负责集团近 200 家公司的资金支付及准时到账，工作量相当庞大，需要有效的信息手段支持批量支付与自动对账。

3. 影像系统

财务共享为集团管理带来的突出价值是加强集团管控。实物审核业务的接入有着非凡的意义，它可以有效减少串通舞弊的行为。但实物审核面临的最大问题是报销凭证的影像化工作，以及报销凭证的流转、装订、存储等管理工作，为此，X集团财务共享服务平台引入影像系统，采用集中扫描和单点扫描结合的模式解决国外及偏远地区的实质性审核问题，实现了ERP系统中的实物和影像系统的无缝对接。

项目公司的业务人员在ERP系统里面填一张报销单，填完提交以后会触发两件事情：部门经理在ERP系统里面审批，同时可以打印出来这张单据作为封面，封面带有一维识别码。接下来把这个封面和这张单据的报销凭证整理在一起，交给项目公司的票据员，票据员进行一维码的扫单，自动上传影像系统，扫单之后进行邮寄打包，票据人员将邮包号输入影像系统，这样影像系统就会记录这一批单据为寄送状态，共享中心收到包裹后，单证员打开包裹进入扫单系统自动进行单据签收。系统能够记录寄送了哪些单据，签收了哪些单据，提醒是否有遗漏。接下来单证员在高速扫描仪上扫描单据，会自动上传到影像系统，与单据进行匹配。共享中心的审核人员（一般是成本组和往来组）通过双屏显示进行单据的实质性审核，确保ERP系统单据与报销凭证的一致性，由资金组进行支付，同时会生成凭证。

影像系统带来三大好处：一是在扫描的过程中可以实现批量扫描、自动上传、自动匹配，节省了大量人工；二是凭证和单据可以追溯调阅到附件，实现了财务凭证和实物凭证的匹配；三是实现了存档管理、实物定位、档案借阅等功能。

4. 商务智能

商务智能在共享中心得到较为充分的应用，建立统一的平台，实现统一登录和工作分配机制，在这个基础上，可以实现员工的绩效考核，提高员工的积极性。

第六章

财务共享服务中心的运营管理

本章学习目的

本章重点介绍财务共享服务中心的运营管理。通过本章的学习，应了解服务水平协议的概念与基本内容；理解财务共享服务中心绩效管理的主要内容；理解财务共享服务中心人员管理的主要内容；了解财务共享服务中心的知识管理、制度管理和质量管理。

第一节　运营管理概述

财务共享服务中心建成之后的首要任务，是规划财务共享服务中心的运营管理体系。财务共享服务中心与企业传统的财务组织不同，不能够再沿用传统财务组织的运营管理方式，必须针对财务共享服务中心自身的特点，以及本企业的需要，重新建立运营管理体系。财务共享服务中心的运营管理体系包括制定服务水平协议、绩效管理、人员管理、知识管理、制度管理、服务管理等。

第二节　服务水平协议

一、服务水平协议的概念

服务水平协议（service level agreement，SLA）是财务共享服务的供应商与客户双方就客户的最低可接受的服务水平、服务范围等内容达成的协议。

服务水平协议是财务共享服务中心经营业绩的基准目标，也是和客户双方共同遵守、相互协作的基础。服务水平协议在服务标准、服务质量、满意度等多个维度明确具体的要求，有助于财务共享服务中心的健康运营。

值得注意的是，服务水平协议并非财务共享服务中心的必备选项。许多集团企业建设财务共享服务中心的目的是强化集团总部的管控，就不一定需要签订服务水平协议。

二、服务水平协议的内容

任何一项服务水平协议都必须包括服务内容、服务标准、客户义务、收费机制、例外事项、沟通机制以及其他事项等要素。

1. 服务内容

共享服务适用范围很广，包括财务、IT、客户关系管理、供应、人力资源等。不同的服务领域包括不同的服务项目。就财务共享服务而言，具体服务项目包括应收账款、应付账款、费用报销、总分类账、现金管理、内部审计、资产管理等。服务内容的相关条款需要就每一项服务详细界定，包括提供服务的输入，如制度、规范、要求；提供服务所采用的系统、工具等。比如提供费用报销服务，协议中需要约定服务所参考的财务制度、财务系统的提供方式是由客户提供还是由共享服务中心提供。

2. 服务标准

服务标准实际上就是最低可接受的服务水平，也是服务供应商要保证的最低服务标准。如费用报销服务的审核时限、审核差错率；明细账服务的完成账务录入时限；总账服务中的提交报表时限等。服务标准示例参见表 6－1。

表 6－1　财务共享服务中心服务水平协议的服务标准示例

功能	服务水平指标	目标	评估频率	辅助因素	辅助目标
跨功能	查询电话于第一声铃响的两分钟内接听	90%	电话系统/月	电话系统无故障	IT 服务水平协议
	客户满意度最大化	4.5（SIGMA 值）	一年四次	客户满意度调查定期按时进行并得到反馈	调查发放 20 天内
	月末 5 个工作日内完成月结	100%	手工/月	系统运行无故障	IT 服务水平协议
				月结清单上业务单元部分按时完成	

续表

功能	服务水平指标	目标	评估频率	辅助因素	辅助目标
应付账款	收到发票的 3 个工作日内完成录入及校验处理	95%	文件管理系统/月	发票提交时按规定格式且所需其他信息完备	
				系统运行无故障	IT 服务水平协议
	发票锁定解除后，发票在 3 个工作日内处理完成	95%	文件管理系统/月	发票按规定流程已被解除锁定并已提供足够信息	
				系统运行无故障	IT 服务水平协议
	每天下午 5 点前完成付款清单准备并提交	95%	手工/周/月	资金主管每天中午 12 点前完成清单预审核	
				系统运行无故障	IT 服务水平协议

资料来源：中兴财务云.

3. 客户义务

客户义务实际上就是对服务接受方的约束条件或者是服务接受方需要提供的协助内容的界定。在财务共享的服务水平协议中，一般包括但不限于以下内容：客户的公司信息、相关法律资料、财务会计资料、发票、凭证等服务原始资料等。

4. 收费机制

收费机制是指财务共享服务中心的收费方式，主要包括持续优化法、利益共享法和实际业务量法。持续优化法类似设置阶段目标，达成目标后，可按预先商定的固定标准收取费用。利益共享法则好比承包责任制，只要达到既定目标，多出部分无论金额大小都归业务部门和财务共享服务中心所有。实际业务量法与计件工资原理相似，完成一单业务，财务共享服务中心就可以向业务部门收取相应的费用。详细信息参见表 6－2。

表 6-2 财务共享服务中心服务水平协议的收费机制

收费机制	具体描述	优点	缺点
持续优化法	● 就 FSSC 成本降低方案进行协商 ● 通常，第一年业务单元承担协商的所有成本，包括拟进行的成本降低的投入 ● 如果 FSSC 没有获得显著的效率提高，总部将承担进行成本降低的投入以及实际与协商的成本之间的差异	● 缓解业务单元在实施阶段的抗拒心理 ● 业务单元可清楚地了解 FSSC 实现的成本降低	需以良好的客户关系管理为前提
利益共享法	● FSSC 与业务单元根据试运行期间成本协商基准线，考虑利润加成（将 FSSC 视同利润中心） ● 每年基准线与实际成本之间的差异（超出或降低）由业务单元和 FSSC 共同承担 ● 基准线仅在通货膨胀或服务范围及数量发生改变时才会调整	可确保 FSSC 及业务单元的工作效率	既定的目标如果难以实现，可能对未来 FSSC 运营的效率和效果造成不利影响
实际业务量法	● 根据实际处理数量向业务单元收费，如处理的发票数量 ● 单价的计算以业务单元历史成本为基准或试运行期间的成本为基准，考虑 FSSC 的利润加成（将 FSSC 视同利润中心） ● FSSC 利用收益实现持续成本降低和对系统的投资等	● 在管理方面是中等难度 ● 如果考虑利润加成，利润将用于 FSSC 财务系统的升级等	● 如果没有利润加成，不能激励 FSSC 提高效率 ● 如果有利润加成，业务单元会担心 FSSC 利润再投资的透明性

资料来源：中兴财务云.

5. 例外事项

协议的内容和篇幅都是有限的，不可能囊括所有的细节，而且协议双方也不可能在签订协议时预测到将来会发生的所有状况。例外事项是指服务过程中遇到的协议没有界定的突发事项或客户提出的协议以外的特殊服务需求。针对这一类例外事项，需要事先在协议中约定处理流程、程序、沟通方式以及负责人等。

6. 沟通机制

在这一部分需要明确双方的总体负责人、各具体业务的接口人以及沟通的方式、工具、周期等。对于财务共享服务中心来说，每一个客户或每一项服务都应设置一名项目经理负责整体的组织、协调、谈判等工作，如果各项目中包括的具体业务较多，需要针对具体业务设接口人，这样对于具体业务上的沟通可以减少沟通层级、缩短信息传递时间，保证沟通的及时性和针对性，增强双方沟通的有效性。

另外，由于沟通的方式很多，仅明确沟通的对象远远不够，还必须对沟通方式、沟通工具以及沟通的周期进行约定，甚至对于不同的需求需要不同的沟通形式都要约定清楚。沟通的方式包括：电话沟通、见面沟通、邮件沟通、信件沟通等。沟通周期包括：定期沟通、实时沟通、紧急沟通等。对于不同的沟通需求还要界定沟通的对象，比如对于紧急且重要的事件向双方项目负责人沟通，对于具体业务的沟通需求与业务接口人沟通等。

7. 其他事项

其他事项是指协议约定以外的其他事项。对于其他事项，双方应约定进行友好协商。

第三节　绩效管理

对于财务共享服务中心的绩效管理，从评价方法上看，平衡计分卡（balanced scorecard，BSC）是目前的主流方法。平衡计分卡是由美国学者卡普兰和诺顿于 1992 年提出的战略绩效评价工具，它将企业战略上的成功划分为财务、客户、内部流程和学习与成长四个维度，通过具体指标从这四个维度对企业的绩效进行评价。

财务维度考察的主要内容是公司为股东创造的价值；客户维度考察的是客户对公司表现的评判；内部流程维度考察的是公司对内部业务动作的管理水平；学习与成长维度考察的是公司不断创新、改善，以实现持续增长的能力。从平衡计分卡的这四个方面，可以构建财务共享服务中心的绩效评价体系，如图 6－1 所示。

1. 财务维度

财务共享服务中心的财务维度指标与其自身定位有密切关系。一个作为集团内部部门的财务共享服务中心，更多的是成本中心的定位，它的财务指标更多地集中在预算达成度等指标上。一个独立运营模式的财务共享服务中心，则是一个利润中心的定位，其财务维度指标的设计与其他服务业组织有诸多相似之处，侧重于投资回报、成本、利润等指标。

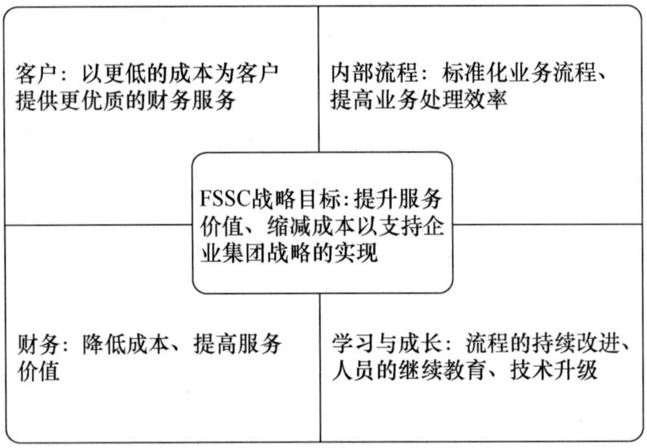

图6-1　财务共享服务中心绩效评价体系

2. 客户维度

客户维度的目标是财务共享服务中心战略目标实现的重点，无论是成本的缩减还是内部流程的优化，都是为了提高服务水平，即以更低的成本为客户提供更高附加值的服务。

客户维度的指标主要包括：

（1）客户满意度。这是财务共享服务中心客户维度最重要的指标。该指标可以通过发放调查问卷、对调查问卷结果进行分析获得。而该指标是否能够反映真实的情况，有赖于客户满意度调查问卷的设计要尽可能地科学、合理、全面。

（2）客户沟通。该类指标包括财务共享服务中心和内外部客户是否有完善畅通的沟通渠道，是否有稳定的客户沟通量，以及客户对沟通结果的评价，等等。

（3）客户体验管理能力。该指标体现了财务共享服务中心对客户体验实施积极管理的意愿和能力。

（4）服务水平协议达成度。该指标用于衡量服务水平协议的执行达成情况。服务水平协议是财务共享服务中心和客户之间的约定。服务水平协议的执行情况直接影响客户对财务共享服务中心服务的满意度，也会影响财务维度的指标结果。

3. 内部流程维度

内部流程维度的指标体现了财务共享服务中心的内部运营管理能力。财务共享服务中心正是通过将一些同质化的业务集中处理，实现成本的缩减与服务质量的提升，所以标准化业务流程是实现财务共享服务中心战略目标的基础之一。而提高业务处理质量和效率则是从内部流程着手支持战略目标实现的直观表现。

内部流程维度的指标包括：业务数量（业务越多，表示流程设计越合理，能力越强）、一次性成功比例（比例越高，表示内部流程能力越强）、差错率（差错率越低，表示服务能力越强，流程管理越完善）、周期改进（改进周期越短，说明改进能力越强）、流程执行力（执行力越强说明流程管理越强，对组织的贡献越大）。

4. 学习与成长维度

在学习与成长维度上，财务共享服务中心需要进行流程的持续改进、人员的继续教育、技术升级。这三个方面是一个整体：技术进步为技术升级提供条件，而引进新的技术则有可能引发流程的进一步优化；出于对流程进一步优化的需要，也会引入新的技术；无论是技术升级引起流程改进还是流程改进导致技术升级，变革过程都会对相关人员的技能提出新的要求，所以在这一过程中，人员的继续教育也十分重要。

第四节　人员管理

人员管理是指在财务共享服务中心的发展目标指导下，根据业务发展的需要，对人员的数量、素质要求进行规划，制定人才选、育、用、留的策略，保证业务正常有序运作。

企业建设财务共享服务中心的核心是将传统的会计工作流程进行业务重组，目的是以低成本、高效率的会计服务支持企业业务决策。经业务流程重组后，纳入财务共享服务中心的会计工作在工作对象、内容、要求、方法、环境和结果等方面发生很大的变化，也造成财务共享服务中心的员工会面临一些不同于传统财务模式下的问题。企业应针对这些问题，采取相应的人员管理办法。

一、财务共享服务下财务人员面临的问题

1. 岗位分工精细化限制了员工的职业发展

财务共享服务中心按业务内容对会计工作岗位进行精细化划分，细分后的工作岗位更加专业化。通过对会计业务流程细分，会计岗位按细分后的会计业务设

置，形成一个岗位对应多会计主体的单一工作。

分工精细化提高了会计工作效率，但客观上也限制了员工职业发展通道。首先，在精细化分工后，财务共享服务中心员工的工作领域变得相对狭窄。其次，从事会计核算的员工工作相对简单化、单一化、机械化，且流水化作业过程需要保证会计信息质量，工作强度增加，会计人员容易产生工作倦怠。最后，部分企业将财务共享服务中心员工和其他部门员工区别对待，员工在企业中跨部门流动概率很小。虽然财务共享服务中心设置了同一层次岗位内部流动的机制，但大部分员工将长期处在该层次上工作，员工的职业发展必将受到限制。

在许多其他部门看来，财务共享服务中心就是一个支付工厂或会计加工厂，人员素质不高、简单机械劳动是其人员的典型特征。正是这种认识上的不足，导致财务共享服务中心人员的晋升发展通道狭窄，人员流失率较高。

2. 成本驱动促使员工呈两极化分布

实施财务共享服务的目标之一在于降低财务运作成本。在该目标的驱动下，财务共享服务中心一方面通过信息化、专业化提升效率，另一方面通过节约人力成本降低总体成本，聘用大量员工从事基础核算工作，少量员工从事运营管理和财务管理工作，呈现数量、学历的两极化分布。

3. 团队建设工作需要大量复合型人才

财务共享服务中心工作呈“工厂化”的特点，因此非常有必要在财务共享服务中心开展团队建设工作。运营管理者除了做日常的流程规划、质量管理、内部稽核、业绩评价等工作外，还要把大量的时间投入到团队建设中，以保证团队具有良好的内部氛围，能高效地实现财务共享服务中心的运营目标。财务共享服务中心不会单设专门从事团队建设的岗位，团队建设工作一般由运营管理者提议，员工自主参与完成。这要求员工除了具备胜任日常本职工作的能力外，还要具有良好的组织管理能力、一定的才艺特长、良好的沟通协调等能力，是复合型的人才。

4. 岗位分化后对部分岗位人员能力有更高要求

实施财务共享服务后，财务人员的岗位出现了明显的分化。会计核算由专职人员完成，部分财务人员从核算中脱离出来，转型从事财务共享服务中心运营管理工作，或从事管理会计、财务管理和战略财务等工作。不同岗位的财务人员有不同的素质、技能、评价和业绩要求。

二、人员管理办法

鉴于财务共享服务中心的岗位特点和人员面临的问题，要结合财务共享服务中心的发展阶段，以提高服务水平为基础，以实现价值创造为目标，对员工进行评价和激励。

1. 完善可量化的绩效评价指标

财务共享服务中心通过与内部客户签订内部服务水平协议的方式，建立起以客户为导向并服务于客户的新型模式，工作重心发生了变化，对工作的衡量也从单一的会计信息质量要求转变为多元化的标准。因此，要结合财务共享服务中心的目标和不同岗位的工作要求，完善可量化的员工评价指标。

2. 不断完善物质和精神激励

激励方式可分为物质激励和精神激励。物质激励包括薪酬、职务提升、劳保福利、工作环境等，精神激励包括企业文化、被认同、受尊重、情感沟通、榜样示范、期望激励、赞美激励等。

人的需求是多方面的，激励的根本目的在于通过一系列的手段触动员工内心，激发员工的内在潜能。对容易陷入职业倦怠的财务共享服务中心员工，更应该在物质激励的基础上，重视精神激励。

在财务共享服务中心运用精神激励的具体方式有：营造良好的文化环境，创造活泼向上、专业、敬业、和谐的部门氛围；关心每一位员工的发展，给予员工更多的技能培训；确立机制，让员工真正参与到企业经营决策工作中；搭建平台，交给员工富有挑战性的工作；树立榜样示范，激发员工的创造性，实现员工的自我认同；实行内部轮岗制，为优秀人才跨部门流动提供支持等；提供更好的员工培训以及晋升机制。

3. 分阶段、按对象采用不同的激励方式组合

一个财务共享服务中心的发展，会经历设计阶段、试点阶段、全面实施阶段和步入正轨的运营阶段，当运营成熟后，再逐渐转向高层次阶段。不同阶段对员工要求和评价会不同，管理者应根据财务共享服务中心所处不同阶段，对不同类型的员工实施不同的激励方式组合，以实现该时期财务共享服务中心的目标。

4. 加强培训与岗位轮换

发展是实现财务共享服务中心和员工个人双赢的最佳策略。员工是企业的财富，员工的成长能增加企业的人力资本，增加企业价值。财务共享服务中心应不断加强对员工的培训，实施内部轮岗机制，发展员工的能力，让员工获得更好的成长，形成良好的职业发展预期，这些是提高财务共享服务中心竞争力的有效途径。相应地，通过发展财务共享服务中心自身，反过来促进员工不断提高自身能力，降低员工职业倦怠感，让员工有更好的职业发展。

第五节 其他运营管理

一、知识管理

财务共享服务中心是基于流程而运作的组织。在财务共享服务中心建立的知识管理系统也应该顺应知识的流向，即创造一条易于使用且便于管理的知识链，才能让知识得到最大范围的有效交流和共享，达到知识管理效益最大化。图 6-2 为某企业财务共享服务中心基于知识流向建立的知识管理系统架构。

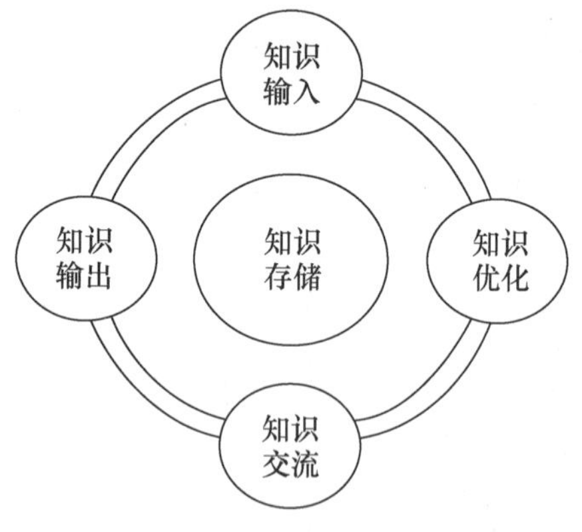

图 6-2 某企业财务共享服务中心基于知识流向建立的知识管理系统架构

1. 知识存储

建立知识管理的首要条件是要有管理的内容，即知识存储。建立知识库能够在财务共享服务中心这个业务比较单一的组织内有效地实现知识资源共享，提高知识传播的速度，降低知识使用的成本，支持财务流程的统一性，为开展规模化知识服务提供支持。知识管理系统的核心链条由知识输入、知识优化和知识输出三个基本环节组成，而知识交流与传承则贯穿整个过程。

2. 知识输入

知识输入管理主要指人通过利用知识管理系统自主吸收知识的过程。知识输入主要有两种方法，一种是课堂式培训，一种是网络自学课程。课堂式培训既适用于新员工入职培训，也适用于现有员工的培训。网络自学课程适用于员工的日常学习。

3. 知识优化

知识优化管理主要指对整个知识管理系统和其中的每个分支进行不断改进和完善的过程。知识优化是贯穿整个输入至输出流程的、将前人知识与个人经验相结合的、提升知识质量的一种萃取方法。财务共享服务中心可以通过鼓励员工对现有流程提出更高效或安全的修改意见及建立全面的案例库分享来实现知识优化。

4. 知识输出

知识输出管理主要包括显性知识和隐性知识的输出管理。显性知识是可以被文字表述出来的，输出相对容易。隐性知识存在于人的意识形态中，无法用文字表述出来。将隐性知识显性化，继而得到分享和沉淀，规范日常工作的操作手册和建立延续知识的离职程序显得尤为重要。

5. 知识交流

知识交流可以通过有经验的员工的定期分享，以及建立实践社区来实现。实践社区可分为实体知识实践社区和虚拟知识实践社区。前些年非常流行的博客即为一种虚拟知识的实践社区，而我们平时参加的讲座、研讨会和培训均属于实体知识实践社区的范畴。

二、制度管理

制度管理指对财务共享服务中心制度的规划、梳理、编写、持续优化等。财务共享服务中心的制度主要包括内部制度和外部制度。内部制度主要包括业务制度、业务操作制度、运营制度等；外部制度是财务共享服务中心发布的面向内外部客户的制度，比如前面提到的服务水平协议、员工报销制度等。

三、质量管理

财务共享服务中心对外提供服务的方式包括服务热线、公共邮箱、交流网站等。财务共享服务中心的质量管理主要包括两个重要的方面，一个是投诉管理，另一个是对客户满意度的管理。投诉管理包括对客户投诉的记录、响应，对投诉的分析，以及对投诉问题的解决改建等。对于客户满意度的管理，包括设计客户满意度调查问卷，进行满意度调查，对调查结果分析，对调查集中反映的问题的解决和改进。

思考题

1. 财务共享服务中心的运营管理涉及哪些方面？
2. 财务共享服务中心的运营管理和传统的制造业工厂相比，有什么相似之处？

延伸阅读

J集团财务共享服务中心的运营管理

J集团作为中国最具实力、最具规模的大型综合建设集团之一，无论是从企业性质还是业务范围上看，都是我国建筑行业的典型代表企业，其财务共享服务中心的建设有着鲜明的行业特色。从J集团自身业务特征来看，具有项目核算单位较小、业务单一、成本类业务笔数少但费用和支付类业务笔数多的典型特征。

因建筑业尚无成熟的经验借鉴，J集团的财务共享建设面临运营管理等一系列问题，为此财务共享服务中心通过逐步探索，建立了完善的人员管理体系、考核制度和培训体系，能够保证财务共享服务中心人员合理的稳定性和适当的流动性，业务效率、质量、服务满意度等指标得到全面提升。

J集团财务共享服务中心运营管理体系包括组织及绩效管理、标准化管理、流程管理、质量管理、时效管理、培训管理、服务管理、现场（5S）管理等体系。具体如下：

1. 组织及绩效管理

建立科学合理的内部组织架构、岗位职责、考评标准、汇报制度。J集团财务共享服务中心遵循“业务归并、协作高效、人员均衡、跨度合理”的原则设置科室，并持续优化内部管理。

2. 标准化管理

按照“文件化、动态化、系统化、效率化”的原则，建立流程管理规范、作业管理规范及文档管理规范等标准化框架，J集团财务共享服务中心通过统一制定、实施、发布标准和程序，消除重复业务，持续提升工作效率和服务水平，满足风险控制和生产经营的需要。

3. 流程管理

流程管理的对象主要包括各经济业务流程、运营管理流程及其相应标准化文档，J集团财务共享服务中心通过设计、优化、执行、固化、再优化的方式，采用文本化、表单化等手段，吸收整合、总结提炼业务流程，形成标准化、专业化的流程制度体系，用以指导业务操作。

4. 质量管理

J集团财务共享服务中心以提高业务质量为目的，通过开展质量宣贯、培训、主题活动等形式，强化质量意识；通过交叉稽核、定期轮岗、工序性检测、分析性检测等手段，加强质量控制；定期向股份公司提交质量报告。

5. 时效管理

以提升共享中心作业效率为目的，采用科学的统计分析方法，定量分析每个作业环节所耗用的时间以及单据积压情况，J集团财务共享服务中心从处理流程、软件平台、员工素质、业务量、业务管理等多个方面确定作业时效的“瓶颈”，并定期发布时效报表和单据库存报表，保证业务的高效运行。

6. 培训管理

主要包括专业知识培训、岗位技能培训、业务制度培训、管理制度培训、通用技能培训及职业素质培训。J集团财务共享服务中心采用内训与外训相结合、专业与非专业知识相结合的方式，通过建立知识库、打造人才池等手段，全面提升员工的业务技能，保障共享中心可持续发展。

7. 服务管理

以提升客户满意度为目的，以加强服务管控为导向，J集团财务共享服务中心建立首问责任、客户沟通、咨询规范、案例总结、双向测评等机制，设定综合指标、时效指标、质量指标、满意度指标等关键运营指标并开展测评，实现“答复准确、内容详细、依据充分、口径统一”的工作目标。

8. 现场（5S）管理

以创造整洁有序、科学简约的办公环境为目的，J集团财务共享服务中心成立现场管理小组，制定用品摆放、清洁清扫、员工素养、仪容仪表等管理标准，培养员工良好的工作习惯，提高工作效率，树立良好的外部形象。

J集团财务共享服务中心通过运营管理指标的实施，充分利用现有资源，建立自我完善的运行机制，形成集合协同优势，提高整体效率和质量，也为全面提升企业财务管理能力提供有力支撑。

第七章

财务共享的发展阶段

本章学习目的

本章重点介绍财务共享的发展历程。通过本章的学习，应掌握财务共享发展的三个阶段及每个阶段的核心内容；理解每个发展阶段的主要内容；了解财务共享未来的发展方向。

第一节 财务共享发展概述

纵观近几十年来财务共享的发展脉络，不难发现，财务共享在不同经济背景、不同企业发展模式、不同信息技术下呈现出不同的特点。最初的财务共享服务中心以“降本增效”为己任，随着经济环境的变化和信息技术的发展，财务共享服务中心的模式和价值也在不断进化。根据其建设模式和价值目标，企业财务共享服务中心的发展大致可以分为以下三个阶段：1.0 阶段的财务共享依托信息技术，实现了财务业务的集中处理和流程优化，其核心是“共享”；2.0 阶段的财务共享通过自动化和协同化内联企业业务系统，外联商旅平台和税务平台，实现了业财税一体化的财务共享，其核心是“互联”；3.0 阶段的财务共享在各个应用场景深度融合大数据、人工智能、内存计算和智能引擎等新技术，实现了业财税深度一体化的智能共享平台，其核心是“智能”。

在未来，随着技术的不断深化，财务共享将围绕数据共享，构建企业数据仓库，融合管理会计和数据分析技术等，为企业构建以中台架构为核心的数字企业管理及决策平台。

第二节 财务共享 1.0 阶段：共享

如图 7－1 所示，在 1.0 阶段，财务共享的核心是对财务会计工作的集中处理，其核心是“共享”。1.0 阶段的财务共享，把标准化的流程、重复性的工作集中起来，交给财务共享服务中心来做，既满足集团管控、财务集中的目的，又能提高工作效率，减轻分子公司的专业压力。通过相应的制度调整安排，财务共享让分子公司的灵活性和集团政策落实及资源协同效果得到更好的发展。

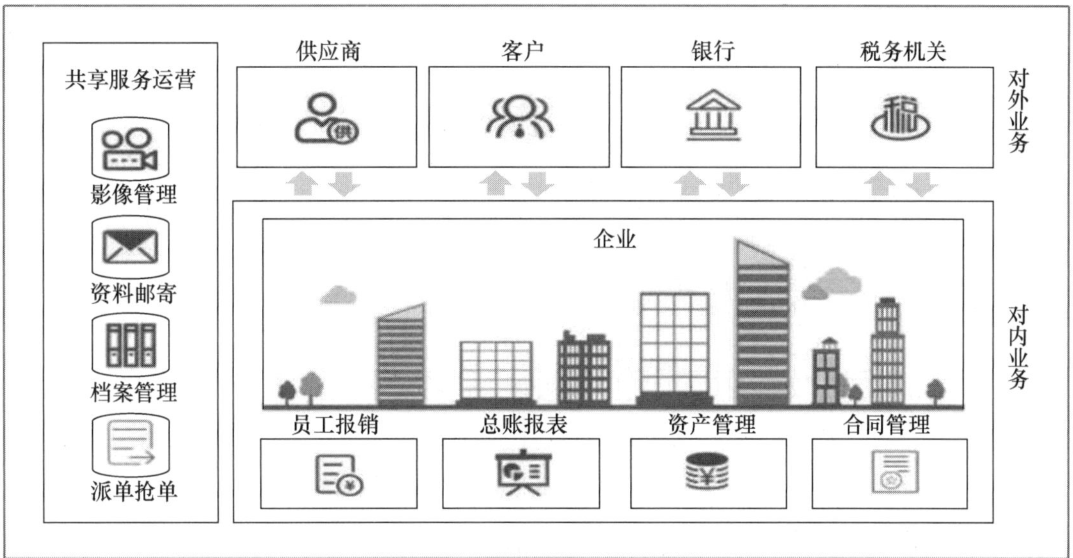

图 7-1　财务共享 1.0 阶段

在 1.0 阶段，随着企业信息化程度不断提高以及新技术在财务工作中应用越来越广泛，财务共享服务中心作为一个信息化平台，通过引入电子影像系统、电子报账平台，对接前端业务系统等方式，逐步将核算、资金、应收应付、合同、报表等财务模块纳入共享范围。同时企业能够系统梳理应用场景，将财务流程标准化，进行流程再造。

但是在 1.0 阶段，财务共享服务中心基本上只完成财务部门传统工作的流程优化和组织结构调整，并没有减少财务人员特别是核算人员的工作量。只是将在传统财务模式下的业务，搬迁到财务共享服务中心，以不同的地点、不同的系统和不同的流程完成而已。

因此，1.0 阶段的财务共享只是交易层面的共享，并没有延伸到其他环节。目前国内大多数公司的 FSSC 仍处于这一阶段。随着数字技术、互联网应用不断深入，有关企业采购、商旅消费的交易环节与财务环节相对独立的系统设计无法满足业财融合的需要，打通交易与财务环节的要求更加迫切。

第三节　财务共享 2.0 阶段：互联

如图 7-2 所示，在 2.0 阶段，财务共享将与采购交易系统和税务管理系统相集成，形成业财税一体化的财务共享服务，其核心是“互联”。

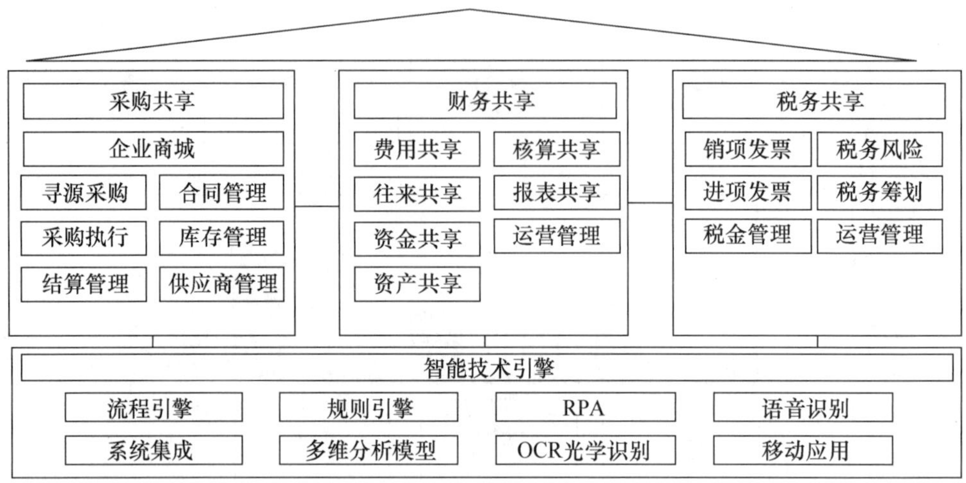

图 7-2　财务共享 2.0 阶段

2.0 阶段的财务共享，一方面，连接外部的商旅、供应商、标准电商如京东、携程和滴滴等，以及内部的各种资源，搭建企业商城，优化重塑从申请到支付入账的整个采购流程，形成采购交易系统；另一方面，连接政府税务平台，搭建税务管理系统，通过 OCR、财务机器人等数字技术与税控系统进行信息比对、集成，提高税务工作效率，更好地进行税务筹划。图 7-3 为商旅商城的流程图。

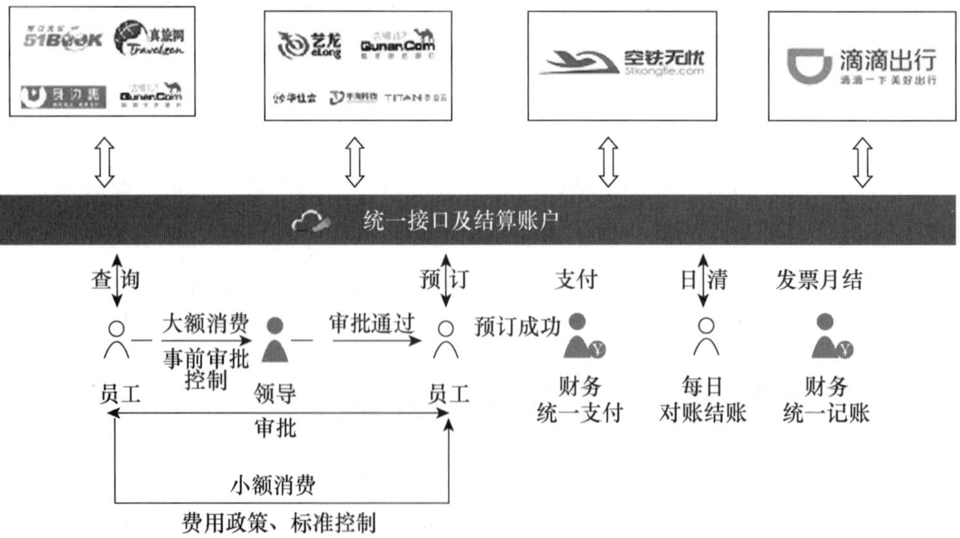

图 7-3　商旅商城流程图

2.0阶段的财务共享深度融合了业务与财务，随着管理模式和技术条件的不断成熟，越来越多的业务环节将纳入财务共享的系统连接中。一方面，通过公司统一结算，员工无须垫付资金，报销事项和单据量大幅减少，财务无须处理大量零散发票、记账和支付工作，工作量大幅降低；另一方面，业财融合使得财务数据背后有了更多维的业务信息，为管理决策提供更多的业财融合数据。

第四节　财务共享3.0阶段：智能

如图7-4所示，在3.0阶段，财务共享连接前后台部门的运营和数据中台，承载智能共享服务、智能管理会计和智能数据分析等功能，其核心是“智能”。

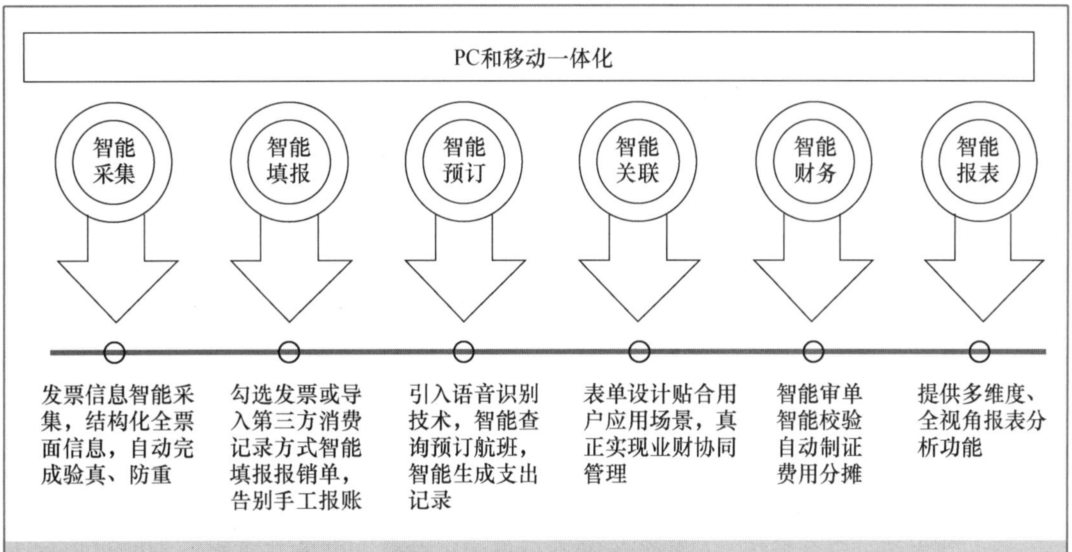

图7-4　财务共享3.0阶段

随着信息技术的发展，财务共享作为管理会计应用的“基石”，正面临定位与价值的全面刷新。在“大智移云物”技术的渗透下，领先企业都在积极探索和建设以数据共享为核心的智能财务共享体系，成为公司未来决策最重要的数据支持平台。3.0阶段的财务共享，在新技术驱动下，搭载多项人工智能技术，全力打造用户智能体验，推动企业构建智能财务体系。

3.0阶段的财务共享是财务共享发展的高级阶段，覆盖企业绝大部分的业务系统，成为企业强大的业务中台和数据中台，为更多的分子公司提供可以随时调用的业务支持能力。大量的业务交易产生大量的实时数据，使共享中心成为集团级数据中心，集成核算数据、预算数据、资金数据、资产数据、成本数据、外部标杆数据等，为数据建模、分析提供准确、全面、系统的数据来源，成为企业的业务调整依据和决策指导办法。

第五节 财务共享的未来

建立财务共享服务中心是财务转型、企业转型升级的第一步。未来财务共享服务中心的发展方向与企业的现实情况、信息技术的发展程度、管理者的前瞻性密切相关。从应用的深度和覆盖的广度两个角度来看，未来的财务共享将朝着“大共享”和“价值创造”发展，给企业带来更大的价值创造空间。

一、向无边界企业共享平台迈进

从信息技术发展的角度考量，随着信息技术日新月异的发展和互联网＋时代商业模式创新的不断涌现，未来的财务共享服务中心也需要适应信息技术变化而不断变化。共享中心在互联网＋时代将进一步向无边界企业共享平台迈进。主要表现在：

1. 共享边界扩展

财务共享服务中心不仅要覆盖企业全体员工，还要能涵盖企业产业链上下游的合作伙伴，比如供应商、经销商、代理商等。而信息技术的发展使边界的扩展成为可能。对内，财务共享服务中心要和企业的各种系统，包括 ERP 系统、预算系统、资金系统、OA 系统等进行集成；对外，财务共享服务中心可以和银行、商旅、税务等系统进行集成。一方面，打通消费和报销流程，将企业的日常采购和支出的大部分业务活动置于共享中心的支撑和管控之下，实现采购和支付过程的全程管理，极大提高管理效率，降低资金占用；另一方面，推进实现共享与税务、发票管理等的鉴真、复核的全方位直联，极大提升企业的运作效率，降低业务风险。

2. 多终端应用

移动终端的普及正在使移动报销、移动预算、移动审批等成为趋势。财务共享服务中心在手机端、Pad 端随时随地的应用必将成为共享中心的标配功能。以

TCL 集团为例，其基于共享平台的轻量级微信集成应用，使用户可以随时随地处理审批、报销等事项。

3. 云端应用

无论是财务共享服务向产业链上下游扩展，还是其多终端的移动应用，如果能够借助于“云技术”，这些变化实现起来都会相对容易。这是因为财务共享服务中心建立后，将产生海量的数据。海量数据的存储和分析，都需要借助于大数据技术。如果仅仅靠企业自身增加设备和人员，不但会大大增加企业的成本，而且会阻碍财务共享服务中心的升级换代。因此，为用户提供安全、稳定的云端共享应用，无疑是财务共享服务中心的系统供应商努力实现的方向。

未来，越来越多的中国企业将借助于云计算、大数据、移动互联等信息技术建立财务共享服务中心，完成企业财务组织和流程的再造，不断深化财务变革，让财务真正发挥价值创造的作用，成为打造企业核心竞争力的利器。

二、向全球化运营平台迈进

或许在未来，大型跨国企业集团遍布全球的分支机构，都需要将合同、票据、报销单据等统一传送至全球化共享运营平台，在数秒内即可完成操作。

当前，大多数中国企业的财务共享服务中心还是分地域运营。今后，随着经济全球一体化的进展，以及中国企业“走出去”步伐的加快，未来的财务共享服务中心将会跨越更大更广的地域，在全球范围内提供便捷、统一的服务，形成全球化运营的财务共享服务中心。

全球化运营平台需要具备一定的基础。随着中国区财务共享服务中心管理经验的积累，系统、流程的规范与改进，业务容量的逐渐增大，会有更多的企业集团将所有子公司全部纳入财务共享服务中心的业务范围，共享全面的财务服务，实现真正意义上的中国区财务共享服务中心甚至全球财务共享服务中心发展，这一趋势给财务共享服务中心的运作和管理能力也提出了更高的要求。

需要说明的是，建立区域共享中心还是全球化共享中心取决于企业的发展战略和自身需求。越是国际化经营的企业，越需要全球化运营的财务共享服务中心提供支持、提高竞争力。

三、向利润中心迈进

目前中国财务共享服务中心运营的模式可以划分为企业内部运营、外部独立经营以及内外部结合运营三种形式。

未来，对于大型企业集团而言，从内部运营走向提供外包服务将成为趋势。外包服务不仅可以满足自身财务共享服务的需求，而且可以充分利用已经建设的财务共享服务中心进一步扩大业务范围、降低运营成本，逐渐从成本中心变为利润中心，成为企业创造新价值的独立经济体。

要想成为集团公司的一个利润中心，就要求它在内部运营时，积累丰富的运营经验，建立完全的内部成本核算体系，对服务的下属子公司或分公司签订服务水平协议，对所提供的服务计价管理。

当然，只有运营成本足够低时，财务共享服务中心才能够考虑从事外包业务，否则将没有竞争优势。而要真正走向市场，对于财务共享服务中心的管理人员也提出了更高的要求，他们不仅需要专业知识、管理经验，更为重要的是要有市场营销的能力，成本控制的能力。财务共享服务中心的经营，不再是通过服务补偿成本，而是通过服务赚取利润。

四、向全流程共享服务平台迈进

目前，共享服务能够覆盖 2/3 的职能部门。未来，在财务共享服务中心运作成熟的基础上，功能将进一步扩展，它的作用预计将逐渐拓展至供应链（从客户端到供应商）的整个过程，从财务领域逐渐拓展至生产经营的整个过程，实现企业经营的全流程覆盖。同时，共享中心将企业的管理人员从繁杂的非核心业务工作中解放出来，将精力放在为企业提供更高的决策支持、分析及业务管理等关键性工作上，为企业创造出更大的价值，进而实现自身的转型与企业的转型升级。

思考题

1. 为什么财务共享 1.0 阶段并不能减轻财务人员的工作量？说说你的理由。
2. 智能技术在财务共享中的应用场景有哪些？请举几个例子。

延伸阅读

我国财务共享的发展历史

1999 年，摩托罗拉亚洲财务结算中心选址天津，标志着财务共享服务中心正式落地中国。之后，中英人寿、辉瑞制药等跨国企业相继在中国成立全球财务共享服务中心，集中处理亚太地区各国甚至来自全球的会计流程处理业务。

伴随着全球经济一体化、监管政策的趋同及信息化的高度发展，越来越多中国企业开始实施或者规划共享服务建设。中兴通讯、宝钢、海尔、华为、平安等一些管理先进的企业集团开始在财务共享服务方面进行有益的探索与实践。著名企业在中国建立 FSSC 进程参见表 7－1。

表 7－1　著名企业在中国建立 FSSC 进程

公司名称	事件
摩托罗拉	1999 年，在天津成立亚洲财务结算中心。 2006 年，更名为摩托罗拉全球会计服务中心。
埃森哲	2003 年，在上海成立亚太共享服务中心。
惠普	2004 年，在大连成立共享服务中心。
中兴通讯	2005 年，安财软件帮助中兴通讯成功搭建国内首家财务共享服务中心。
中英人寿保险	2006 年，在国内建立外资保险业中第一个财务共享服务中心。
辉瑞制药	2007 年，在大连成立全球财务共享服务中心亚太分部，与其美洲分部、欧洲分部共同组成一个提供标准化和最优化会计处理流程的全球运营体系。
荷兰皇家帝斯曼	2009 年，在线高新区成立全球财务共享服务中心。
阿迪达斯	2012 年，在大连设立亚太区财务共享服务中心。
南方电网	2013 年 5 月，首个财务共享服务中心挂牌。
中铁建设集团有限公司	2013 年 7 月，基于云服务的财务共享服务中心挂牌运行。

有调查表明，目前我国境内已有超过 450 家财务共享服务中心，已有近百家中国本土企业集团走上财务共享服务之路。

从布局上看，大部分财务共享服务中心选址在大城市或其周边地区，而最近几年的地域分布呈现出从东部环渤海集群、长三角集群和珠三角集群向中西部内陆地区转移的趋势。内陆地区，尤其是省会城市，逐渐成为财务共享服务中心建设的重要选址地区。

从应用情况看，总体而言，当前我国财务共享服务中心的发展处于初级阶段。大多数企业建立的财务共享服务中心，核心是对财务会计工作的集中式处理，其模式可概括为涵盖“核算共享、报销共享和资金共享”与“共享平台运营”的“3＋1”共享模式，在这个阶段，财务共享服务中心只是交易层面的共享，并没有延伸到其他环节。

一些企业集团在会计工作集中式处理的基础上，开始进入财务共享发展的中级阶段。它们尝试将财务共享向业务延伸，打通业务与财务核算的壁垒，以共享平台支撑共享服务向资产管理、工程分包、合同管理等相关业务领域进行深度延伸。

少数早已实施财务共享的企业集团，则开始探索进入财务共享发展的高级阶段。他们开始构建以数据共享为核心的财务共享服务中心，使其成为集团级数据中心，集成核算数据、预算数据、资金数据、资产数据、成本数据、外部标杆数据等与高层管理和决策相关的信息，成为公司未来决策的最重要的数据支持平台。

在移动互联网和云计算背景下，这些企业已经有把财务共享服务送入云端、实施财务云服务的迫切需求，并正在进行积极的探索。财务共享服务的实施使这些企业的战略与财务、业务与财务相融合，为企业集团提供更为相关的、实时共享的精细化信息，为企业财务转型以及可持续地创造价值奠定了基础。

北京国家会计学院发布的财务共享服务调查报告显示，中国已有超过70%的大企业开始实施财务共享服务战略。可见，目前中国企业基本已经形成共识：应用财务共享服务模式，借助流程标准化来提升效率，以解放出更多财务人员从事更高附加值的工作，促进财务职能转型，提升企业整体价值。

2013年12月，财政部发布的《企业会计信息化工作规范》第三十四条指出，分公司、子公司数量多、分布广的大型企业、企业集团应当探索利用信息技术促进会计工作的集中，逐步建立财务共享服务中心。实行会计工作集中的企业以及企业分支机构，应当为外部会计监督机构及时查询和调阅异地存储的会计资料提供必要条件。这项规定为我国企业探索建立财务共享服务中心提供了政策支持。

从企业层面看，经过多年的发展，我国大部分企业已经具备建立财务共享服务中心的管理基础和IT系统支撑。

一方面，会计电算化、ERP日益普及，这让会计核算的信息化集中处理已经不成为什么问题。除了会计核算系统之外，财务共享服务中心的系统支持还包括网络报销系统、预算管理系统、资金管理系统、票据影像系统、银企互联系统、档案管理系统、合同管理系统、项目管理系统、绩效管理系统、决策支持系统、合并报表系统等。对此，很多企业由于现有的ERP系统不够完善，建立财务共享服务中心时一般会选用单独的专业软件。很多企业会选择专业的费控系统，通过系统固化已经优化的流程，实现费用报销和资金支付流程的有效执行。对于企业集团而言，需要解决的主要是ERP系统的统一问题。因为财务共享服务中心本质上是一个信息化的平台，信息系统平台的统一搭建和整合是实现财务共享服务的关键环节。

另一方面，目前，我国大部分企业已建立起较为完善的现代企业管理制度，具备完善的流程和制度，这为共享服务的实施奠定了管理的基础。财务共享服务中心的建设对企业来说是一次财务管理的变革，会引发企业在整个管理层面的变革。为此，企业在决策体制和组织架构方面必须做出相应的变革。

从中国企业集团实施财务共享的实践案例来看，当前建立财务共享服务中心最大的难题在于财务组织和流程的再造。

在共享服务模式下，金字塔式的组织架构被扁平化的服务组织所代替，个性化的管理被标准化的服务所代替，原有组织和流程中某些角色和职能将发生变化，因此组织和人员的调整是建立共享服务中心的难题之一。另外，财务共享服务中心建立的过程本身就是企业财务流程再造的过程，应按照统一的要求，调整各业务单元现有财务业务流程，将简单事务性的会计核算工作向集团总部集中，将财务权限上收，缩减地方财务人员编制，并最终制定一套适合所有业务单元的业务流程。

第八章

实验案例

本章学习目的

本章重点介绍实验案例的基本信息。通过本章的学习，应了解案例企业的经营状况、组织架构及组织成员；熟悉案例企业组织成员在财务共享实验教学平台中的职责与权限。

第一节　实验内容

本章使用基于企业级财务共享信息系统（元年 E7 财务共享平台）开发的财务共享实验教学平台，模拟企业财务共享服务中心的真实应用场景。平台内置一家汽车制造企业——向阳汽车有限公司，该企业将费用报销、资产管理、合同管理、薪酬管理、税务管理五个财务模块放到共享中心处理，其余业务归属核算中心处理。

本章选取 2020 年 6 月份该汽车制造企业共享和非共享业务的一些片段，让学生利用属地公司、共享中心、核算中心的各个角色登录系统处理财务业务，并于期末结账，生成科目余额表和现金流量表，熟练掌握财务共享信息系统的基本操作，体验业务处理的每一个流程环节，进一步理解财务共享信息系统的整体结构和运行特征。

第二节　案例企业背景

向阳汽车有限公司是一家大型汽车制造企业，业务范围包括汽车整车和汽车零部件的研发、生产及销售，可自主生产发动机、变速器、车桥及制动器、内外饰等汽车核心零部件。目前公司主要产品有 SUV、轿车和皮卡，年产能大约 70 万辆。

向阳汽车有限公司下设两家分公司，分别为 XYZ 公司和 ABC 公司。其中 XYZ 公司负责采购和生产，ABC 公司负责整车和汽车零部件的销售，两家分公司各自拥有财务部门处理本公司的财务工作。

2020 年向阳汽车有限公司设立财务共享服务中心，由财务总监直接管辖。

一、案例企业的组织架构

向阳汽车有限公司的组织架构如图 8-1 所示。

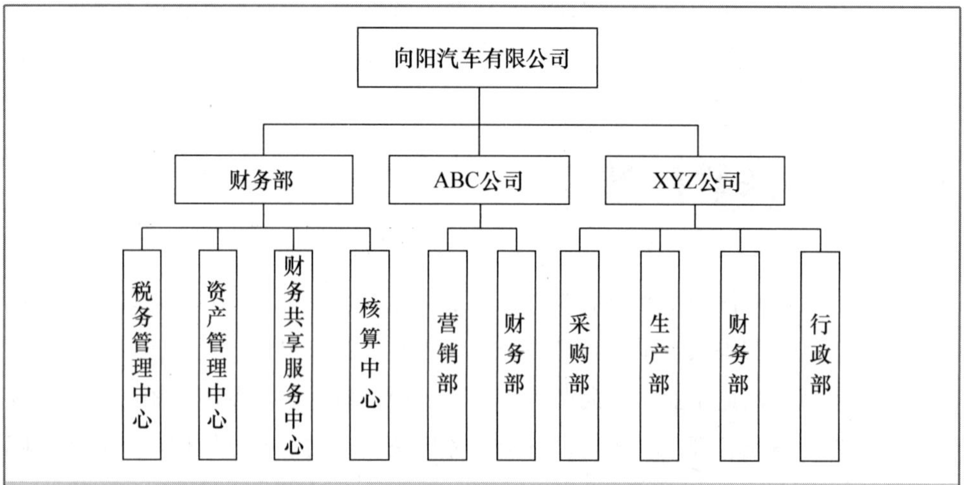

图 8-1　向阳汽车有限公司组织架构图

二、用户的身份和权限

向阳汽车有限公司的财务共享信息系统中共有 11 个角色、15 个用户。下面分别介绍每个用户的身份和主要权限。

1. 采购专员——部门员工

负责企业日常采购合同管理工作。

具有增加资产新增单、发起费用申请、报销的操作权限。

2. 销售专员——部门员工

负责企业产品销售合同管理工作。

具有增加收付款合同、发起费用申请、报销的操作权限。

3. 采购经理——部门领导

采购专员直属领导，负责管理部门费用及与采购活动相关的付款合同审批工作。

具有审批日常费用申请单、日常费用报销单、资产新增单的操作权限。

4. 销售经理——部门领导

销售专员直属领导，负责管理部门费用及与销售活动相关的收付款合同审批工作。

具有审批日常费用申请单、日常费用报销单、合同新增单、合同付款单的操作权限。

5. 属地会计 1

负责 ABC 公司合同管理、薪酬管理工作。

具有新增薪酬管理单、审批合同收款单、发起合同付款单、开具发票等操作权限。

6. 属地会计 2

负责 XYZ 公司合同管理、薪酬管理工作。

具有新增薪酬管理单、审批合同收款单、发起合同付款单、开具发票等操作权限。

7. 资产专员

负责企业资产的入库、出库，资产持有期间及处置阶段的管理。

具有审批资产新增单，发起资产付款单、资产管理单的操作权限。

8. 税务专员

负责企业增值税的结转，附加税、企业所得税的计提。

具有发起税务管理单的操作权限。

9. 派单员

负责批量派工工作。

具有将从属地公司推送来的单据按一定规则派工给共享会计的操作权限。

10. 共享会计 1 和共享会计 2

负责审批流转到共享中心的单据、制证、推送凭证工作。

具有抢单、审批日常费用报销单、审批资产付款单、审批合同付款单、审批薪酬管理单、审批税务管理单、生成转账凭证、推送转账凭证操作权限。

11. 资金会计

负责审批付款回款单据、付款、制证、确认收款工作。

具有审批日常费用报销单、资产付款单、合同付款单、回款单、薪酬管理单、税务管理单，生成付款凭证、收款凭证，推送凭证操作权限。

12. 核算会计

归属财务部核算中心，负责新增非共享中心处理的业务对应的会计凭证。

具有登录核算中心、新增凭证、记账、期末结账等操作权限。

13. 会计主管

归属财务部核算中心，负责审核会计专员填写的会计凭证。

具有登录核算中心、审批凭证、查看报表等操作权限。

14. 财务总监

归属财务部，负责审批超审批金额单据。

具有所有功能的操作权限。

三、职员档案

职员档案信息如表 8－1 所示。

表 8－1 职员档案信息表

用户编号	用户名称	所属部门	所属公司
cgzy	采购专员	采购部	XYZ 公司
cgjl	采购经理		
sdkj2	属地会计 2	财务部	
xszy	销售专员	营销部	ABC 公司
xsjl	销售经理		
sdkj1	属地会计 1	财务部	

续表

用户编号	用户名称	所属部门	所属公司
pdy	派单员	财务共享服务中心	财务部
gxkj1	共享会计 1		
gxkj2	共享会计 2		
zjkj	资金会计		
zczy	资产专员	资产管理中心	
swzy	税务专员	税务管理中心	
hskj	核算会计	核算中心	
kjzg	会计主管		
cwzj	财务总监	财务部	

第三节　案例企业业务概况

公司主要产品为 SUV、轿车和皮卡，年产能大约 70 万辆。根据产销预测，2020 年 6 月向阳汽车有限公司汽车销量约为 64 100 辆，产量将达到 65 500 辆。其中 SUV 的产销量最大，皮卡其次，轿车最少。两家分公司分别与 7 家供应商和 3 家经销商具有业务往来关系，由资产专员和销售专员分别负责日常原材料采购和整车销售业务。

一、产销预测

产销预测如表 8-2 所示。

表 8-2　2020 年 6 月产销预测情况表　　单位：辆

车型	销量	产量
皮卡	10 365	10 765
SUV	53 099	54 135
轿车	636	600
总计	64 100	65 500

二、供应商档案

供应商档案如表 8-3 所示。

表 8-3 供应商档案

编号	供应商	主要业务	开户银行	开户名	银行账号
GYS-1	A公司	销售钢材	北京市向阳路支行	A公司	6212264100011300084O
GYS-2	B公司	销售油漆	北京市向阳路支行	B公司	6212264100011300O841
GYS-3	C公司	销售座椅总成、安全气囊	北京市向阳路支行	C公司	6212264100011300O842
GYS-4	D公司	销售生产线、机床、机器等大型生产设备，提供大型生产设备检修服务	北京市向阳路支行	D公司	6212264100011300O843
GYS-5	E公司	销售组合音响	北京市向阳路支行	E公司	6212264100011300O844
GYS-6	F公司	提供物业服务、安装服务、运输服务、广告宣传服务、展览服务以及店面装修服务	北京市向阳路支行	F公司	6212264100011300O845
GYS-7	G公司	销售非专利技术等无形资产	北京市向阳路支行	G公司	6212264100011300O846

三、客户档案

客户档案如表 8－4 所示。

表 8-4 客户档案

客户编号	客户	主要对标商品	开户银行	开户名	银行账号
KH-1	甲公司	SUV、轿车、皮卡	北京市向阳路支行	甲公司	6212264100011300O869
KH-2	乙公司	SUV、轿车、皮卡	北京市向阳路支行	乙公司	6212264100011300O870
KH-3	丙公司	SUV、轿车、皮卡	北京市向阳路支行	丙公司	6212264100011300O871

第四节 案例企业期初数据

一、科目余额表

2020 年 6 月期初科目余额表见表 8－5。

表 8-5 2020 年 6 月期初科目余额表 单位：元

科目编码	科目名称	方向	期初余额	本年累计损益发生额
1001	库存现金	借	100 294.00	
1002	银行存款	借	8 079 391 814.12	

续表

科目编码	科目名称	方向	期初余额	本年累计损益发生额
1101	交易性金融资产	借	184 564 259.52	
110101	成本	借	184 564 259.52	
1121	应收票据	借	25 947 204 704.90	
1122	应收账款	借	24 255 196 220.02	
1123	预付账款	借	564 271 709.16	
1131	应收股利	借	648 129 389.66	
1132	应收利息	借	204 194 195.09	
1221	其他应收款	借	983 952 978.08	
1231	坏账准备	贷	53 626 373.52	
1403	原材料	借	2 059 622 196.00	
1405	库存商品	借	1 287 587 596.11	
1411	周转材料	借	81 293 819.19	
141101	包装物	借	81 293 819.19	
1471	存货跌价准备	贷	40 213 094.42	
1503	其他债权投资	借	0.00	
1504	其他权益工具投资	借	7 700 000.00	
1511	长期股权投资	借	5 273 861 404.26	
1521	投资性房地产	借	99 008 358.76	
1601	固定资产	借	27 487 710 428.49	
160101	房屋、建筑物	借	7 553 101 020.67	
160102	机器、机械和其他生产设备	借	17 012 098 415.02	
160103	器具、工具、家具等	借	364 947 905.88	
160104	运输工具	借	526 529 780.79	
160105	电子设备	借	975 873 463.96	
160106	其他	借	1 055 159 842.17	
1602	累计折旧	贷	1 358 457 455.00	
160201	房屋、建筑物	贷	359 374 429.60	
160202	机器、机械和其他生产设备	贷	900 111 027.30	
160203	器具、工具、家具等	贷	17 378 471.30	
160204	运输工具	贷	25 072 846.70	
160205	电子设备	贷	46 470 164.95	
160206	其他	贷	10 050 515.15	
1603	固定资产减值准备	贷	102 389 296.20	
1604	在建工程	借	3 712 007 385.71	
1605	工程物资	借	−1 000 000.00	
1606	固定资产清理	借	0.00	

续表

科目编码	科目名称	方向	期初余额	本年累计损益发生额
1701	无形资产	借	3 337 799 694.61	
170101	专利权	借	1 055 901 424.01	
170104	土地使用权	借	2 093 945 624.11	
170107	其他	借	187 952 646.49	
1702	累计摊销	贷	331 374 640.52	
1801	长期待摊费用	借	130 687 917.26	
180103	固定资产的大修理支出	借	50 210 231.02	
180105	其他	借	80 477 686.24	
1811	递延所得税资产	借	234 019 468.70	
1901	待处理财产损溢	借	0.00	
2001	短期借款	贷	8 881 700 000.00	
2201	应付票据	贷	12 345 014 591.10	
2202	应付账款	贷	21 891 965 038.53	
2203	预收账款	贷	5 813 568 597.73	
2211	应付职工薪酬	贷	698 185 891.96	
221101	工资薪金	贷	500 034 727.20	
221102	各类基本社会保障性缴款	贷	0.00	
221103	职工教育经费支出	贷	0.00	
221104	工会经费支出	贷	0.00	
221105	职工福利费支出	贷	30 000 324.09	
221106	住房公积金	贷	0.00	
221109	其他	贷	168 150 840.67	
2221	应交税费	贷	1 076 923 626.12	
222101	应交增值税	贷	0.00	
22210101	进项税额	借	0.00	
22210102	销项税额	贷	0.00	
22210103	转出未交增值税	借	0.00	
22210104	进项税额转出	贷	0.00	
222102	应交城市维护建设税	贷	4 893 793.25	
222103	应交教育费附加	贷	2 097 339.96	
222104	应交地方教育附加	贷	996 554.71	
222105	应交个人所得税	贷	88 649 658.82	
222106	应交企业所得税	贷	167 285 329.05	
222108	应交消费税	贷	743 089 618.20	
222109	未交增值税	贷	69 911 332.13	
2231	应付利息	贷	−558 657 141.26	

续表

科目编码	科目名称	方向	期初余额	本年累计损益发生额
2232	应付股利	贷	781 949 682.96	
2241	其他应付款	贷	2 233 248 508.01	
224101	个人	贷	84 910 485.09	
224102	代扣社保及公积金	贷	0.00	
224103	公司	贷	2148 338 022.92	
2401	递延收益	贷	1 000 000 000.00	
2501	长期借款	贷	1 275 155 776.35	
2801	预计负债	贷	1 003 660 000.00	
4001	实收资本	贷	9 127 269 000.00	
4002	资本公积	贷	1 464 187 305.77	
4101	盈余公积	贷	3 967 512 617.15	
4103	本年利润	贷	0.00	
4104	利润分配	贷	31 952 835 939.16	
410401	未分配利润	贷	31 951 075 939.16	
410402	提取法定盈余公积	贷	1 760 000.00	
5001	生产成本	借	263 276 459.60	
500101	基本生产成本	借	263 276 459.60	
50010101	直接材料	借	237 844 450.00	
50010102	直接人工	借	115 298.00	
50010103	制造费用	借	25 316 711.60	
5101	制造费用	借	0.00	
6001	主营业务收入	贷	0.00	719 400 800.00
600101	商品销售收入	贷	0.00	719 400 800.00
6051	其他业务收入	贷	0.00	22 064 000.00
605101	销售材料收入	贷	0.00	22 064 000.00
6111	投资收益	贷	0.00	1 983 626.00
6301	营业外收入	贷	0.00	4 640 462.00
630104	政府补助利得	贷	0.00	4 640 462.00
6401	主营业务成本	借	0.00	605 089 000.00
640101	商品销售成本	借	0.00	605 089 000.00
6402	其他业务成本	借	0.00	20 813 224.00
640201	材料销售成本	借	0.00	20 813 224.00
6403	税金及附加	借	0.00	5 979 328.27
640303	城市维护建设税	借	0.00	3 487 941.49
640306	教育费附加	借	0.00	1 494 832.07
640307	地方教育附加	借	0.00	996 554.71

续表

科目编码	科目名称	方向	期初余额	本年累计损益发生额
6601	销售费用	借	0.00	703 286.42
660101	职工薪酬	借	0.00	50 789.76
66010102	职工福利费支出	借	0.00	12 000.00
66010103	职工教育经费支出	借	0.00	12 744.00
66010105	各类基本社会保障性缴款	借	0.00	26 045.76
660104	业务招待费	借	0.00	16 340.64
660105	广告费和业务宣传费	借	0.00	452 656.00
660107	资产折旧摊销费	借	0.00	178 000.00
66010701	固定资产折旧	借	0.00	178 000.00
660113	差旅费	借	0.00	5 500.02
6602	管理费用	借	0.00	4 412 722.44
660201	职工薪酬	借	0.00	240 659.28
66020101	工资薪金支出	借	0.00	193 878.00
66020102	职工福利费支出	借	0.00	5 000.00
66020103	职工教育经费支出	借	0.00	15 619.20
66020104	工会经费支出	借	0.00	3 827.20
66020105	各类基本社会保障性缴款	借	0.00	2 402.88
66020106	住房公积金	借	0.00	19 932.00
660207	资产折旧摊销费	借	0.00	193 376.00
66020701	固定资产折旧	借	0.00	94 000.00
66020702	无形资产摊销	借	0.00	99 376.00
660209	办公费	借	0.00	345.14
660212	诉讼费	借	0.00	3 600 000.00
660213	差旅费	借	0.00	11 022.02
660220	其他	借	0.00	367 320.00
66022007	其他费用	借	0.00	367 320.00
6603	财务费用	借	0.00	−6 265 382.00
660303	现金折扣	借	0.00	−6 265 382.00
6701	资产减值损失	借	0.00	340 000.00
6711	营业外支出	借	0.00	6 945 600.00
671101	非流动资产处置损失	借	0.00	2 000 000.00
671104	非常损失	借	0.00	1 265 600.00
671105	捐赠支出	借	0.00	2 800 000.00
671110	其他	借	0.00	880 000.00
6801	所得税费用	借	0.00	27 517 777.22

二、现金流量表

2020年1—5月现金流量表见表8-6。

表8-6　2020年1—5月现金流量表

单位：元

项目	行次	本年累计金额
一、经营活动产生的现金流量：		
销售商品、提供劳务收到的现金	1	706 135 644.00
收到的税费返还	2	—
收到其他与经营活动有关的现金	3	4 640 462.00
经营活动现金流入小计	4	710 776 106.00
购买商品、接受劳务支付的现金	5	379 806 362.30
支付给职工以及为职工支付的现金	6	773 970.64
支付的各项税费	7	—
支付其他与经营活动有关的现金	8	2 835 935.00
经营活动现金流出小计	9	383 416 267.94
经营活动产生的现金流量净额	10	327 359 838.06
二、投资活动产生的现金流量：		
收回投资收到的现金	11	—
取得投资收益收到的现金	12	—
处置固定资产、无形资产和其他长期资产收回的现金净额	13	—
处置子公司及其他营业单位收到的现金净额	14	—
收到其他与投资活动有关的现金	15	—
投资活动现金流入小计	16	—
购建固定资产、无形资产和其他长期资产支付的现金	17	26 423 436.94
投资支付的现金	18	—
取得子公司及其他营业单位支付的现金净额	19	—
支付其他与投资活动有关的现金	20	—
投资活动现金流出小计	21	26 423 436.94
投资活动产生的现金流量净额	22	−26 423 436.94
三、筹资活动产生的现金流量：		
吸收投资收到的现金	23	—
取得借款收到的现金	24	—
收到其他与筹资活动有关的现金	25	—
筹资活动现金流入小计	26	—
偿还债务支付的现金	27	218 200 000.00
分配股利、利润或偿付利息支付的现金	28	632 491 436.00

续表

项目	行次	本年累计金额
支付其他与筹资活动有关的现金	29	—
筹资活动现金流出小计	30	850 691 436.00
筹资活动产生的现金流量净额	31	−850 691 436.00
四、汇率变动对现金及现金等价物的影响	32	—
五、现金及现金等价物净增加额	33	−549 755 034.88
加：期初现金及现金等价物余额	34	8 629 247 143.00
六、期末现金及现金等价物余额	35	8 079 492 108.12

三、主要会计科目及编码

由于在薪酬管理模块填写薪酬管理单时，属地会计需要选择相应会计科目，因此给出向阳汽车有限公司主要会计科目及编码便于处理薪酬管理模块业务，如表 8 - 7 所示。

表 8 - 7　主要会计科目及编码

科目编码	科目名称	科目编码	科目名称
1001	库存现金	1321	代理业务资产（受托代销商品）
1002	银行存款	1401	材料采购
1012	其他货币资金	1402	在途物资
101201	其他货币资金/银行汇票存款	1403	原材料
101202	其他货币资金/银行本票存款	1404	材料成本差异
101203	其他货币资金/信用卡存款	1405	库存商品
101204	其他货币资金/信用证存款	1406	发出商品
101205	其他货币资金/外埠存款	1407	商品进销差价
1101	交易性金融资产	1408	委托加工物资
110101	交易性金融资产/成本	1409	自制半成品
110102	交易性金融资产/公允价值变动	1411	周转材料
1121	应收票据	141101	周转材料/包装物
1122	应收账款	141102	周转材料/低值易耗品
1123	预付账款	1421	消耗性生物资产
1131	应收股利	1471	存货跌价准备
1132	应收利息	1501	债权投资
1200	往来款	1502	债权投资减值准备
1221	其他应收款	1503	其他债权投资
1231	坏账准备	1504	其他权益工具投资

续表

科目编码	科目名称	科目编码	科目名称
1511	长期股权投资	1711	商誉
1512	长期股权投资减值准备	1801	长期待摊费用
1521	投资性房地产	180101	长期待摊费用/已提足折旧资产的改建支出
1531	长期应收款	180102	长期待摊费用/租入固定资产的改建支出
1532	未实现融资收益	180103	长期待摊费用/固定资产的大修理支出
1601	固定资产	180104	长期待摊费用/开办费
160101	固定资产/房屋、建筑物	180105	长期待摊费用/其他
160102	固定资产/机器、机械和其他生产设备	1811	递延所得税资产
160103	固定资产/器具、工具、家具等	1901	待处理财产损溢
160104	固定资产/运输工具	2001	短期借款
160105	固定资产/电子设备	2101	交易性金融负债
160106	固定资产/其他	2201	应付票据
1602	累计折旧	2202	应付账款
160201	累计折旧/房屋、建筑物	2203	预收账款
160202	累计折旧/机器、机械和其他生产设备	2211	应付职工薪酬
160203	累计折旧/器具、工具、家具等	221101	应付职工薪酬/工资薪金
160204	累计折旧/运输工具	221102	应付职工薪酬/各类基本社会保障性缴款
160205	累计折旧/电子设备	221103	应付职工薪酬/职工教育经费支出
160206	累计折旧/其他	221104	应付职工薪酬/工会经费支出
1603	固定资产减值准备	221105	应付职工薪酬/职工福利费支出
1604	在建工程	221106	应付职工薪酬/住房公积金
1605	工程物资	221107	应付职工薪酬/补充养老保险
1606	固定资产清理	221108	应付职工薪酬/补充医疗保险
1621	生产性生物资产	221109	应付职工薪酬/其他
1622	生产性生物资产累计折旧	2221	应交税费
1623	公益性生物资产	222101	应交税费/应交增值税
1701	无形资产	22210101	应交税费/应交增值税/进项税额
170101	无形资产/专利权	22210102	应交税费/应交增值税/销项税额
170102	无形资产/商标权	22210103	应交税费/应交增值税/转出未交增值税
170103	无形资产/著作权	22210104	应交税费/应交增值税/进项税额转出
170104	无形资产/土地使用权	22210105	应交税费/应交增值税/出口退税
170105	无形资产/非专利技术	22210106	应交税费/应交增值税/减免税款
170106	无形资产/特许权使用费	22210107	应交税费/应交增值税/已交税金
170107	无形资产/其他	22210108	应交税费/应交增值税/转出多交增值税
1702	累计摊销	22210109	应交税费/应交增值税/出口抵减内销产品应纳税额
1703	无形资产减值准备		

续表

科目编码	科目名称	科目编码	科目名称
22210110	应交税费/应交增值税/销项税额抵减	224104	其他应付款/残保金
222102	应交税费/应交城市维护建设税	2314	代理业务负债（代销商品款）
222103	应交税费/应交教育费附加	2401	递延收益
222104	应交税费/应交地方教育附加	2501	长期借款
222105	应交税费/应交个人所得税	2502	应付债券
222106	应交税费/应交企业所得税	2701	长期应付款
222108	应交税费/应交消费税	2702	未确认融资费用
222109	应交税费/未交增值税	2711	专项应付款
222110	应交税费/待抵扣进项税额	2801	预计负债
222111	应交税费/其他应交税费	2901	递延所得税负债
22211101	应交税费/其他应交税费/应交房产税	4001	实收资本
22211102	应交税费/其他应交税费/应交土地使用税	4002	资本公积
22211103	应交税费/其他应交税费/应交土地增值税	4101	盈余公积
22211104	应交税费/其他应交税费/应交资源税	4103	本年利润
22211105	应交税费/其他应交税费/应交车船税	4104	利润分配
22211106	应交税费/其他应交税费/应交印花税	410401	利润分配/未分配利润
22211107	应交税费/其他应交税费/其他	410402	利润分配/提取法定盈余公积
222112	应交税费/预交增值税	410403	利润分配/提取任意盈余公积
222113	应交税费/待认证进项税额	410404	利润分配/应付股利（利润）
222114	应交税费/待转销项税额	4201	库存股
222115	应交税费/增值税留抵税额	5001	生产成本
222116	应交税费/简易计税	500101	生产成本/基本生产成本
222117	应交税费/转让金融商品应交增值税	50010101	生产成本/基本生产成本/直接材料
222118	应交税费/代扣代交增值税	50010102	生产成本/基本生产成本/直接人工
2231	应付利息	50010103	生产成本/基本生产成本/制造费用
2232	应付股利	500102	生产成本/辅助生产成本
2241	其他应付款	5101	制造费用
224101	其他应付款/个人	5201	劳务成本
224102	其他应付款/代扣社保及公积金	5301	研发支出
22410201	其他应付款/代扣社保及公积金/养老保险	530101	研发支出/资本化支出
22410202	其他应付款/代扣社保及公积金/医疗保险	5401	工程施工
22410203	其他应付款/代扣社保及公积金/失业保险	5402	工程结算
22410204	其他应付款/代扣社保及公积金/工伤保险	5403	机械作业
22410205	其他应付款/代扣社保及公积金/生育保险	6001	主营业务收入
22410206	其他应付款/代扣社保及公积金/住房公积金	600101	主营业务收入/商品销售收入
224103	其他应付款/公司	600102	主营业务收入/提供劳务收入

续表

科目编码	科目名称	科目编码	科目名称
600103	主营业务收入/建造合同收入	640303	税金及附加/城市维护建设税
600104	主营业务收入/让渡资产使用权收入	640304	税金及附加/资源税
600105	主营业务收入/其他	640305	税金及附加/土地增值税
6051	其他业务收入	640306	税金及附加/教育费附加
605101	其他业务收入/销售材料收入	640307	税金及附加/地方教育附加
605102	其他业务收入/出租固定资产收入	640308	税金及附加/印花税等
605103	其他业务收入/出租无形资产收入	640309	税金及附加/车船税
605104	其他业务收入/出租包装物和商品收入	640310	税金及附加/土地使用税
605105	其他业务收入/其他	640311	税金及附加/房产税
6101	公允价值变动损益	6601	销售费用
6111	投资收益	660101	销售费用/职工薪酬
6301	营业外收入	66010101	销售费用/职工薪酬/工资薪金支出
630101	营业外收入/非流动资产处置利得	66010102	销售费用/职工薪酬/职工福利费支出
630102	营业外收入/非货币性资产交换利得	66010103	销售费用/职工薪酬/职工教育经费支出
630103	营业外收入/债务重组利得	66010104	销售费用/职工薪酬/工会经费支出
630104	营业外收入/政府补助利得	66010105	销售费用/职工薪酬/各类基本社会保障性缴款
630105	营业外收入/盘盈利得	66010106	销售费用/职工薪酬/住房公积金
630106	营业外收入/捐赠利得	66010107	销售费用/职工薪酬/补充养老保险
630107	营业外收入/罚没利得	66010108	销售费用/职工薪酬/补充医疗保险
630108	营业外收入/确实无法偿付的应付款项	66010109	销售费用/职工薪酬/其他
630109	营业外收入/汇兑收益	660102	销售费用/劳务费
630110	营业外收入/其他	660103	销售费用/咨询顾问费
6401	主营业务成本	660104	销售费用/业务招待费
640101	主营业务成本/商品销售成本	660105	销售费用/广告费和业务宣传费
640102	主营业务成本/提供劳务成本	660106	销售费用/佣金和手续费
640103	主营业务成本/建造合同成本	660107	销售费用/资产折旧摊销费
640104	主营业务成本/让渡资产使用权成本	66010701	销售费用/资产折旧摊销费/固定资产折旧
640105	主营业务成本/其他	66010702	销售费用/资产折旧摊销费/无形资产摊销
6402	其他业务成本	660108	销售费用/财产损耗、盘亏及毁损损失
640201	其他业务成本/材料销售成本	660109	销售费用/办公费
640202	其他业务成本/出租固定资产成本	660110	销售费用/董事会费
640203	其他业务成本/出租无形资产成本	660111	销售费用/租赁费
640204	其他业务成本/包装物出租成本	660112	销售费用/诉讼费
640205	其他业务成本/其他	660113	销售费用/差旅费
6403	税金及附加	660114	销售费用/保险费
640301	税金及附加/消费税	660115	销售费用/运输、仓储费

续表

科目编码	科目名称	科目编码	科目名称
660116	销售费用/修理费	660216	管理费用/修理费
660117	销售费用/包装费	660217	管理费用/包装费
660118	销售费用/技术转让费	660218	管理费用/技术转让费
660119	销售费用/研究费用	660219	管理费用/研究费用
660120	销售费用/各项税费	660220	管理费用/其他
660121	销售费用/其他	66022001	管理费用/其他/交通费
6602	管理费用	66022002	管理费用/其他/物业费
660201	管理费用/职工薪酬	66022003	管理费用/其他/技术服务费
66020101	管理费用/职工薪酬/工资薪金支出	66022004	管理费用/其他/车杂费
66020102	管理费用/职工薪酬/职工福利费支出	66022005	管理费用/其他/开办费
66020103	管理费用/职工薪酬/职工教育经费支出	66022006	管理费用/其他/通信费
66020104	管理费用/职工薪酬/工会经费支出	66022007	管理费用/其他/其他费用
66020105	管理费用/职工薪酬/各类基本社会保障性缴款	660221	管理费用/其他/各项税费
66020106	管理费用/职工薪酬/住房公积金	6603	财务费用
66020107	管理费用/职工薪酬/补充养老保险	660301	财务费用/利息收支
66020108	管理费用/职工薪酬/补充医疗保险	660302	财务费用/汇兑差额
66020109	管理费用/职工薪酬/其他	660303	财务费用/现金折扣
660202	管理费用/劳务费	660304	财务费用/其他
660203	管理费用/咨询顾问费	66030401	财务费用/其他/手续费
660204	管理费用/业务招待费	6701	资产减值损失
660205	管理费用/广告费和业务宣传费	6711	营业外支出
660206	管理费用/佣金和手续费	671101	营业外支出/非流动资产处置损失
660207	管理费用/资产折旧摊销费	671102	营业外支出/非货币性资产交换损失
66020701	管理费用/资产折旧摊销费/固定资产折旧	671103	营业外支出/债务重组损失
66020702	管理费用/资产折旧摊销费/无形资产摊销	671104	营业外支出/非常损失
660208	管理费用/财产损耗、盘亏及毁损损失	671105	营业外支出/捐赠支出
660209	管理费用/办公费	671106	营业外支出/赞助支出
660210	管理费用/董事会费	671107	营业外支出/罚没支出
660211	管理费用/租赁费	671108	营业外支出/坏账损失
660212	管理费用/诉讼费	671109	营业外支出/无法收回的债券股权投资损失
660213	管理费用/差旅费	671110	营业外支出/其他
660214	管理费用/保险费	6801	所得税费用
660215	管理费用/运输、仓储费	6901	以前年度损益调整

第五节　实验注意事项

（1）每位学生只有一个账套，内含所需要的多种角色和用户，学生无法在业务操作错误后重新建立账套，只能在原有账套上进行修改。

（2）实验章节包括典型业务题、待处理业务题和期末测试题，共同构成向阳汽车有限公司一个月内的业务，学生在完成所有业务题之后，核算中心将转账、对账，出具报表，财务共享信息系统根据报表结果出具成绩单。

（3）财务共享实验教学平台已经预先配置实验所需的基础数据和相应设置，学生在实验时无须对其进行修改、变动。

思考题

1. 案例企业财务共享服务中心的定位是什么？
2. 案例中设立了多少个角色？多少个用户？用户和角色之间的关系是什么？

第九章 财务共享实验教学平台

本章学习目的

本章重点介绍财务共享实验教学平台的基础信息。通过本章的学习，应了解财务共享实验教学平台的系统设置和系统管理；熟悉财务共享实验教学平台的常用菜单。

第一节　系统设置

本教程选择元年科技基于企业级财务共享信息系统（元年 E7 财务共享平台）开发的财务共享实验教学平台作为实训平台，模拟企业真实运营情况。财务共享实验教学平台预先设置流程和单据等必要的配置条件，学生以不同身份的用户登录，掌握财务共享信息系统的基本操作，进一步理解财务共享信息系统的整体结构和运行特征。

一、组织架构

按照企业建立财务共享服务中心后的组织架构，实验教学平台中的案例组织分为两部分：属地公司和财务部。财务部下属财务共享服务中心、资产管理中心、税务管理中心和核算中心，并相应配置了 11 个岗位。实验教学平台中的岗位包括：部门专员、部门领导、属地会计、资产专员、税务专员、派单员、共享会计、资金会计、核算会计、会计主管、财务总监。案例相关流程见图 9－1。

1. 属地公司

属地公司包括各分公司、子公司的业务和财务部门，属地公司中的使用角色包括部门员工、部门领导和属地会计。属地公司的采购部门、营销部门、生产部门、财务部门共同维持企业的日常生产经营活动，业务流程一般从属地公司开始，员工填写单据并由部门领导审批后，再流转到财务共享服务中心和核算中心生成相应凭证，如员工发起报销、发起合同付款等。

2. 财务部

财务部包括财务共享服务中心、资产管理中心、税务管理中心和核算中心，财务共享服务中心直接使用的角色是财务总监。财务部负责统筹规划财务部及其下属部门所有工作。

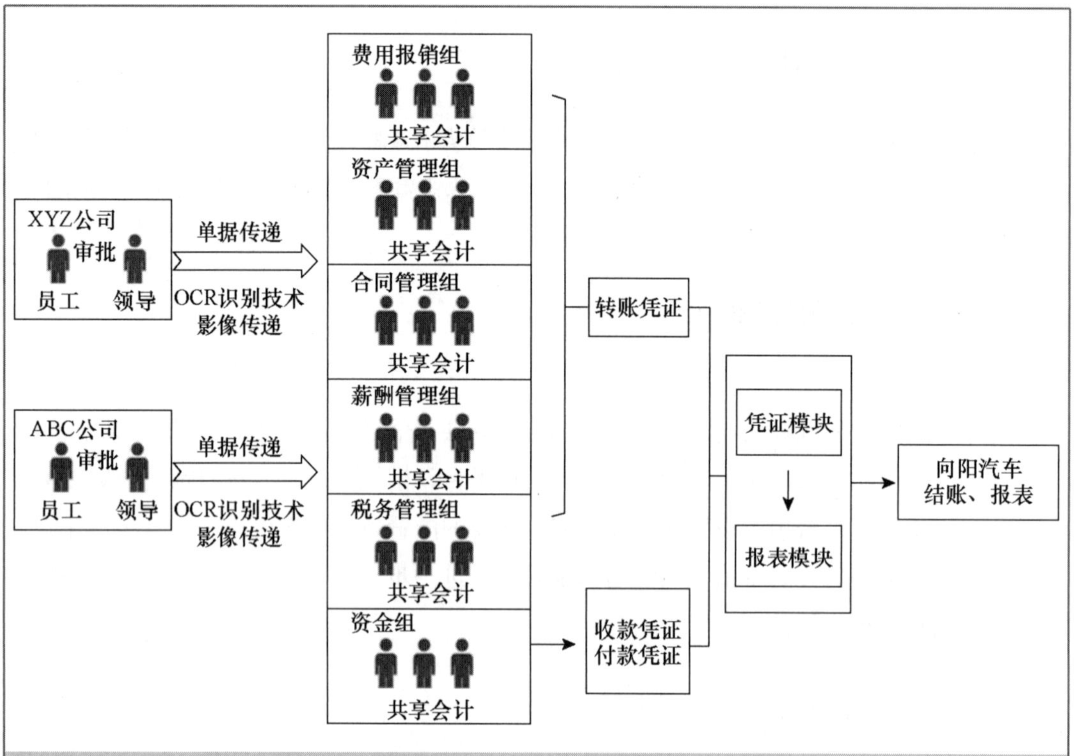

图 9-1　财务共享案例流程

3. 财务共享服务中心

财务共享服务中心根据不同性质业务分成若干共享会计组，如费用报销组、资产管理组、合同管理组、薪酬管理组、税务管理组等，其使用角色包括派单员、共享会计和资金会计。在共享模式下，财务共享服务中心主要负责财务核算、资金管理、审批付款等企业内业务量大、重复性高的基础财务工作，而分子公司财务部门不再承担会计核算、资金结算等工作。

在企业实务中，费用报销、资产管理、合同管理、薪酬管理和税务管理被认为是重复性高、业务量大、标准化程度高的业务，也是财务核算业务中的基础和核心业务，因此这几个模块往往最适合应用到企业财务共享服务中去。财务共享实验教学平台将费用报销、资产管理、合同管理、薪酬管理和税务管理纳入财务共享服务中心的处理范围，其他业务将在属地公司或集团公司由其他财务人员处理。

4. 资产管理中心

资产管理中心使用的角色是资产专员，负责企业资产新增的入库、出库，资产持有期间及处置阶段的资产管理工作。资产新增业务是由属地公司进行资产新增采购申请，资产专员统一采购，经由属地公司部门领导审批，单据流转到财务共享服务中心和核算中心生成相应凭证；资产管理工作一般在资产管理中心处理，包括工程预提转固、折旧、摊销、减值、处置等工作。

5. 税务管理中心

税务管理中心使用的角色是税务专员，负责企业纳税申报、发票管理等工作。税务专员月末根据进项税发票及销项税发票完成增值税结转，并完成计提附加税及企业所得税等工作。业务流程一般从税务管理中心开始，税务专员填写单据并由财务总监审批，再流转到财务共享服务中心生成转账凭证。

6. 核算中心

核算中心是企业会计核算流程的最终环节，共包括三个模块，分别是凭证模块、结账模块和报表模块。集团核算中心设置核算会计和会计主管两个岗位，负责凭证的生成、审批和报表查询工作。每个月开启会计期后，核算会计在凭证模块新增非共享业务的会计凭证，并对所有会计凭证进行现金流量分析、审核和记账，这些凭证连同共享中心的会计凭证一起推送至结账模块。期末核算会计一键完成期末结转后，最终由会计主管在报表模块查看报表。

二、系统登录

财务共享实验教学平台采用网页登录方式，用户在浏览器中输入网址后，进入实验教学平台（见图 9－2）。

图 9－2　财务共享信息系统登录界面

通过已注册的账号和密码登录进入班课界面。如果没有账号，可以单击“免费注册”按钮注册一个新账号，在“学生注册”页签下，输入学校、姓名、手机号等信息，注册一个学生账户（见图 9－3）。

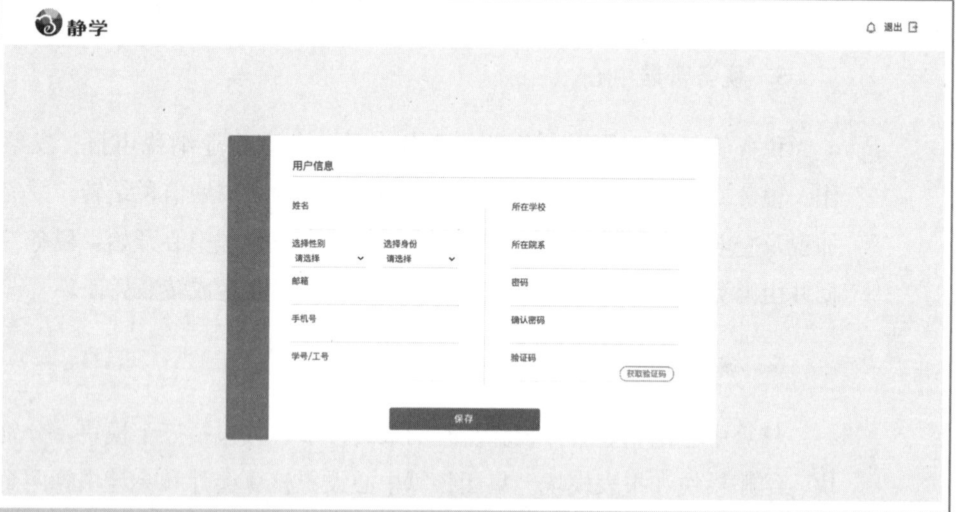

图 9-3　用户信息填写界面

学生首次登录实验教学平台后需要新增课程。单击“加入班课＋”按钮，输入课程邀请码申请添加班课（见图 9－4），待教师审核通过后，学生可以单击“上课中”按钮进入财务共享实验教学平台。系统默认以财务总监的身份登录实验

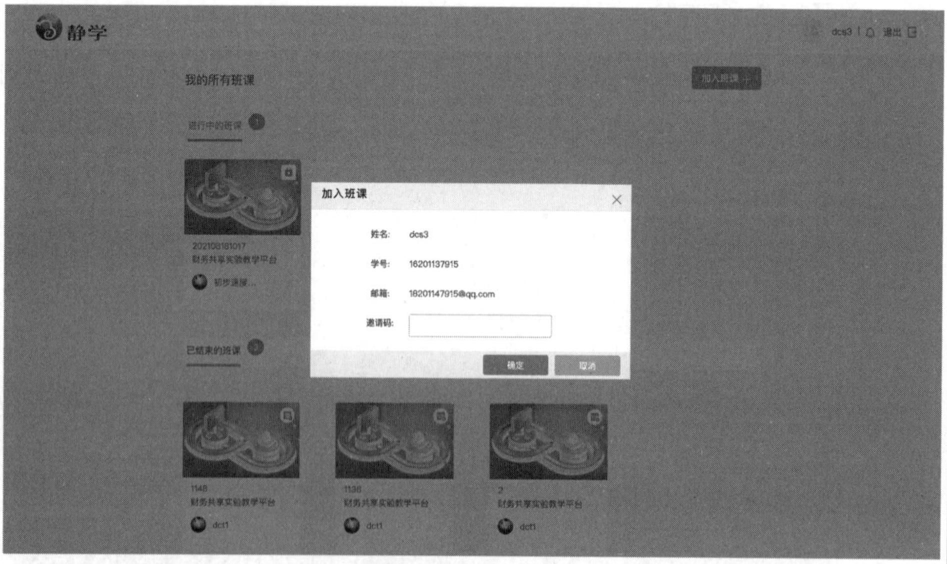

图 9-4　加入班课界面

教学平台，学生可以点击“财务总监”按钮切换至其他身份。我的所有班课界面如图 9－5 所示。

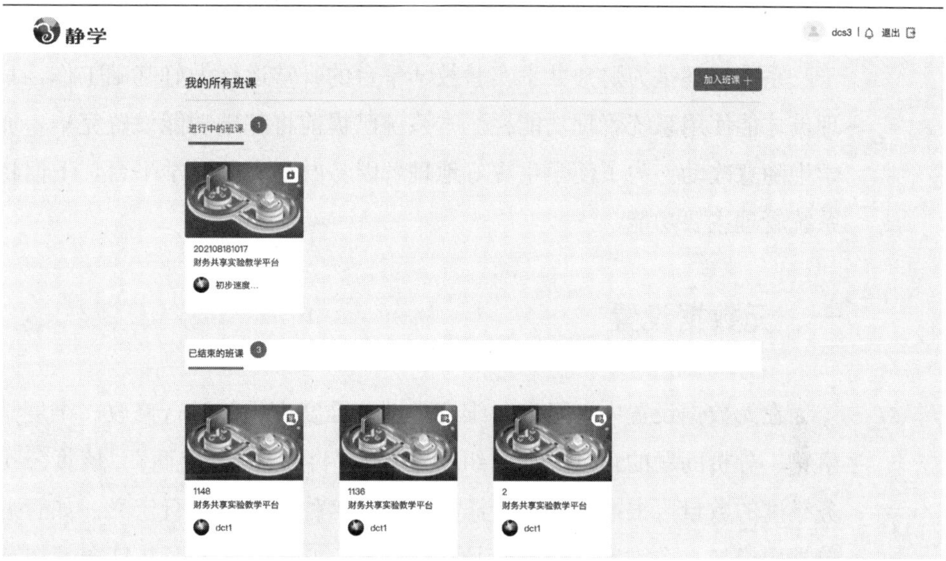

图 9－5　学生端我的所有班课界面

若长时间不操作，系统会自动离线，单击离线界面“我知道啦”按钮（见图 9－6），跳转至实验教学平台入口，重新输入账号和密码，再次登录。

图 9－6　系统自动掉线界面

第二节　系统管理

系统管理是为财务共享实验教学平台的日常运行做好基础工作，只有系统管理员才能使用系统管理功能栏。本系统已提前将基础功能设置完毕，通常不允许学生随意改动。为了使学生更好地理解财务共享实验教学平台，下面将简单介绍系统管理主要功能。

一、元数据设置

在元数据设置中，可以对维度类型、维度成员等进行修改。维度是我们观察事物、分析问题的角度，如“组织结构”“科目”“供应商”“核算公司”等。业务维度的数量可根据需要进行添加，显示名称也可以自行定义。如管理员可以在单据中增加一个维度“超预算原因”，员工在填写该单据并且金额超预算时，需要在该维度下输入超出预算的原因。维度成员是维度类型的下拉项。如采购专员在填写日常费用申请单时，可供选择的费用细类有“交通费”“办公用品费”“业务招待费”等，“费用细类”为维度类型，“交通费”等选项为维度成员（见图 9－7）。

图 9－7　日常费用申请单界面

二、基础设置

在基础设置中，可以对机构、岗位、用户、角色进行维护。系统中用户的权限通过角色来控制，在创建用户后，管理员给用户分配角色，则该用户继承被分配角色拥有的相应权限。如部门领导拥有审批权限，资金会计拥有付款权限和制证权限。

三、单据定义

在单据定义设置下，可以添加单据种类、设计单据样式。目前系统预设单据有日常费用申请单、费用报销单、合同付款单、合同收款单、薪酬管理单、税务管理单等。企业可根据管理需求随时增加或删除某一单据。

四、流程定义

在流程设置中，可以对每一张单据设计流程，一旦规定流程，该单据将按照流程设计进行流转审批。如规定日常费用申请单的流程是部门员工发起，部门领导审批后审批流程结束，如果申请金额超过审批金额上限，需要财务总监再次审批。流程设计是财务共享信息系统的核心，后面每个章节的开始都会展示相应模块的工作流程图，只有熟悉流程，才能顺利完成业务操作。

五、凭证定义

在该模块可以设置公司凭证模板，包括转账凭证和收付款凭证，可以限制不同公司允许使用的凭证类型。共享会计和资金会计在制证时可以选择相应的凭证模板，系统根据模板自动关联单据信息。

六、预算标准

管理员在预算标准设置下根据部门、科目等控制维度规定月份预算和控制标准。在员工填写日常费用申请单时，系统将员工报销金额与剩余预算和报销标准进行比较，并在超标、超预算时给予警告。

费用控制方式包括限额控制、定额控制、枚举控制和不控制。超标单据将会被标记，并且在审批过程中只允许单独审批，不允许批量审批。

在预算标准设置下可以改变控制策略，包括超标时不警告、超标时警告且允许单据流转和超标时警告且不允许单据流转。控制策略的改变会影响单据流转流程。

第三节　常用菜单

当学生切换不同身份时，菜单栏显示的功能菜单也不相同，主要包括“首页”“我的菜单”“报销管理”“资产管理”“合同管理”“薪酬管理”“税务管理”“共享中心”“凭证模块”“凭证管理”“期末处理”“报表查询”等。学生可以用不同的身份登录系统，查看每一个菜单的主要功能。

一、首页

首页包括功能菜单区、身份展示区、快捷办公区、设置区、学习任务和公告栏（见图 9－8）。

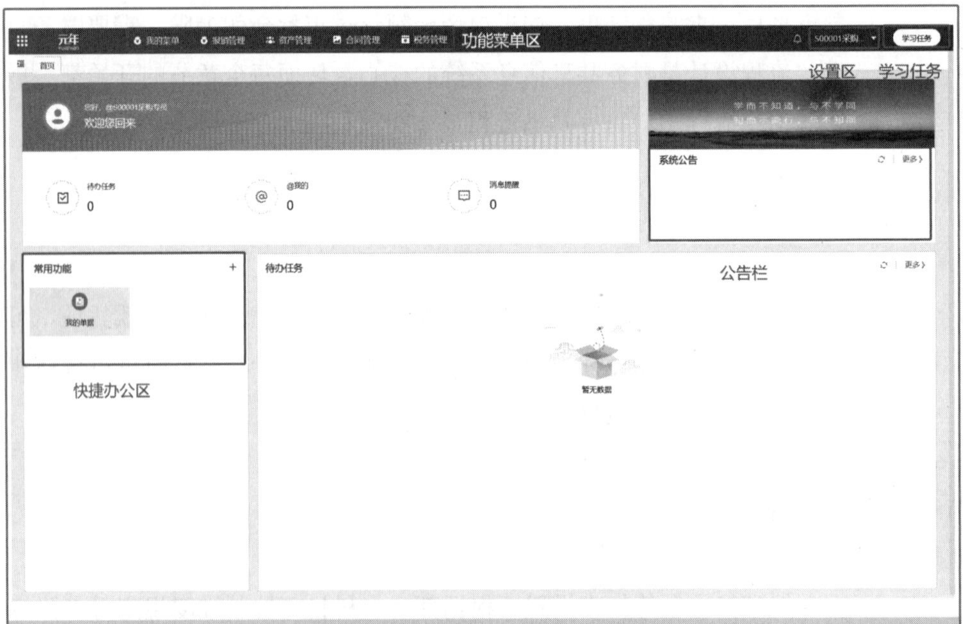

图 9－8　采购专员首页显示界面

1. 功能菜单区

功能菜单区包括的功能菜单只局限于当前用户分配的权限。如共享中心的资金会计拥有“凭证推送”功能，而属地公司的部门专员没有该功能。

2. 学习任务

单击“学习任务”可以查看学习任务进度。当前章节学习完成后，可以单击“环节”按钮，提交学习进度，同时开启下一章节内容。

3. 快捷办公区

快捷办公区可以设置常用功能的快捷按钮。单击快捷办公区右上角的“+”按钮，弹出“快捷菜单设置”对话框。将下方待选区的菜单通过“+”按钮添加至上方设置区，并且可以在上方设置区对快捷办公按钮进行位置调整或删除，见图 9－9。

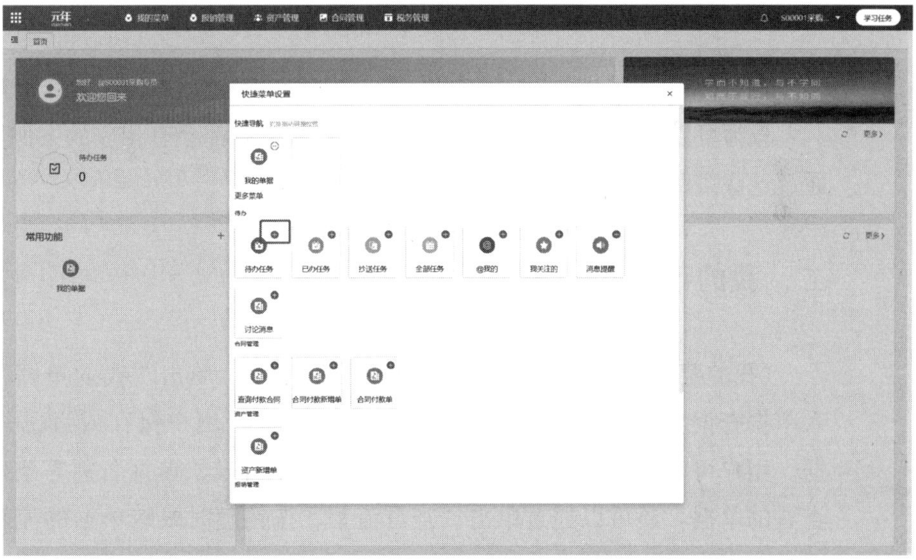

图 9－9　快捷办公区设置常用功能的快捷按钮界面

4. 设置区

在设置区切换身份，单击“财务总监”按钮，可以快速切换至其他用户，无须退出当前用户重新登录。单击“核算会计”“会计主管”身份按钮可以直接跳转至核算系统，见图 9－10。

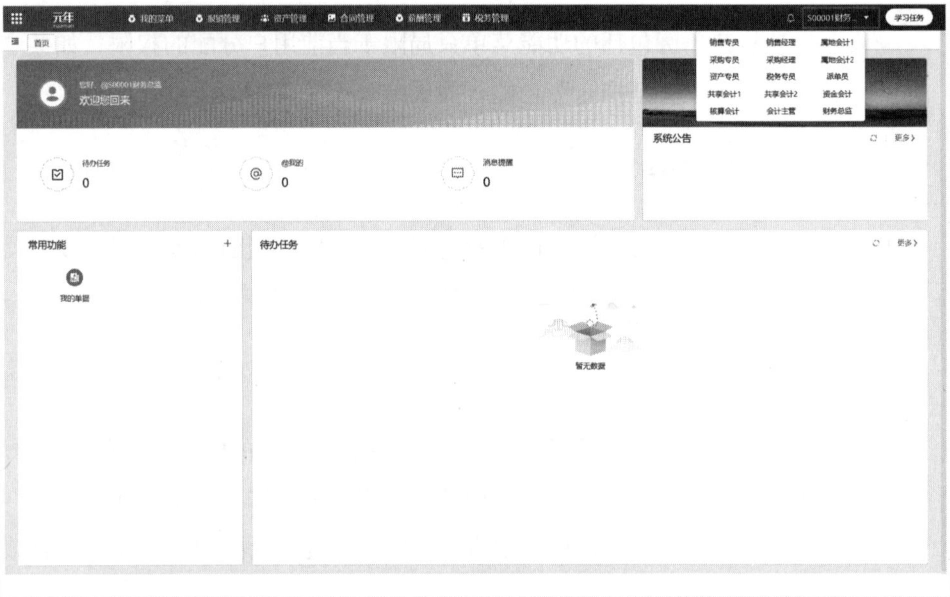

图 9－10　切换身份示例图

5. 公告栏

教师可以在公告栏中发布习题。每一章结束后都会有相应的案例习题，学生通过这些案例习题来巩固系统操作知识。

二、我的菜单

“我的菜单”选项卡包含“我的单据”功能。单击“我的单据”按钮，进入单据查询界面，可以在“我的单据”项下查看用户保存或者已经提交的单据。用户可以根据单据状态、创建时间、单据编号、单据名称等条件筛选所需查看的单据，还可以通过单击“查看流程”按钮随时跟踪单据的流转情况（见图 9－11）。

三、报销管理

“报销管理”选项卡包含“日常报销单据”功能。用户可以在“日常报销单据”项下选择填写日常费用申请单或日常费用报销单（见图 9－12）。

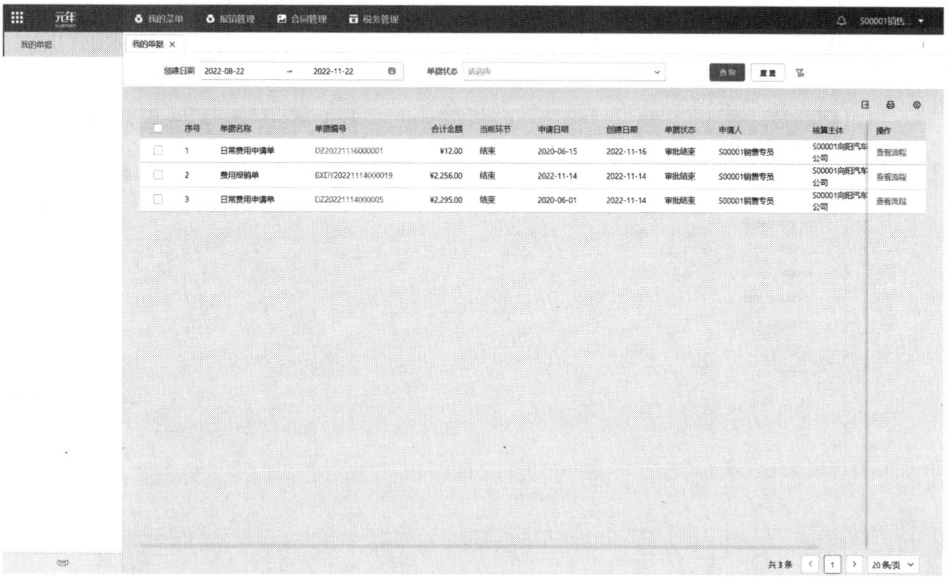

图 9-11　销售专员我的单据显示界面

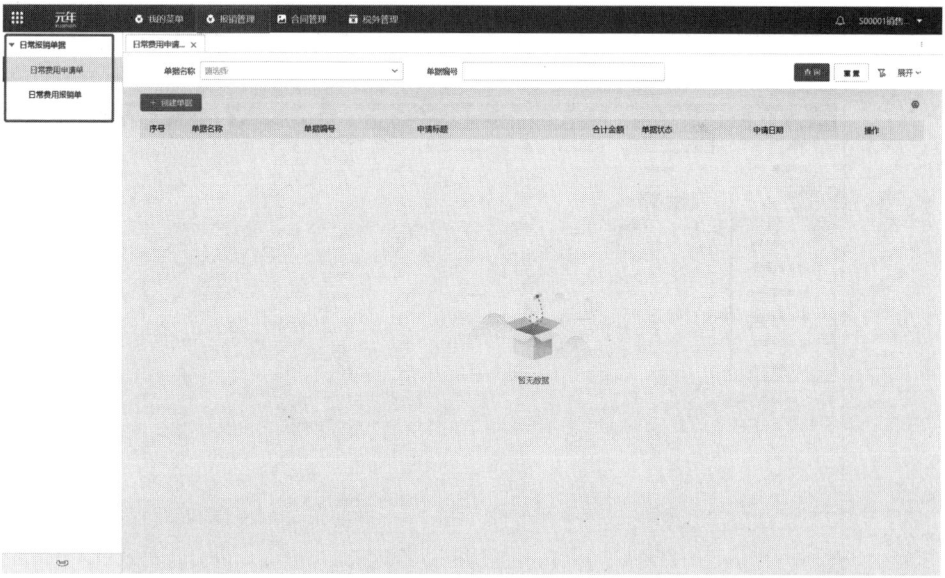

图 9-12　报销管理界面

四、资产管理

“资产管理”选项卡包含“资产新增”和“资产管理”两个功能。用户可以在“资产新增”项下填写资产付款单，在“资产管理”项下填写资产管理单（预提转固/折旧/摊销/存货盘亏/盘盈/减值/处置）（见图 9-13 和图 9-14）。

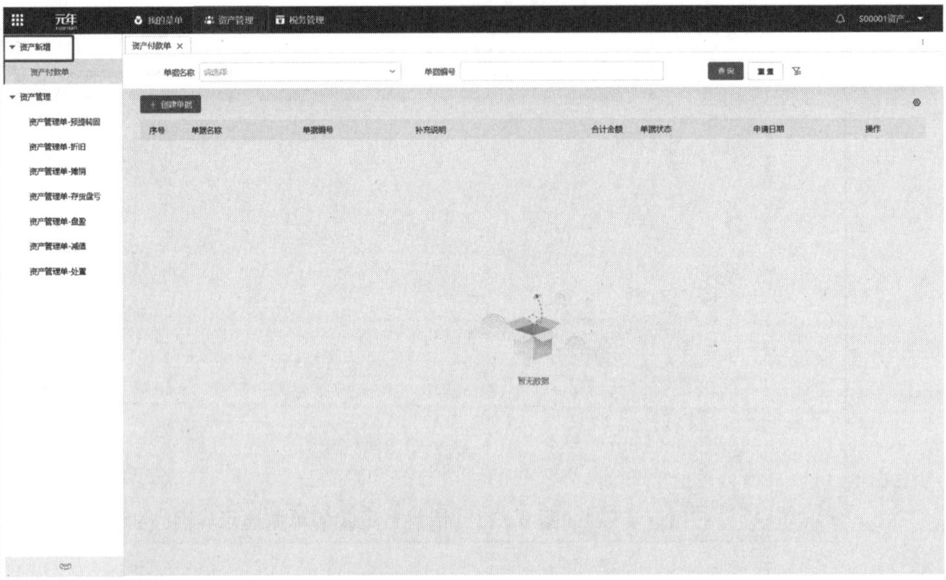

图 9-13 资产新增界面

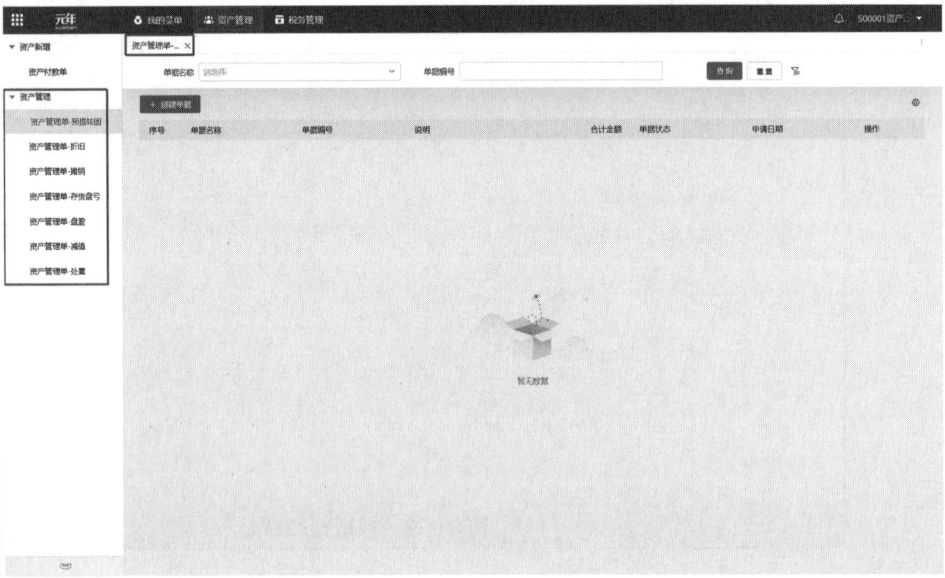

图 9-14 资产管理界面

五、合同管理

“合同管理”选项卡包含“我的合同”功能。用户可以在“我的合同”项下的“合同付款新增单”或“合同收款新增单”页签中，发起合同或查看自己创建的所有合同（见图 9-15）。

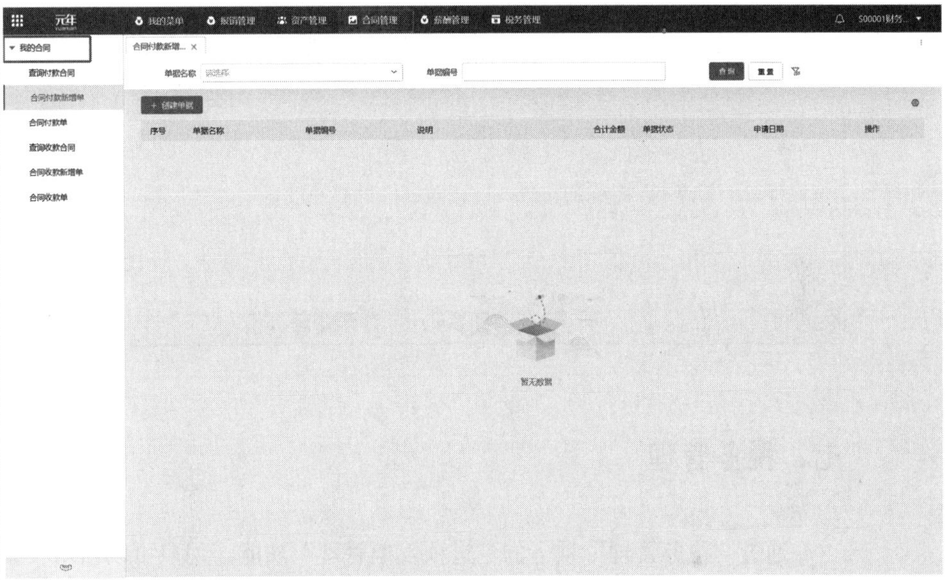

图 9-15　我的合同界面

（1）单击“创建单据”按钮，进入合同新增单填写界面，合同新增单填写完毕后用户就可以在查询界面查看新增的合同记录。

（2）单击“查询付款合同”按钮填写合同编码、合同名称、供应商、签订开始日期、合同状态等信息，单击“查询”按钮，就会显示符合条件的合同记录。每一条合同记录展示合同的基本信息，如合同编号、合同名称、核算公司、供应商等。用户可以针对某条合同记录进行查看。

六、薪酬管理

“薪酬管理”选项卡包含“职工薪酬付款单”功能。用户可以在“职工薪酬付款单”选项下填写“薪酬管理单”（见图 9-16）。

在身份选择上，属地会计 1 只能填写 ABC 公司的薪酬管理单，属地会计 2 只能填写 XYZ 公司的薪酬管理单。

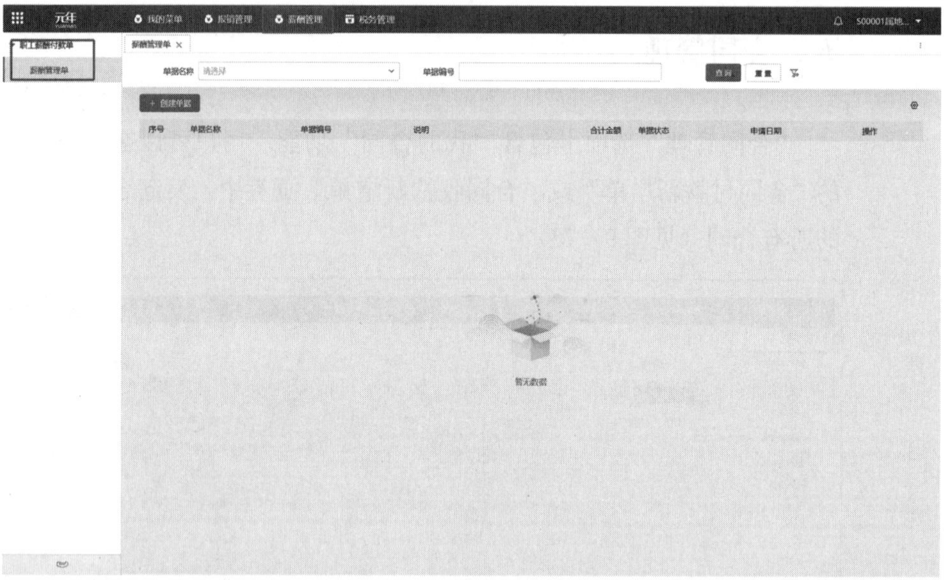

图 9-16　薪酬管理界面

七、税务管理

通过“税务管理”项下的“进项发票管理”功能，用户可以新增发票并进行验证，同时用户可以查看自己添加的所有发票以及发票的报销状态（见图 9-17）。

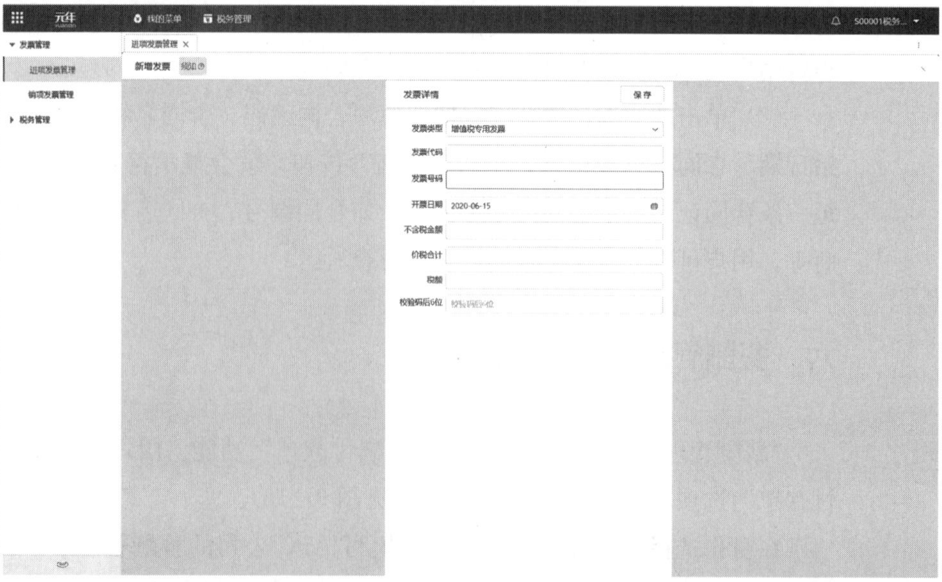

图 9-17　新增发票界面

（1）用户在新增发票的同时系统自动进行验证，无法通过验证的发票不能进入发票池，通过验证的发票才能用于报销。

（2）每张发票用于报销的金额不得超过其票面金额，若发票的状态显示为“已报销”，则表示该发票无法用于其他报销单据中。用户可单击“已报销”字样后面的单据编码，查看相应发票关联的报销单或合同付款单。

八、共享中心

共享中心的派单员和共享会计通过“共享中心”菜单完成流转至共享中心的单据派单和审批工作。“共享中心”项下有一个菜单，为“共享任务管理”。“共享任务管理”菜单下包含两个页签，分别为“共享派工”“任务审核”。

（1）在“共享派工-待派”页签下，用户可以查看流转至共享中心但尚未处理的所有待派工单据，派单员勾选某单据并单击“批量派工”按钮将任务派给共享会计处理（见图 9－18）。

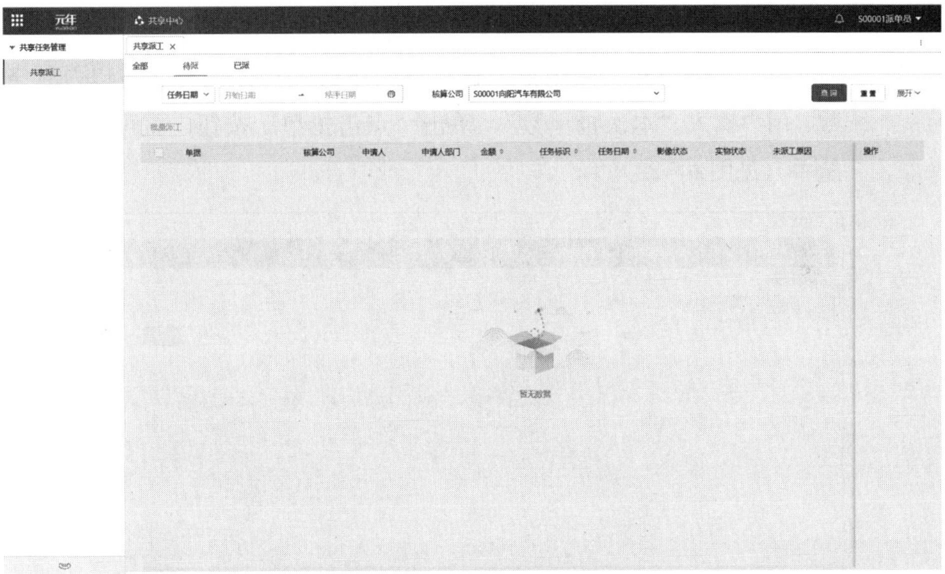

图 9－18 共享派工-待派界面

（2）在“共享派工-全部”页签下，用户可查看所有曾流转至共享中心的单据，包括“待派”“已派”两种状态的所有单据，见图 9－19。

除了派单，共享中心的任务流转模式还有抢单。即单据进入共享中心的任务池后，共享会计可以根据自己的能力随机抢单。在企业实务中，抢单模式搭配合理的绩效考核方式可以有效提高共享会计的工作积极性，减少任务分配不均衡造

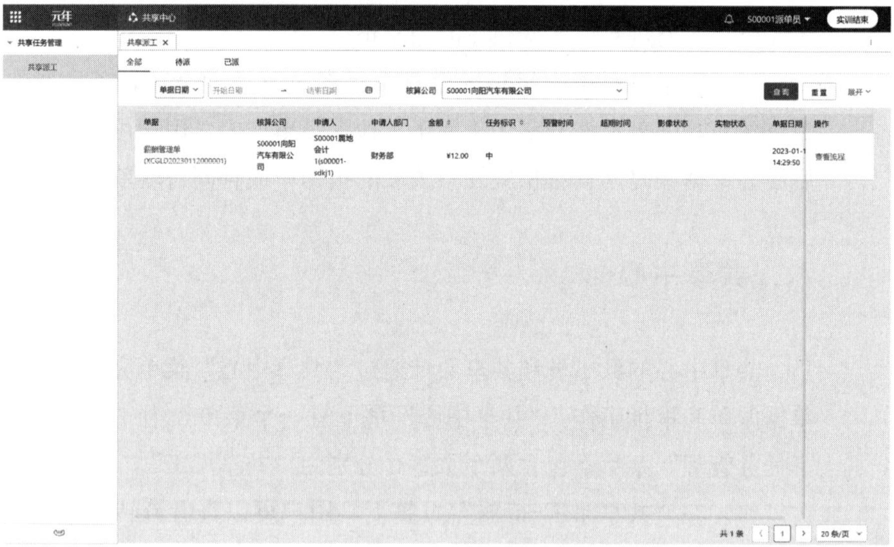

图 9-19　共享派工-全部界面

成人员工作量差别较大的现象。

在“任务审核”菜单下，显示该共享会计待办任务数量以及任务池可抢单数，用户输入“本次抢单数”，单击“点击抢单”按钮，就可以从任务池中随机抢单（见图 9-20）。

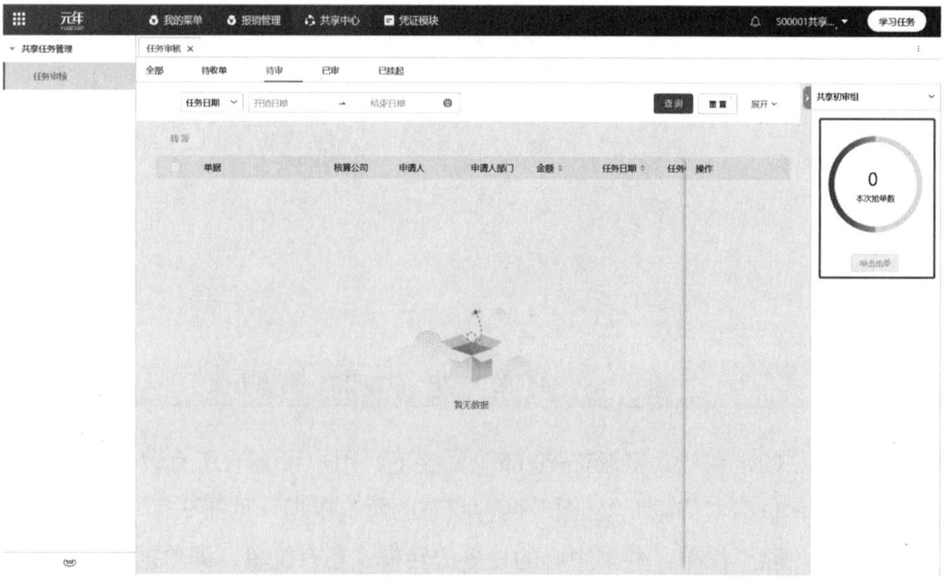

图 9-20　共享任务抢单界面

九、凭证模块

一般给共享会计和资金会计分配制证权限，“凭证模块”包括两个菜单，分别为“凭证管理”菜单和“凭证查询”菜单。

（1）在“凭证管理-待生成”菜单下，用户勾选审批结束的单据，单击“批量生成凭证”按钮，选择记账时间和凭证模板，系统自动校验借贷方是否平衡并制证，共享会计生成转账凭证，资金会计生成收付款凭证。在查看凭证界面，用户可以查看并手动验证已经生成的凭证。若凭证还未推送至核算中心，用户可以保存、删除或推送该凭证；若凭证已推送，用户可以冲销凭证。

（2）在“凭证管理-已生成”菜单下，用户可以查看并编辑已生成的凭证，也可以查看与凭证关联的单据，检查无误后，用户将生成的凭证推送至核算系统，期末核算系统结转损益并生成财务报表（见图 9－21）。

图 9－21 凭证推送界面

（3）在“凭证查询”菜单下，凭证生成人员和凭证推送人员以外的人员可以查询凭证，此页面仅支持对凭证进行查询，不可以进行生成和推送操作。

十、资金管理

一般给资金会计分配资金管理权限。“资金管理”项下包含三个菜单，分别为“资金审批”“资金付款”“资金收款”。

(1) 在“资金审批”菜单下，用户可以审批通过需要收付款的单据和根据不同的审批状态查询流转至资金会计处的收付款单据。

(2) 在“资金付款”和“资金收款”菜单下，用户可以生成收付款凭证并通知银行收付款（见图 9-22）。

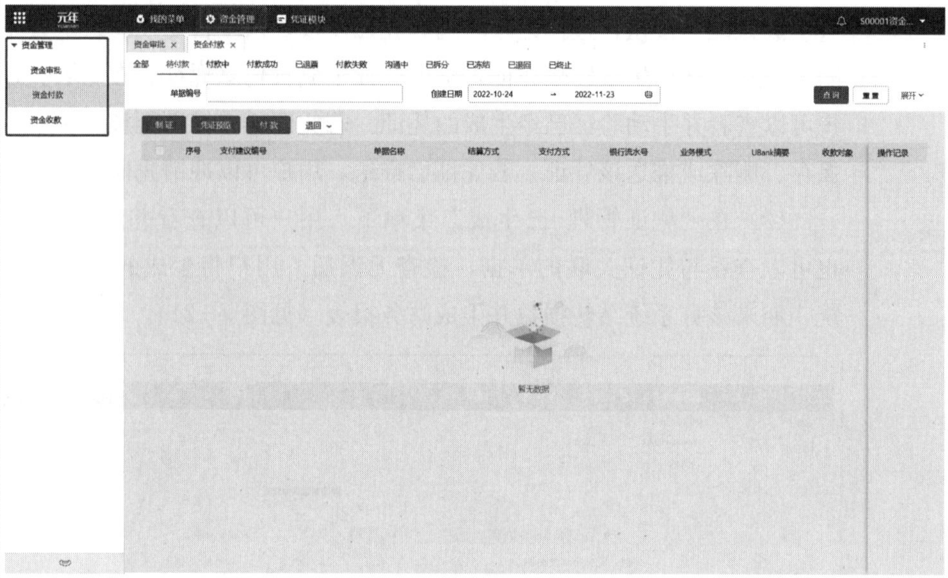

图 9-22　资金管理界面

十一、凭证管理

“凭证管理”菜单下包含“凭证录入”“凭证审核”“凭证维护”“凭证记账”“凭证反记账”五个菜单。核算会计在“凭证录入”菜单下新增非共享业务的会计凭证，会计主管在“凭证维护”菜单下进行会计凭证的审核处理，核算会计在“凭证记账”菜单下进行会计凭证的记账处理（见图 9-23）。

十二、期末处理

核算会计在“期末处理”菜单下进行成本结转处理和期间损益结转处理（见图 9-24）。结账需要按照成本结转、期间损益结转、期末结账的顺序进行。

如果结账后发现需要修改凭证，可以点击“反结账”按钮撤销，再将损益结转凭证和成本结转凭证删除，修改凭证后重新执行期末处理。

图 9-23　凭证管理界面

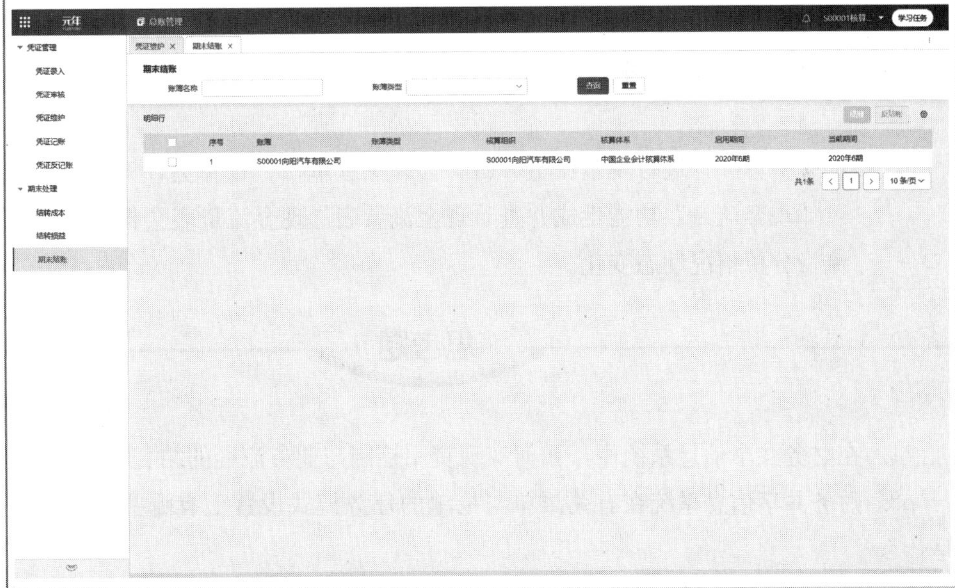

图 9-24　期末结账界面

十三、报表查询

期末结账后，会计主管通过“报表查询”功能生成并查看科目余额表（见图

9—25)。报表会根据系统中凭证内容和结账情况动态变化。

图9-25　科目余额表界面

十四、现金流量

核算会计进行现金流量分析、会计主管审核、核算会计记账后，会计主管通过“现金流量”功能生成并查看现金流量表。现金流量表会根据系统中凭证现金流量分析情况动态变化。

思考题

1. 在财务共享信息系统中，如何实现费用控制与业务流程的结合？

2. 财务共享信息系统在有关派单与抢单的任务模式设置上有哪些特点？设置的动因是什么？

第十章 费用报销

本章学习目的

本章重点介绍财务共享模式下费用报销的基本原理。通过本章的学习，应了解费用报销的概念和主要内容；理解传统财务模式下费用报销的基本流程和不足；掌握财务共享模式下费用报销的基本流程与主要特点；熟悉财务共享模式下费用报销的实训技能。

第一节　费用报销概述

一、费用报销的基本概念

费用报销是指费用申请人在业务发生并取得原始凭据后按照企业规定的财务程序办理的经费结算活动。费用报销是企业财务部门最为常见的业务活动之一。其中，费用是指企业在日常活动中发生的会导致所有者权益减少的与向所有者分配利润无关的经济利益的总流出。企业的费用报销主要涉及期间费用中的管理费用和销售费用。其中，管理费用是指企业为组织和管理生产经营活动而发生的各种管理费用，销售费用是指企业在销售商品和材料、提供劳务过程中发生的各项费用。

二、费用报销的主要内容

费用报销是财务部门最主要的日常工作之一。一个拥有众多分支机构的企业每天需要处理上万笔费用报销业务，大到员工出差的差旅费，小到会议室饮用水的采购费用，种类繁多，金额不定，数量庞杂。表 10－1 列示了费用报销内容的一些典型例子。

表 10－1　费用报销的主要内容

会计科目	主要内容
差旅费	机票、火车票、住宿费、差旅补助等
业务招待费	因生产经营需求接待客户时的用餐费、客户往返的交通费、赠送纪念品的开支等
办公费	购买办公用品的支出、办公设备维修费等

续表

会计科目	主要内容
水电费	办公及厂房产生的水电费用，员工宿舍的水电费
培训费	师资费、住宿费、伙食费、培训场地费、培训资料费、交通费以及其他费用
会议费	会议住宿费、伙食费、会议场地租金、交通费、文件印刷费、医药费等
专家咨询费	项目研究过程中发生的支付给直接参与项目研究的专家的劳务费用等
快递运输费	办公快递费和货物运输费；企业的通信费，包括项目部电话费用、宽带费用、无线网卡费用等
业务宣传费	与产品宣传相关的食宿费、人工费、材料费、公关设计费等

第二节 传统财务模式下的费用报销

一、基本流程

传统财务模式下的费用报销一般涉及报销人员申请、部门负责人审核、财务审核、领导审批、资金支付等环节（见图 10-1）。具体而言，在传统财务模式下，费用发生后，报销人员需要填制费用报销申请单并附上原始凭证，交由所在部门负责人审核；部门负责人负责审核费用发生的真实性和合理性，审核通过后提交给财务部门；财务部门对费用报销的合规性进行审核，譬如费用报销是否在预算范围内，是否符合相应的费用标准，票据是否合规，是否完成了相应的审批程序等；财务部门审核后，根据公司内部的资金权限安排将费用报销单据提交给相关领导审批；领导审批时主要关注费用发生的真实性、合理性等方面，并对费用报销负有最终审批责任；审批通过后交由出纳复核并进行资金支付。

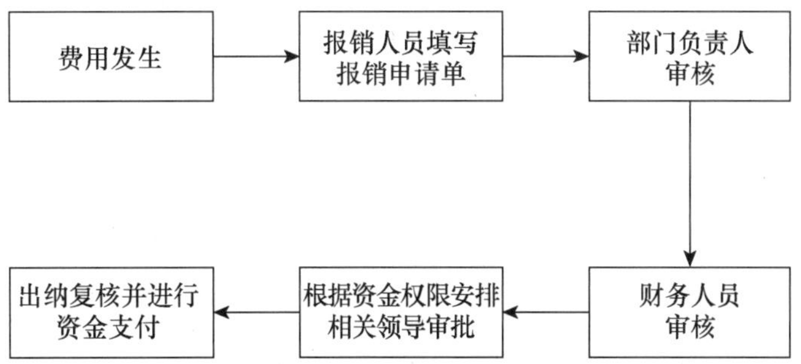

图 10-1 传统财务模式下费用报销的主要流程

以 A 公司销售人员出差发生的机票为例，相应的报销流程如下：

首先，销售人员根据航空运输电子客票行程单填制费用报销申请单并附上行程单原件，交由销售经理审核；销售经理确认费用真实发生且机票符合交通费标准后提交给财务部门；财务部门审核机票是否符合交通费标准，行程单是否合规，销售人员是否完成相应的审批程序等；按照 A 公司规定，部门员工的各类报销均须由公司副总经理进行审批，财务部门审核后，副总经理审批相关单据，确认费用真实发生且符合标准；审批通过后，出纳复核单据并进行资金支付。

二、主要特点

费用报销是直接涉及报销人员利益的一项财务工作，在传统财务模式下，费用报销有如下特点：

1. 每个公司均配置负责费用报销的财务人员

无论公司规模多大、业务是否复杂，费用报销在每个公司都会发生。传统财务模式下，每个公司的财务部门都会配置数量不等的财务人员，专门负责处理本公司的费用报销业务。

2. 业务量大且分布不均

费用报销具有业务量大、单笔金额小的特点。企业每年需要处理的费用报销单据数以万计，财务人员需要处理的相关业务数目庞大，且单笔金额往往在千元左右。

由于费用报销业务的数量并不平均，时间上也不均匀，特别是月末、年末等结账截止时间节点，费用报销的业务量往往出现井喷式增长，造成工作量分布不均。

3. 报销流程主要通过纸介单据传递

传统财务模式下，费用报销需报销人员填制费用报销申请单，并将原始凭证等粘贴在后。由此，报销流程主要依靠费用报销申请单及其附件的流转来实现。部门领导审核、财务审核、领导审批均需要在纸质单据上签字，以确保相应的流程得到履行。

4. 报销制度的遵循受到人员主观影响

费用报销要做到规范运行，必须要有明确的规章制度。由于费用报销的种类繁多，场景复杂，要让各种可能出现的场景都有约定，规章制度必须明细化。在传统财务模式下，无论是报销人员、审核人员还是审批人员，都只能依赖个人对规章制度的掌握程度进行申请、审核和审批，制度的遵循程度受人员的主观影响较大。

譬如，差旅费标准一般会依据人员类别、出差地区而有所不同，办事人员和部门经理分别到北京和合肥出差，差旅标准就完全不同。以 A 公司为例（见表 10－2），部门总监、事业部总经理、销售区域总监及以上级别，在一线城市的住宿费标准为 1 200 元，省会城市为 900 元，其他城市为 800 元；其他员工在一线城市的住宿费标准为 500 元，省会城市为 380 元，其他城市为 310 元。

表 10－2　A 公司国内差旅住宿费标准明细表　　单位：元/人/天

人员	一线城市	省会城市	其他城市
部门总监、事业部总经理、销售区域总监及以上级别	1 200	900	800
其他员工	500	380	310

再譬如，出差当天往返是否发放出差补贴。根据 A 公司差旅报销制度规定，当天往返的出差，原则上不享受出差补助。而当天往返，且出差时间（含路途）超过十小时的，可作为一天出差，计算出差补助。但是否按制度执行受人员主观影响。

5. 账务处理依赖财务人员的判断

费用报销涉及多种费用项目，种类繁多。同样的原始凭证在登记入账时，依据业务的不同类型可能会记入不同的会计科目（见表 10－3）。譬如，费用报销中最为常见的餐费发票，如果是因业务开展需要招待客户，需要记入“业务招待费”；如果是员工出差期间的就餐，则需要记入“差旅费”；如果是企业组织培训期间的就餐，则需记入“职工教育经费”。相同的发票在账务处理时，记入了不同会计科目。在传统财务模式下，账务处理就依赖于财务人员的主观判断。

表 10－3　餐费的各种业务场景

业务场景	核算科目	备注
因业务开展需要招待客户	业务招待费	
员工食堂就餐、活动聚餐、加班聚餐	职工福利费	
员工出差就餐	差旅费	
企业组织员工培训，培训期间就餐	职工教育经费	
公司在酒店召开会议，会议期间就餐	会议费	

续表

业务场景	核算科目	备注
公司筹建期间发生的餐费	开办费	
以现金形式发放员工餐费补贴	工资薪金	代扣代缴个税
工会组织员工活动期间的餐费	工会经费	

三、对传统财务模式下费用报销的评价

费用报销业务种类繁多、业务量大，传统财务模式下财务人员每天都要处理大量的单据，且处理结果要符合公司规章制度的要求。传统财务模式下费用报销有如下不足：

1. 重复劳动和高差错率

在完成费用报销的审批后，财务人员需要将所有的单据逐一输入企业财务系统，进行凭证录入，而这些工作和报销人员之前的填单工作都属于低价值的重复劳动，并且手工填写过程中极易发生差错，导致更多复查和返工，效率低下。

2. 审批效率低

由报销人员填写报销单据，经所属机构主管审批后，送至总部交由主管部门领导和财务审核，最后由出纳人员根据审批通过后的单据进行支付处理，整个流程需经过若干人员审批、流转，耗费很多时间，审批效率低下。

3. 内部控制执行效果差，会计信息质量不高

尽管企业制定了费用报销相关管理制度，但由于费用类型过于复杂，人工处理易出现同一事项不同人的判断存在差异，甚至同一人在不同时期对同一事项的判断不同。一旦流程中的财务人员更换，处理的一贯性可能会受到影响，前后数据的可比性也将受到影响。

4. 无法做到事前控制

传统财务模式下，只有当业务发生后才会进行费用报销，属于事后审核，无法对业务行为进行有效控制。企业对于各项费用的发生是否合规等问题无法实时监督，只能事后监督，但事后问题已经形成且无法更改，只能追责。

第三节　财务共享模式下的费用报销

一、基本流程

在共享系统中，费用报销流程打通前端业务发生和后端财务审核记账间的壁垒，系统根据预置的费用标准和预算金额，在费用发生时进行预算控制，经过一系列审批过程后，由共享中心的共享会计统一记账、付款。业务发生的过程也是审批、记账的过程，从而减少重复审批工作量，加强财务与业务联系。同时，所有的费用发生数据都如实记录在共享系统中，主管可以随时进行费用报表分析，查看部门预算使用情况，实现事前控制和事后分析。图 10－2 为财务共享模式下的费用报销流程图。

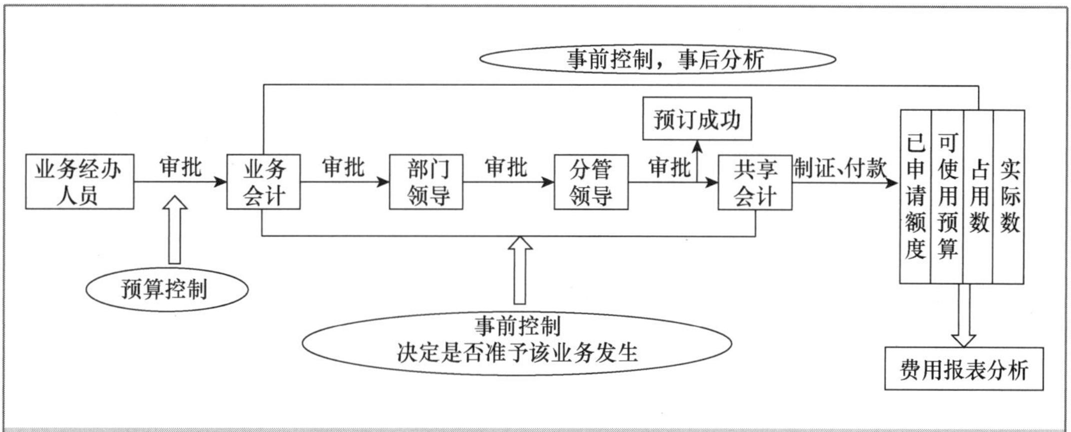

图 10－2　财务共享模式下费用报销的主要流程

同样以 A 公司销售人员出差发生的机票为例，已知 A 公司财务共享信息系统可以直接进行商旅预订，相应的报销流程如下：

首先，销售人员在系统中填报差旅申请单并进行机票预订，系统根据预置的费用标准和预算金额自动审核，费用金额大于报销标准时进行橙色预警，费用金额属于预算的 80%～100%时进行黄色预警，费用金额超过预算时进行红色预警；业务会计、销售经理、分管销售的副总经理逐级审批申请单，决定是否准予预订该机票；审批通过后，机票即成功出票，销售人员即可出差，无须垫付费用；共享会计定期与供应商对账、制证并对外付款。

二、主要特点

与传统财务模式下的费用报销相比，采用财务共享模式进行费用报销的企业将原有分子公司分散的财务审批、支付业务集中交由共享中心进行共享审批、共享支付（见图 10－3），将大量简单、重复、标准化的业务合并同类项，进行集中处理，其特点具体表现为：

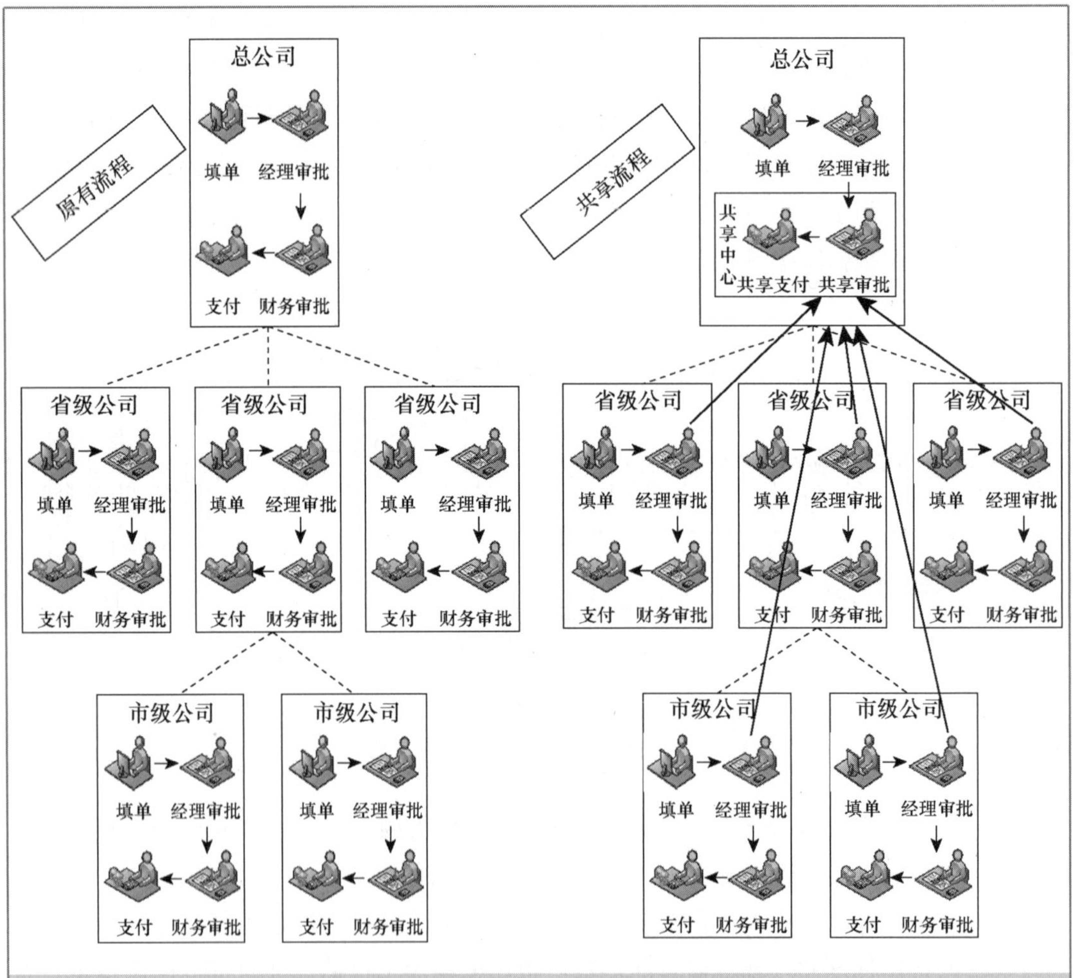

图 10－3 财务共享模式下业务流程的变化

1. 分子公司不再保留核算人员

采用财务共享模式进行费用报销的企业集中处理核算业务，将不再在分子公司保留核算人员，而是将核算人员集中到财务共享服务中心进行业务处理。

2. 财务共享服务中心设立在成本比较低的地方

企业的财务共享服务中心一般建立在人力成本、IT 建设成本比较低的地方。

3. 业务流程标准化

成熟运营的财务共享服务中心，业务标准化程度高，组织内部按照流程、业务模块分工明确，保证了服务质量，有利于最佳实践的推广。

三、对财务共享模式下费用报销的评价

目前，许多大型企业建立了财务共享服务中心，相较于传统费用报销模式，财务共享服务中心的建立完善了企业工作模式与机构职能，对传统模式下存在的缺点从以下几个方面予以改进：

1. 降低企业成本

财务共享信息系统优化费用报销流程，减少财务人员的重复机械劳动，只需要为数不多的员工就能实现企业财务的高效管理，节约了劳动成本。此外，企业管理者能够有效管理员工因公事务的花费，实时监测公司的公务支出，使财务监管更加透明，有效降低了企业财务管理成本。

2. 提升财务规范

财务共享服务中心的建立将原来分散的财务业务进行集团统一管理，建立统一的费用报销标准，实行统一的费用报销管控，提升了财务人员在进行费用报销时的规范程度。此外，计算机网络技术也能解决数据计算精度不够、信息查找精度不够等技术方面问题。

3. 增强财务处理的准确性和高效性

财务共享服务中心设立后精简了不必要的财务管理流程与步骤，节约了等待领导签字的时间，避免了单据的积压，细化了企业员工的工作内容，明确了职位分工，及时处理相关业务，缩短数据处理周期，费用报销工作既高效又准确。

4. 强化费用管控

财务共享模式下，企业集团所有费用要先在线申请、通过预算的事前申请流

程，才能进行报销。相比传统费控管理模式，财务共享服务中心对费用报销的审批流程进行优化，实现了单据异地审批、远程自助报销、费用标准自动控制，达成了事前实时控制的目标，规范了标准控制模式。

第四节 费用报销实训

一、实训目标

（1）掌握财务共享信息系统中员工费用报销的操作流程；
（2）理解财务共享信息系统实现企业费用报销的整体流程；
（3）了解财务共享信息系统内置报销标准对提高内部控制管理水平的意义。

二、任务背景

费用报销是企业中事务最为频发的业务单元，也是企业政策、报销制度、预算要求最为完善的模块。企业对费用报销流程的设计关乎企业费控管理质量，基于此，向阳汽车有限公司各部门产生的费用将通过财务共享信息系统实现费控的前置管理。

三、案例分析

向阳汽车有限公司要实现费用报销的费控管理，需要将各部门人员的职责与权限进行明确的分工与设计，各岗位人员需遵循财务共享信息系统的标准化、流程化操作设计，以实现费用报销在财务共享服务中心的自动化处理。

四、报销标准及部门预算

1. 业务招待费

企业为业务经营的合理需要而支付的招待费用为业务招待费，通常包括承担的招待客户的往返交通费、住宿费和餐饮费，采用限额控制方式，费用标准如表 10－4 所示。

表 10－4　业务招待费费用标准

招待客户级别	住宿费	餐饮费	交通费
员工	300 元/人/天	150 元/人/次	800 元/人/单程
经理	500 元/人/天	180 元/人/次	1 000 元/人/单程

2. 交通费

该费用细类仅包括员工出差时发生的远程交通费，采用枚举控制方式，规定不同职位的员工能使用的交通工具的最高级别，如表 10－5 所示。

表 10－5　交通费费用标准

职位	交通工具
部门员工/资产专员/税务专员	动车、高铁二等座
部门经理	高铁一等座
财务总监	飞机

3. 办公用品费

该费用细类包括生产和管理部门耗用的办公用品费用，采用限额控制方式，规定购买的办公用品的单价的上限，费用标准如表 10－6 所示。

表 10－6　办公用品费费用标准　　单位：元/人/年

职位	办公用品费
部门员工/资产专员/税务专员	300
部门经理	400
财务总监	500

4. 住宿费

该费用细类包括员工出差时发生的住宿费用，采用限额控制方式，规定不同城市级别平均单人单日住宿费用的上限，费用标准如表 10－7 所示。

表 10－7　住宿费费用标准　　单位：元/人/年

职位	一线城市	二线城市	三线城市
部门员工/资产专员/税务专员	400	300	250
部门经理	450	350	300
财务总监	500	400	350

5. 部门预算

2020 年 6 月部门预算如表 10－8 所示。

表 10－8　2020 年 6 月部门预算　　单位：元

部门	业务招待费	交通费	住宿费	办公用品费
采购部	11 000	6 000	5 000	1 000
营销部	11 000	6 000	5 000	1 000
财务部	5 000	3 000	5 000	1 000
财务共享服务中心	5 000	3 000	5 000	1 000

6. 部门领导审批金额上限

为了控制部门费用开支，强化预算管控，若单张日常费用申请单的审批金额超过一定额度，则该单据需要更高级别的财务总监审批，如表 10－9 所示。

表 10－9　部门领导审批金额上限　　单位：元

公司	审批金额上限
XYZ 公司	5 000
ABC 公司	5 000

五、费用报销的控制方式

财务共享实验教学平台对于费用报销的控制方式共有四种：限额控制、定额控制、枚举控制和不控制。

1. 限额控制

控制单价，实际单价不能超过限额值。如设定住宿费为限额控制，控制标准为 500 元/天，则每天的平均住宿费不能超过 500 元，超过即为超标。未超标情况下，实际报销的补贴为实际全部花销。本案例中住宿费控制方式为限额控制。

2. 定额控制

用一个固定的额度作为单价。如设定差旅补贴为定额控制，控制标准为 100 元/天，则实际支付的补贴为“标准×天数”。

3. 枚举控制

增加一个维度作为控制选项，用户的控制标准在该维度成员中选择，在输入数据时选择标准外的成员即视为超标。例如，设定交通费为枚举控制，并关联到维度“交通工具”。为经理设定控制标准为“飞机”，为部门员工设定控制标准为“高铁”，如果部门员工选择“飞机”作为交通工具，则无论金额大小，都视为超标。本案例中交通费的控制方式为枚举控制。

4. 不控制

不使用预算和报销标准对报销金额进行控制。

费用报销流程

六、业务流程及操作要点

图 10－4 为财务共享信息系统中费用报销的工作流程。

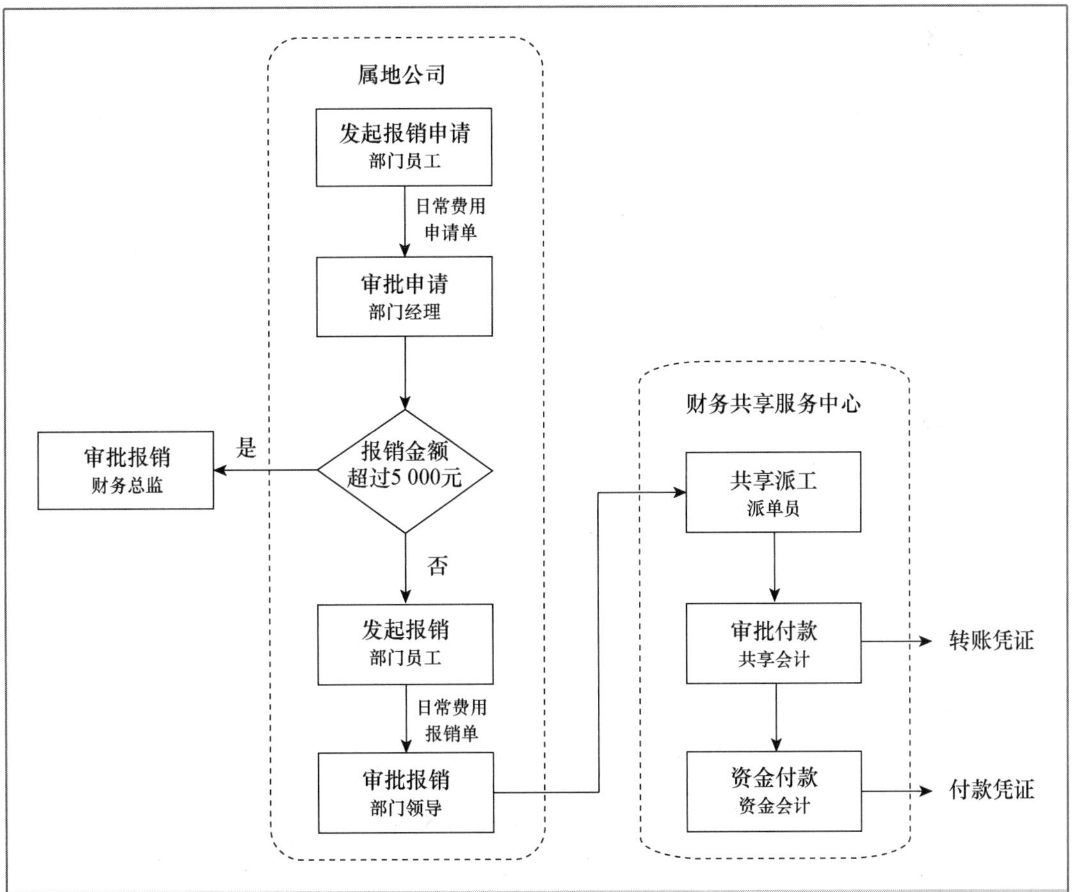

图 10－4　费用报销流程

费用报销操作要点如下：

(1) 部门员工需要填写日常费用申请单申请动支金额，经部门领导审批成功后，才可以填写日常费用报销单报销费用。

(2) 部门领导的日常费用申请单和日常费用报销单无须审批，直接通过审核。

(3) 若单张日常费用申请单需审批的金额超过审批金额上限（5 000 元），则在部门经理审批后由财务总监进行二次审批。

(4) 流程只对日常费用申请单进行超标、超预算、超审批金额的控制，将控制手段放在流程的前端，减少报销环节冗余流程。

(5) 报销模块只允许派单员派工给共享会计，共享会计无法抢单。

第五节　典型业务及系统实现

典型业务：业务招待费

(一) 业务内容

2020 年 6 月 1 日，ABC 公司营销部销售专员申请一笔业务招待费，共 2 295 元。接待客户级别为二级，接待人数为 2 人，客户将于 6 月 4 日上午到达北京并前往公司商谈，于 6 月 5 日返回。

申请的业务招待费内容如下：

(1) 4 日晚入住荣耀酒店（入住即开具发票），5 日中午退房，住宿费 569 元，其中客户张山（经理）所住标间每晚 310 元，客户张市（员工）所住标间每晚 259 元（张山和张市两人性别不同，需要分开住，并且根据级别不同，对住宿条件进行区分）。

(2) 接待当天中午在非凡饭店用海鲜宴请客户，价格较高，预计发生餐饮费共 636 元（共 3 人，包括两位客户和一位销售专员）。

(3) 接待的两名客户从大连到北京的往返动车费共 1 090 元（单人单程费用为 272.5 元，均乘坐动车）。

2020 年 6 月 5 日，销售专员根据有效发票发起报销，业务招待过程中实际发生住宿费 530 元（客户张山所住标间每晚 300 元，客户张市所住标间每晚 230 元），餐饮费 636 元（与申请费用一致），动车费 1 090 元（单人单程 272.5 元，税率 9%）。报销事由审批通过后，销售专员于当天收到报销款。

报销用发票信息如图 10－5 至图 10－10 所示。

图 10-5　张山去程动车票

图 10-6　张市去程动车票

图 10-7　张山返程动车票

图 10-8　张市返程动车票

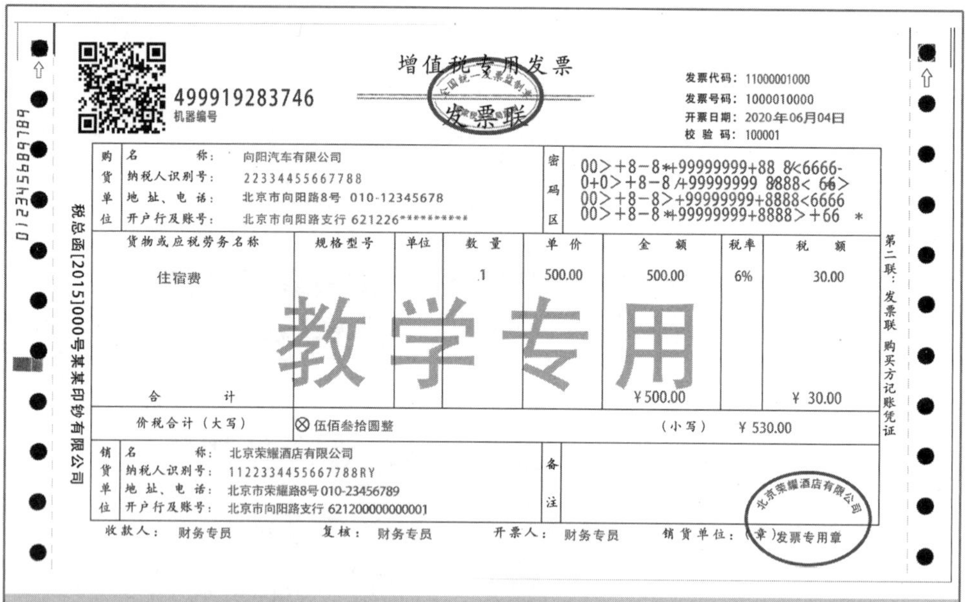

增值税专用发票

发票联

499919283746
机器编号

发票代码：11000001000
发票号码：1000010000
开票日期：2020年06月04日
校验码：100001

购货单位
名称：向阳汽车有限公司
纳税人识别号：22334455667788
地址、电话：北京市向阳路8号 010-12345678
开户行及账号：北京市向阳路支行 621226*********

密码区
00>+8-8*+99999999+88 8<6666-
0+0>+8-8/+99999999 8888< 66>
00>+8-8>+99999999+8888<6666
00>+8-8*+99999999+8888>+66 *

货物或应税劳务名称	规格型号	单位	数量	单价	金额	税率	税额
住宿费			1	500.00	500.00	6%	30.00
合计					¥500.00		¥ 30.00

价税合计（大写） ⊗伍佰叁拾圆整 （小写） ¥ 530.00

销货单位
名称：北京荣耀酒店有限公司
纳税人识别号：1122334455667788RY
地址、电话：北京市荣耀路8号 010-23456789
开户行及账号：北京市向阳路支行 621200000000001

备注

收款人：财务专员 复核：财务专员 开票人：财务专员 销货单位：（章）发票专用章

税总函[2015]000号某某印钞有限公司

第二联：发票联 购买方记账凭证

教学专用

图 10-9 住宿增值税发票

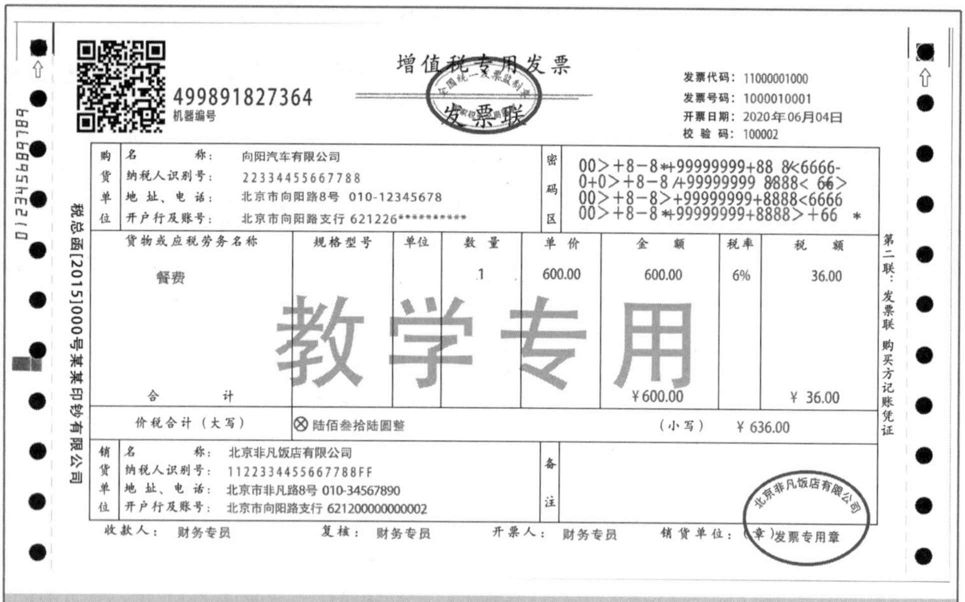

增值税专用发票

发票联

499891827364
机器编号

发票代码：11000001000
发票号码：1000010001
开票日期：2020年06月04日
校验码：100002

购货单位
名称：向阳汽车有限公司
纳税人识别号：22334455667788
地址、电话：北京市向阳路8号 010-12345678
开户行及账号：北京市向阳路支行 621226*********

密码区
00>+8-8*+99999999+88 8<6666-
0+0>+8-8/+99999999 8888< 66>
00>+8-8>+99999999+8888<6666
00>+8-8*+99999999+8888>+66 *

货物或应税劳务名称	规格型号	单位	数量	单价	金额	税率	税额
餐费			1	600.00	600.00	6%	36.00
合计					¥600.00		¥ 36.00

价税合计（大写） ⊗陆佰叁拾陆圆整 （小写） ¥ 636.00

销货单位
名称：北京非凡饭店有限公司
纳税人识别号：1122334455667788FF
地址、电话：北京市非凡路8号 010-34567890
开户行及账号：北京市向阳路支行 621200000000002

备注

收款人：财务专员 复核：财务专员 开票人：财务专员 销货单位：（章）发票专用章

税总函[2015]000号某某印钞有限公司

第二联：发票联 购买方记账凭证

教学专用

图 10-10 餐饮增值税发票

费用报销-申请单操作视频

（二）IT系统实现

1. 部门员工发起费用申请

（1）切换身份至销售专员，单击“报销管理”打开日常报销单据下日常费用申请单，单击“创建单据”，进入日常费用申请单填写界面。

（2）输入“基本信息”。申请标题为“销售专员申请业务招待费”，填单日期选择 2020 年 6 月 1 日，预算归属日期选择 2020 年 6 月 1 日。

（3）输入“明细信息”。单击“费用细类”空白栏，在弹框中选择“业务招待费”。单击“申请原币金额”空白栏，弹出“业务招待费明细”对话框。

（4）“住宿”栏选择入住日期为 2020 年 6 月 4 日，退房日期为 2020 年 6 月 5 日，系统自动计算住宿天数，填写住宿人为张山，住宿费合计为 310 元，系统自动计算日实际住宿费。同理，单击右侧的“⊕”按钮，在新增行中填写客户张市的住宿费。

（5）系统自动计算平均日实际住宿费，由于客户张山的住宿费超标，因此金额变成橙色提示，系统规定，超标单据必须填写超标原因。在“住宿费超标说明”中填写“二人性别不同分别住宿，并根据级别设置住宿条件区分”。

（6）“交通”栏选择日期为 2020 年 6 月 4 日，去程，人数为 2 人，单人单程票价为 272.5 元，系统自动计算费用合计。单击右侧“⊕”按钮，在新增行中填写 6 月 5 日客户返程交通费。

（7）“餐饮费”栏选择日期为 2020 年 6 月 4 日，人次为 3，餐饮总费用为 636 元，系统自动计算人均费用。发现餐饮费超标，填写超标原因“海鲜宴请餐价格较高”。

（8）单击“提交数据”按钮，回到填写申请单界面，单击“提交审批”按钮，弹出“提交审批”对话框，单击“确定”按钮；弹出提示信息“提交成功”对话框，生成日常费用申请单。如图 10－11 和图 10－12 所示。

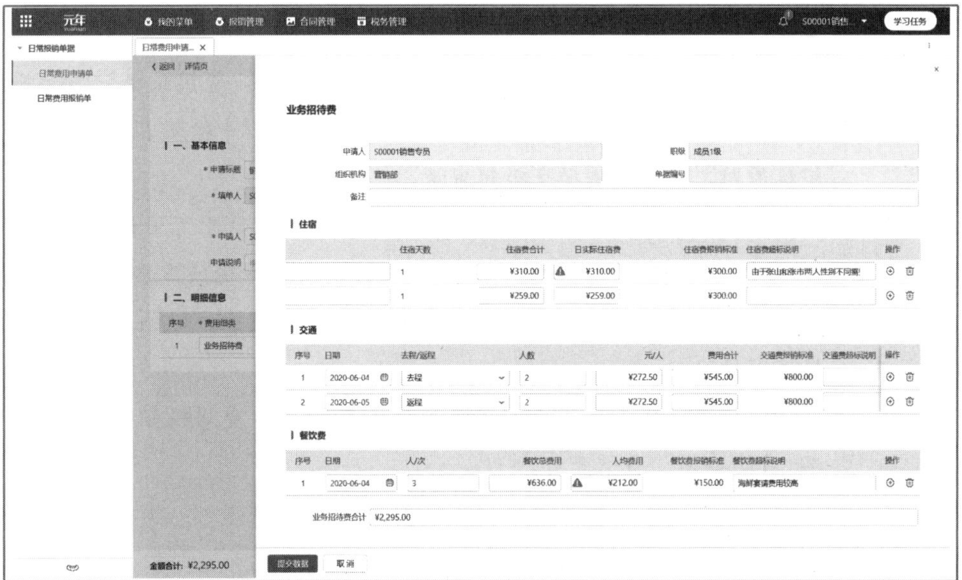

图 10－11　业务招待费明细图

图 10-12　日常费用申请单

注意：

（1）发起报销申请时，申请人需要注意申请金额是否超过该费用细类的报销标准和可用预算。向阳汽车有限公司的报销标准和部门预算参考本章第四节“四、报销标准及部门预算”。

（2）当费用金额大于可用预算时，“明细信息-申请本位币金额”提示红色预警，申请人须填写“明细信息-原因”栏，否则无法提交审批申请。

（3）当费用金额大于报销标准时，“明细信息-费用细类”提示橙色预警，申请人在“明细信息-申请原币金额”栏弹出窗口中输入具体内容时，须填写超标原因，否则无法提交报销申请。

（4）当申请费用金额超过可用预算的80%但低于可用预算时，“明细信息-申请本位币金额”提示黄色预警，此时无须填写超预算原因。

（5）员工填写的超标、超预算单据在填写超标、超预算原因后，均允许提交审批。

（6）部门员工填写的日常费用申请单和日常费用报销单可以在“我的菜单-我的单据”项下查看。

（7）员工在“我的单据”下查看其填写的单据时，需要更改起始创建时间，筛选出2020年6月份创建的单据。

2. 部门经理审批日常费用申请单

审批及退回申请单操作视频

(1) 切换身份至销售经理，单击“图标-待办任务”。单击“待办任务”选项卡，点击需要审批的日常费用申请单（见图10-13)。

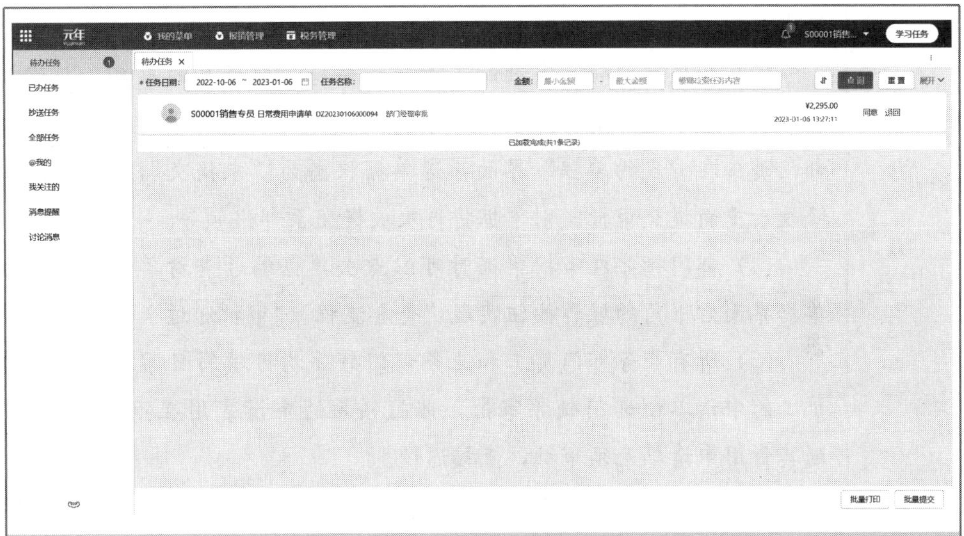

图 10-13 销售经理待办任务界面

(2) 单击“同意”按钮，弹出“同意”对话框，默认审批意见为“同意”。

(3) 单击“确认”按钮，弹出提示信息“单据提交成功”。(见图10-14)。

图 10-14 销售经理审批单据界面

注意：

(1) 在部门领导待办任务界面，超预算的日常费用申请单在金额左侧显示黄色标记，超标的日常费用申请单显示黄色标记。

(2) 企业日常管理中着重管控超标和超预算，因此系统设置超标、超预算拦截功能，对于超标、超预算单据需要逐一审批，即在部门领导批量审批日常费用申请单时，超预算的单据将被拦截，由部门领导逐个审批。

(3) 如果部门领导审批时不予通过超标、超预算的单据，则可以点开单据，单击右下角“退回”按钮，填写退回说明，将单据退回给单据发起人。部门员工在“我的单据”界面筛选单据状态为“未提交”，查看退回的单据，修改后重新提交审批，则单据将再次被提交至部门领导。

(4) 部门领导在审批单据时可以点击单据编号查看单据详细内容，单击单据界面右下角的操作按钮实现“查看流程”“审批通过”等功能。

(5) 所有业务部门员工和业务部门领导均可填写日常费用申请单，部门员工的申请单由部门领导审批，部门领导的申请费用在审批金额上限以内，则其费用申请单无须审批，直接通过。

(6) 日常费用申请单申请的费用金额将占用部门预算，若日常费用申请单填写错误且该申请单已经审批完毕，则该单据占用的部门预算无法释放，影响系统对于以后填写的费用申请单是否超预算的判断。

(7) 如果部门员工在单据被部门领导审批前发现其填写有误，则可以通过“我的菜单-我的单据”，单击“单据编码”，打开错误单据后单击“收回”按钮将单据收回重新填写、审批。如果部门领导将单据审批完毕，则无法将单据退回。

3. 财务总监审批日常费用申请单

当报销金额超过 5 000 元时，切换身份至财务总监，单击“首页-我的待办”。当报销金额大于等于审批金额上限时，在部门经理审批日常费用申请单之后由财务总监审批，操作步骤参照部门经理审批流程。

费用报销-报销单操作视频

4. 销售专员发起报销

(1) 用户在正式发起报销前，需要新增报销用发票。切换身份至销售专员，单击“税务管理-发票管理-进项发票管理”。

(2) 单击左上角“新增发票”按钮，选择“手工录入-增值税专用发票”，弹出“发票详情”对话框，根据案例中给出的发票信息填写“发票代码”“发票号码”“开票日期”“不含税金额”“价税合计”“校验码后 6 位”，单击“保存”按钮，成功新增住宿发票，在发票池中可以查看用户添加的所有发票（见图 10－15 至图 10－18）。

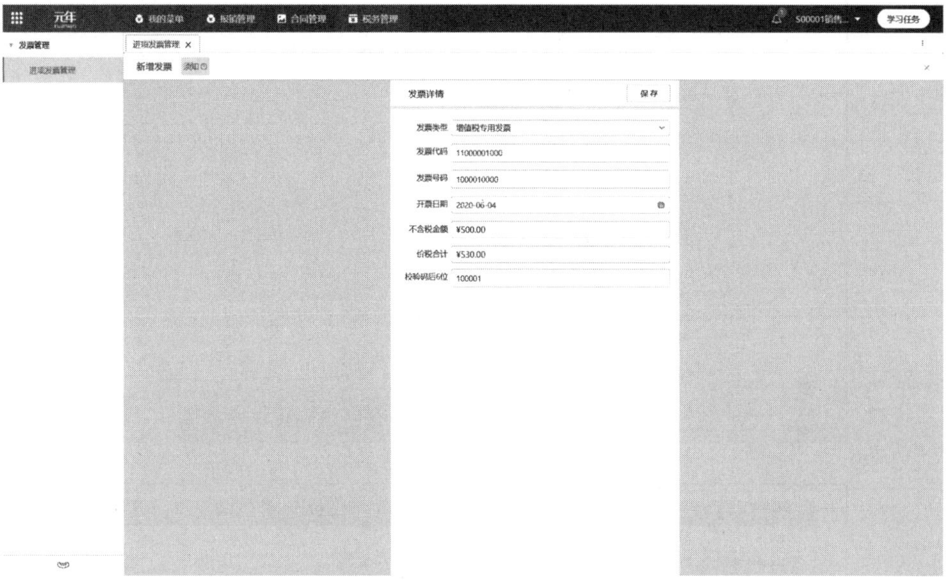

图 10－15　销售专员增添住宿增值税专用发票截图

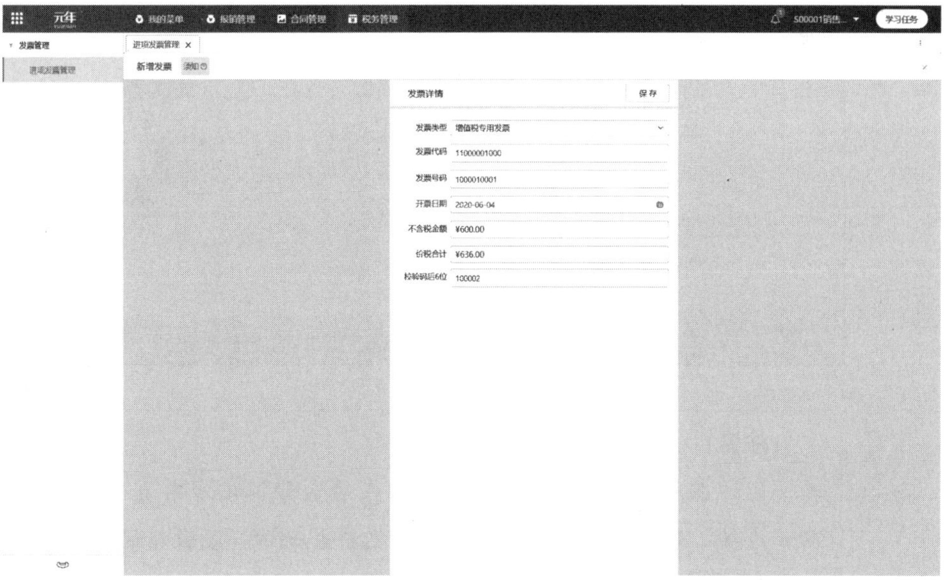

图 10－16　销售专员增添餐饮增值税专用发票截图

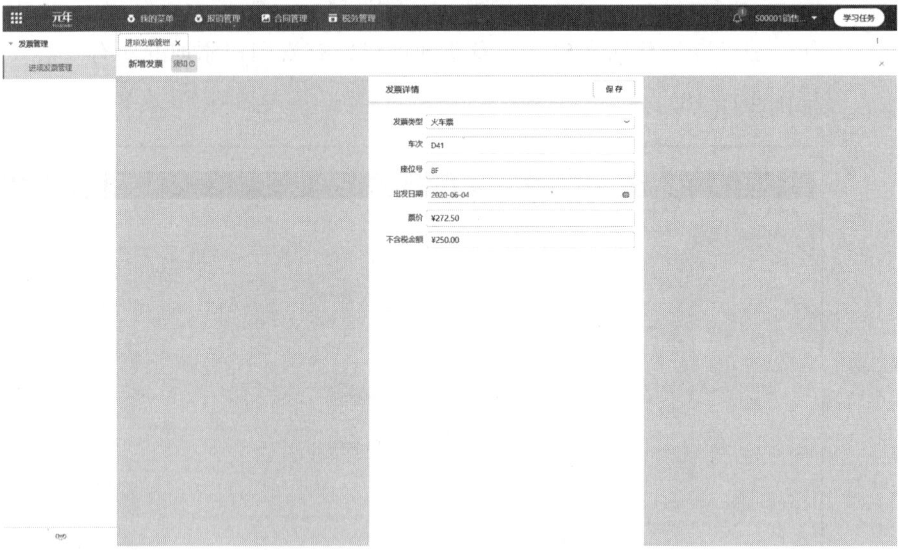

图 10-17　销售专员增添火车票截图

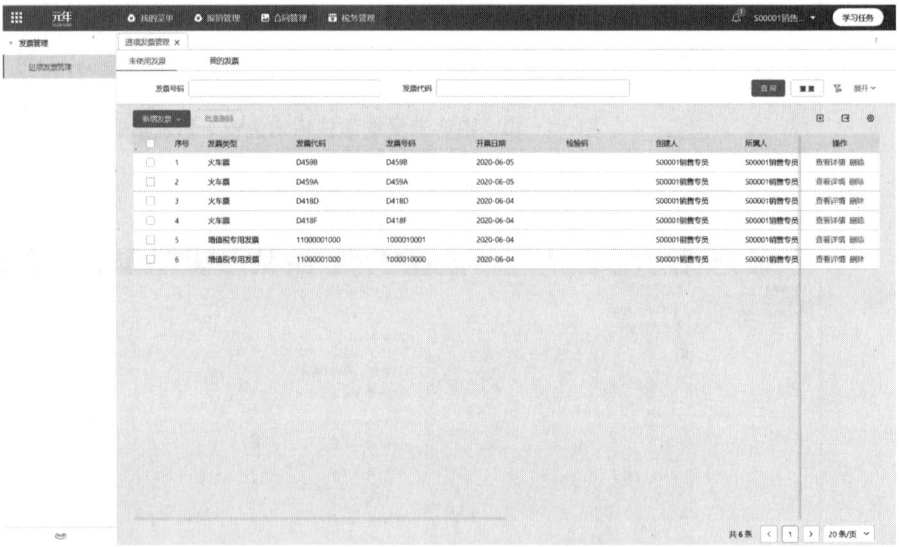

图 10-18　发票增添完毕后的发票池截图

注意：

（1）在用户新增发票时系统自动在后台验证该发票真伪，若该发票无法验证成功，则系统不允许用户新增该发票并提示“参数错误”。

（2）“我的发票”中展示当前用户新增的所有可用发票，包括未报销和已报销发票。在“状态”栏，已报销发票显示“已报销”，并附带关联报销单单据，单击“已关联单据”可以查看报销单详细内容；未报销发票的状态为“未报销”。

（3）单张发票只允许一个用户新增并且只允许该用户凭此发票报销，已报销发票无法再次发起报销。

（4）用户只能在发票池中查看其增加的发票，报销时也只能从其发票池中选择发票。

（5）用户可以使用“未使用发票”界面的“删除”按钮删除已通过验证但未报销的发票，删除的发票可再次添加至发票池，不影响之后的报销流程。

（6）用户可以使用“查看详情”按钮查看发票的基本信息。

（3）同上述操作，学生自行添加餐饮发票及 4 张火车票的报销单据。

（4）填写日常费用报销单，单击“报销管理-日常报销单据”，单击“日常费用报销单”按钮，单击“创建单据”进入日常费用报销单填写界面。

（5）输入“基本信息”。申请标题为“销售专员报销业务招待费”，填单日期为 2020 年 6 月 5 日，预算归属日期为 2020 年 6 月 5 日。

（6）输入“明细信息”。单击“发票号码”栏，在弹出的“我的发票”界面中勾选两张增值税专用发票和四张火车票，单击“确定”按钮。如图 10－19 所示。

图 10－19　我的发票界面

（7）单击“申请单号”框，弹出“动支单据信息”界面，在关联的日常费用申请单记录中勾选该条记录，单击“确定”按钮，如图 10－20 所示。

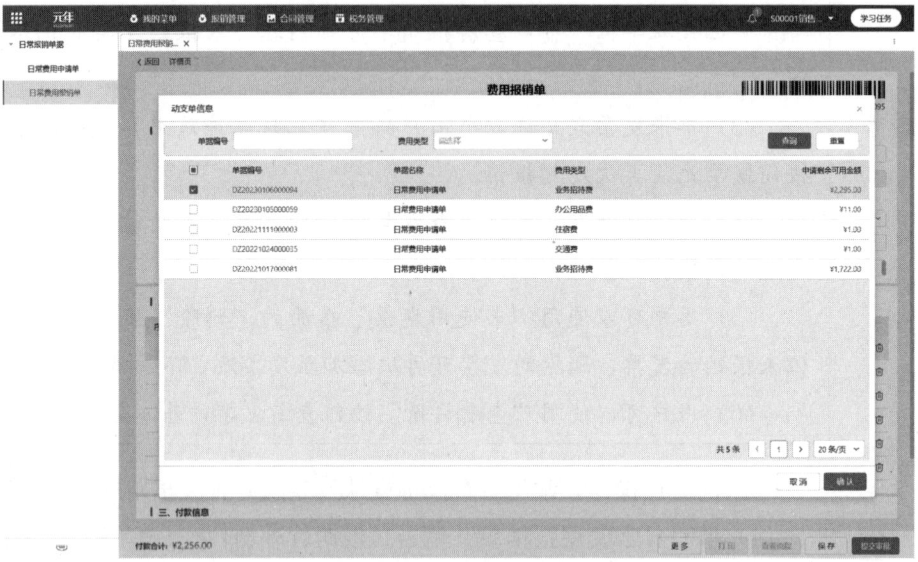

图 10-20　动支单据信息界面

（8）输入付款信息。由于案例中事项发生时均为员工垫付资金，因此付款信息区中收款方填写销售专员的银行账户信息，“对私”付款，网银结算，付款方填写向阳汽车有限公司的银行账户信息。默认“支付本位币金额”和“支付金额”等于明细区的报销总额。

（9）提交审批。单击“提交审批”按钮，弹出“提交审批”对话框。单击“确定”按钮，弹出提示信息“提交成功”。如图 10-21 所示。

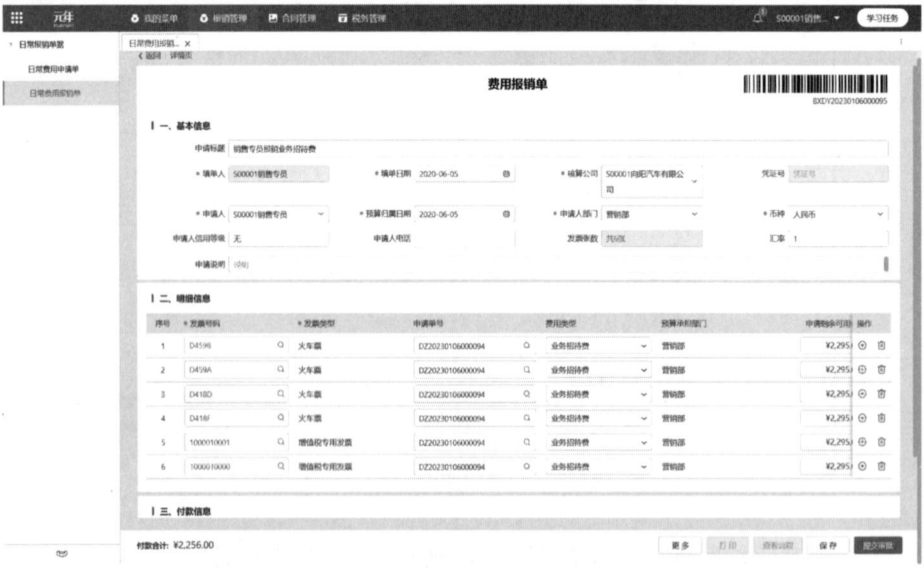

图 10-21　费用报销单

注意：

(1) 报销金额不得大于发票金额，报销总额不得大于动支可用金额。

(2) 选择发票后，再次点击发票号码重选发票，重选的发票会覆盖掉原来选择的发票；选择发票后，再次点击发票号码时，不能选择已选择发票。

(3) 单击发票号码关联发票时只能关联到状态为通过验证的未报销发票。

(4) 申请人提交报销单据成功后，发票的状态更新为已报销，再次填单时，无法再次关联此发票。

(5) 发票带出后，改小原币金额之后，会自动弹出提示框，提示是否新增一行带出发票可报销余额；发票带出后，改大原币金额，提交时会提示报销金额不能大于发票金额。

(6) 报销单关联费用申请单后，报销金额不得大于发票金额，同时报销总额不能大于费用申请单中的申请费用金额。

5. 销售经理审批报销

(1) 身份切换至销售经理，单击“图标-待办任务”。单击“待办任务”选项卡，单击需要审批的日常费用报销单。

(2) 单击“同意”按钮，弹出“同意”对话框，默认审批意见为“同意”。

(3) 单击“确认”按钮，弹出提示信息“单据提交成功”。如图 10-22 至图 10-24 所示。

注意：

(1) 在部门经理审批界面“已完成”状态下，超标的日常费用申请单将显示黄色超标标记，超预算日常费用申请单为红色标记，但是与之关联的日常费用报销单均不再提示超标、超预算。

(2) 部门领导在审批单据时，如果认为单据需要重新填写，可以将该单据退回发起人。若部门领导审批单据已经结束，则无法退回该单据。若部门领导审批结束后发现单据有误需要重新填写，则在共享会计审批之前，部门领导可以收回该单据，修改审批意见或者再次退回至发起人。单击“图标-待办任务”，在左侧列表中选中“已办任务”，单击需要撤回的单据，在单据展示界面可以找到“撤回”按钮。

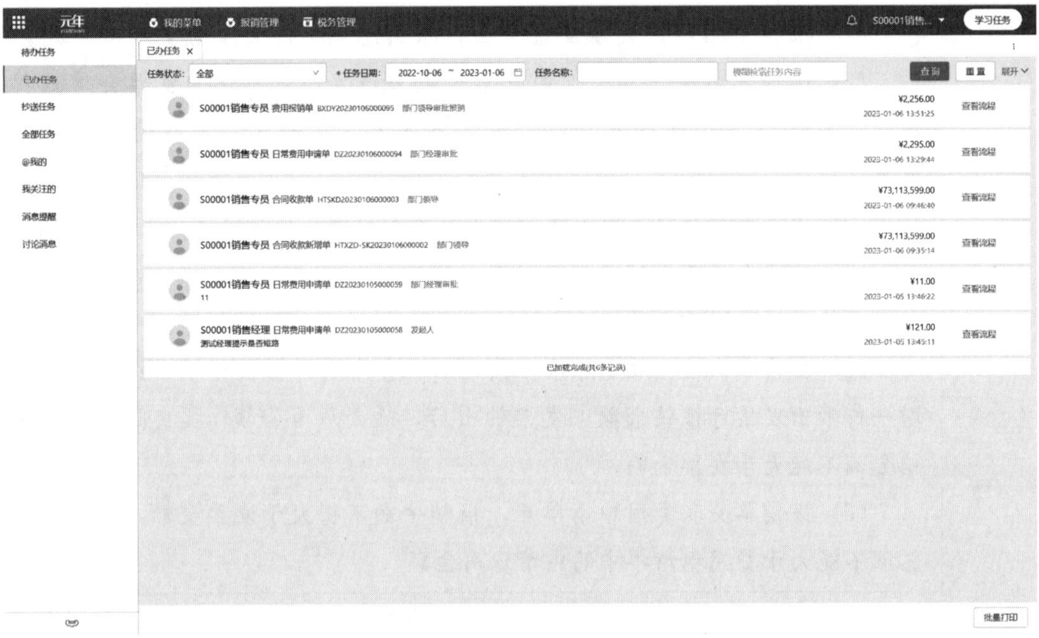

图 10-22　审批已完成界面

图 10-23　部门领导退回单据界面

图 10-24 部门领导撤回单据界面

6. 派单员进行共享派工

（1）切换身份至派单员，单击“共享中心-共享任务管理”，单击“共享派工”选项卡，勾选需要进行派工的日常费用报销单。

（2）单击“批量派工”按钮，弹出提示信息：确认批量派工吗?”

（3）单击“确定”按钮，弹出“共享派工”对话框，弹出的对话框中显示共享初审组所有可选择的共享会计以及对应的待处理任务数量和能力值。在共享初审组中选择任意共享会计，手动批量派工成功（见图 10-25）。

> **注意：**
>
> （1）单击“展开”按钮，可分类查询单据。
>
> （2）如果派单后想调整派单对象，则可单击“已派”页签，勾选需要收回的费用报销单，单击“批量收回”按钮（见图 10-26）。
>
> （3）费用报销模块不允许共享会计抢单，只支持派单。

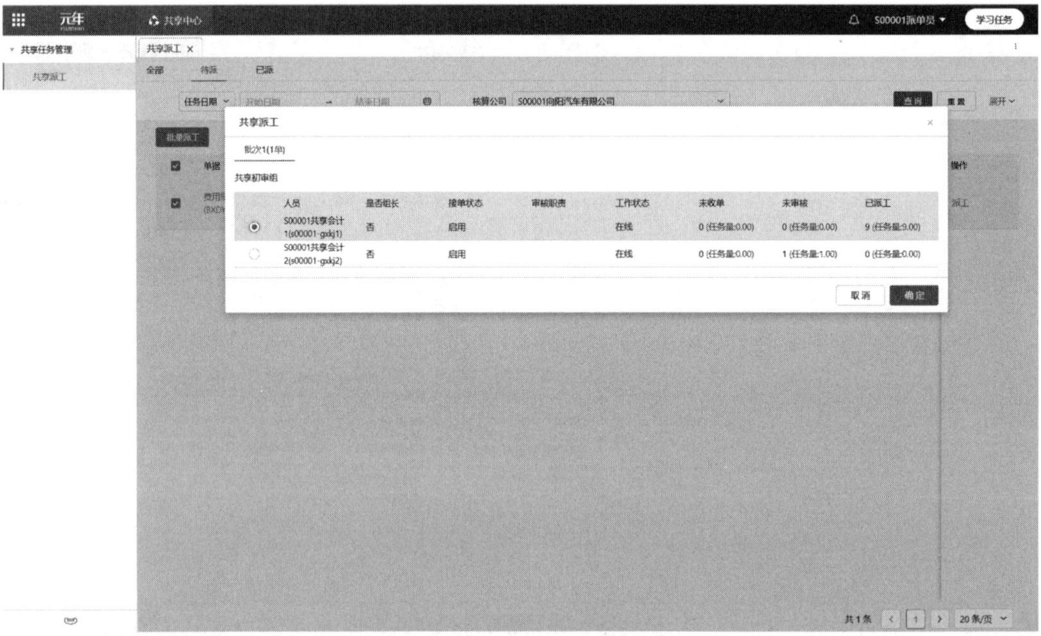

图 10-25　派单员共享派工界面

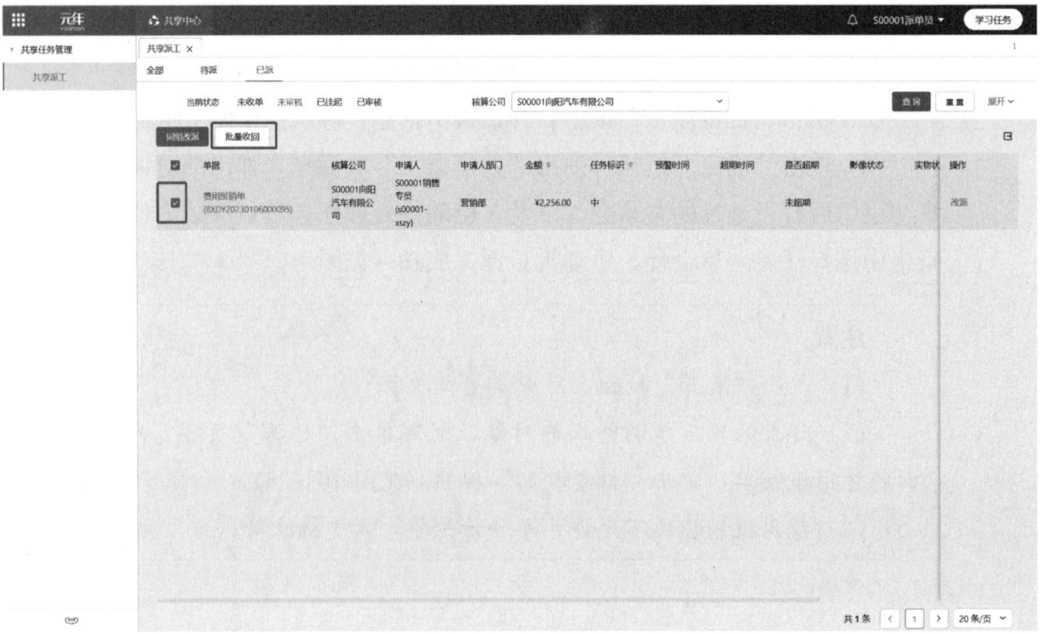

图 10-26　派单员收回派单界面

7. 共享会计审批付款

在共享中心，共享会计需要审批日常费用报销单，并生成转账凭证，最后推送至核算中心。

（1）切换身份至共享会计（被派单的共享会计），单击“图标-待办任务”，单击“待办任务”选项卡，单击需要审批的日常费用报销单。

（2）单击“同意”按钮，弹出“同意”对话框，默认审批意见为“同意”。

（3）单击“确认”按钮，弹出提示信息“单据提交成功”。如图 10－27 所示。

图 10－27　共享会计审批界面

（4）单击“凭证管理-待生成”。勾选需要生成凭证的费用报销单，单击“批量生成凭证”，弹出选择生成凭证的模板对话框，填写记账日期为 2020 年 6 月 5 日，凭证类型为转账凭证，勾选凭证模板为转账凭证，单击“确认”按钮，弹出批量生成凭证结果对话框。如图 10－28 所示。

（5）进行凭证推送，单击“凭证管理-已生成”。点击需要推送凭证的费用报销单左侧箭头，勾选需要推送的凭证，点击凭证号，界面显示凭证详细信息。若信息正确，点击“推送凭证”按钮；若信息有误，修改会计分录。

（6）确认信息无误后，点击“推送凭证”按钮，弹出提示信息“推送成功”，点击“确定”按钮，转账凭证被推送到核算系统。如图 10－29 所示。

图 10 - 28　生成转账凭证

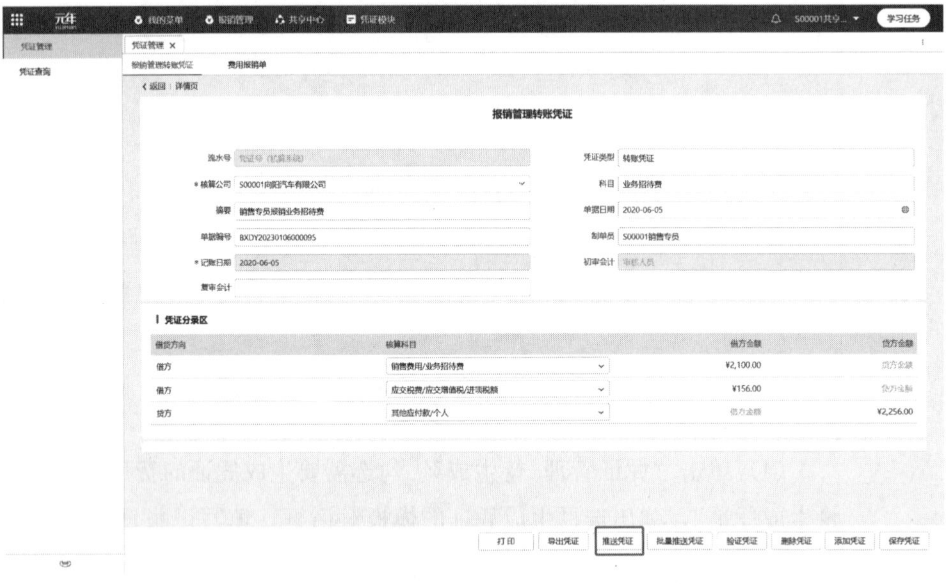

图 10 - 29　凭证推送界面

注意：

（1）在凭证查看界面，单击“验证凭证”按钮，若凭证借贷平衡，则弹出对话框提示“借贷平衡”；若凭证借贷不平衡，则弹出对话框提示“借贷不平衡，重新确认凭证信息”。

（2）凭证展示界面可以修改会计分录的借贷方科目。

（3）在“凭证管理”菜单下单击已经生成凭证的单据凭证号查看凭证，凭证信息界面的“凭证操作”菜单栏有多个功能键，分别为“验证凭证”“删除凭证”“保存凭证”“推送凭证”等。若凭证未推送，则共享会计可以验证凭证、删除凭证、保存凭证、推送凭证；若凭证已经推送，则共享会计无法编辑凭证内容，也无法删除凭证，只能冲销凭证或在核算系统中生成红字冲销凭证。

（4）在“凭证生成”菜单下双击已经生成凭证的单据记录查看凭证，若凭证尚未推送，则在凭证信息界面的凭证记录栏可以新增、删除会计分录；若凭证已经推送，则无法修改会计分录，如图 10－30 所示。

图 10－30　凭证信息界面

8. 资金付款操作

在共享中心，资金会计需要审批日常费用报销单，生成支付建议，生成付款凭证并推送至核算中心，最后通知银行付款。

（1）切换身份至资金会计进行资金审批，单击“资金管理-资金审批”。勾选需要付款的日常费用报销单，单击“通过”按钮，弹出提示信息“处理成功”。如图 10－31 所示。

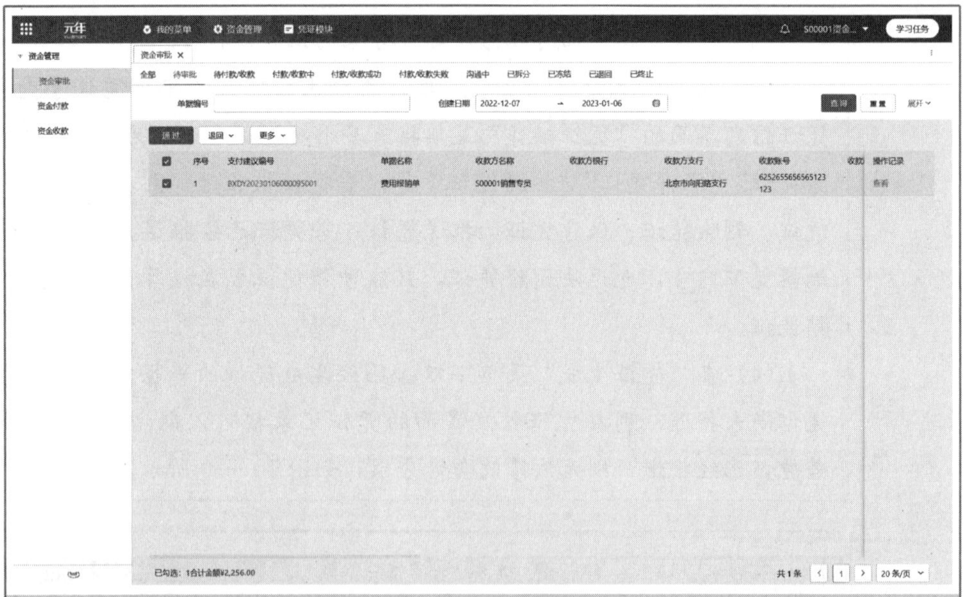

图 10-31　资金会计审批单据界面

（2）单击“资金管理-资金付款”，勾选需要付款的日常费用报销单，单击“制证”按钮，在图 10-32 所示的对话框中选择记账日期为 2020 年 6 月 5 日，勾选付款凭证模板，单击“确定”按钮，凭证生成成功。

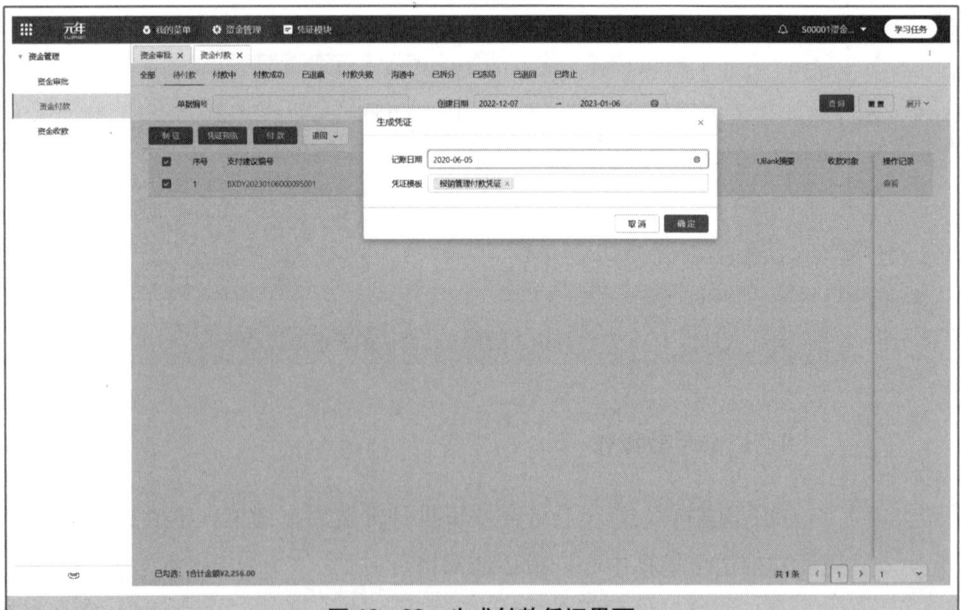

图 10-32　生成付款凭证界面

（3）单击“资金管理-资金付款”，勾选需要付款的日常费用报销单，单击“付款”按钮，弹出提示信息“付款成功”。

（4）单击“凭证管理-已生成”，单击已经生成凭证的费用报销单左侧箭头，在凭证信息区找到序号为“2”、制证人为“资金会计”的记录，单击凭证号查看凭证。单击“推送凭证”按钮，弹出提示信息“推送成功”。如图 10－33 所示。

图 10－33　凭证推送界面

注意：

（1）制证前，可单击“凭证预览”按钮，预览付款凭证。请注意核对凭证信息是否正确，付款凭证一经生成并推送将无法更改。

（2）由于共享中心负责的会计核算业务相似度高，因此学生可以一次性填写多张属地公司单据，再登录共享中心批量审批，减少重复登录次数。共享系统支持批量审批和制证。

（3）已生成付款凭证的单据仍然为“待付款”状态，若重复制证，则系统会提示“付款凭证已经生成，请不要重复生成”。

（4）已生成付款凭证的单据在付款后审批状态变为“付款成功”。

（5）已推送的付款凭证可以在“凭证管理-已生成”菜单下筛选出“已推送凭证”的单据，并在查看凭证界面冲销付款凭证。凭证列表信息中包含单据生成的所有凭证，包括转账凭证和付款凭证，在凭证列表信息区中滑动页面才可以查看资金会计生成的付款凭证。

9. 单据退回

在业务操作过程中，用户如果错误填写单据，在审批流程结束之前，可以通过单据退回或单据收回功能撤回单据并修改。但是，如果在共享会计审批结束后，用户才发现单据填写错误，则无法使用单据撤回功能。

对于已经生成凭证的单据，如果凭证还未推送到核算中心，则需删除已经生成的转账凭证和付款凭证才能使用单据退回功能；如果凭证已经推送到核算中心，则需冲销该凭证才能使用单据退回功能。

单据退回功能也有限制，以下情况中无法使用该功能：

（1）单据为收款单据。

（2）单据已经付款。

下面以销售专员提交的日常费用报销单的单据退回为例（共享会计已经制证并推送凭证）。

（1）切换身份至共享会计，单击“凭证管理–凭证管理”。

（2）在凭证状态为“已生成”下，找到需要退回的日常费用报销单，单击单据左侧箭头，勾选凭证信息区序号为“1”、制证人为“共享会计”的记录。单击右下角“冲销凭证”按钮，凭证被冲销。

（3）切换身份至资金会计，单击“资金管理－资金审批”。

（4）根据单据编号、单据名称、起始创建时间等条件筛选出需要退回的日常费用报销单（见图 10－34）。

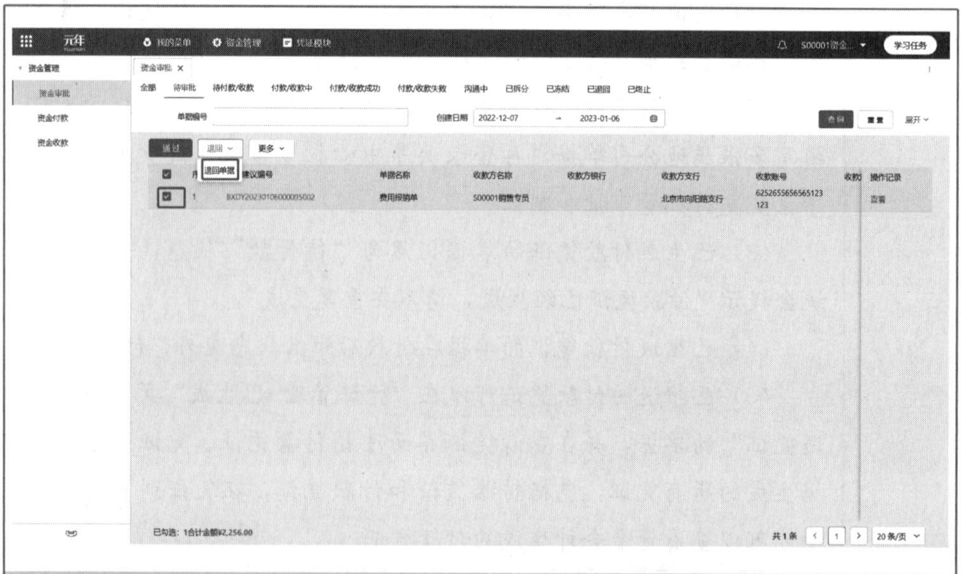

图 10－34 资金会计退回单据界面

（5）勾选需要退回的单据记录，单击上方“退回”按钮，选择“退回单据”，在弹出的对话框中选择退回的目标环节为“发起人”，单击“确定”按钮（见图 10－35）。

图 10－35　选择退回节点

（6）弹出提示信息“成功退回单据”。

（7）销售专员可以在“报销管理-日常费用报销单”菜单下找到退回的单据，重新提交审批（见图 10－36）。

图 10－36　查看流程

> **注意：**
>
> 在销售专员的“报销管理-日常费用报销单”菜单下可以找到退回的日常费用申请单，单击单据编号查看单据，修改内容后可以重新提交审批。单据退回可以回到流程中的任何节点。

第六节　待处理业务

业务 1

（1）2020 年 6 月 1 日，XYZ 公司采购部采购专员申请前往上海出差的远程交通费，6 月 4 日出发，6 月 5 日返回，往返均选择动车二等座，北京—上海动车往返票价均为 490.5 元（税率为 9%）。采购专员自行购票。

（2）2020 年 6 月 5 日，采购专员根据动车票发起报销，当天报销事由采购经理审批通过，采购专员于当天收到报销款。

（3）发票信息如图 10-37 和图 10-38 所示。

图 10-37　采购专员去程火车票

图 10-38　采购专员返程火车票

业务 2

（1）2020 年 6 月 1 日，ABC 公司营销部销售专员申请前往上海出差的住宿费用，出差时间为 6 月 8—11 日，6 月 8 日晚入住盛华酒店，6 月 11 日退房，住宿费用总额为 1 120 元。

（2）2020 年 6 月 11 日，销售专员出差返回后根据有效住宿发票发起报销，发票上显示实际住宿费总额为 1 113 元。报销事由销售经理审批通过后，销售专员于当日收到报销款。

（3）发票信息如图 10－39 所示。

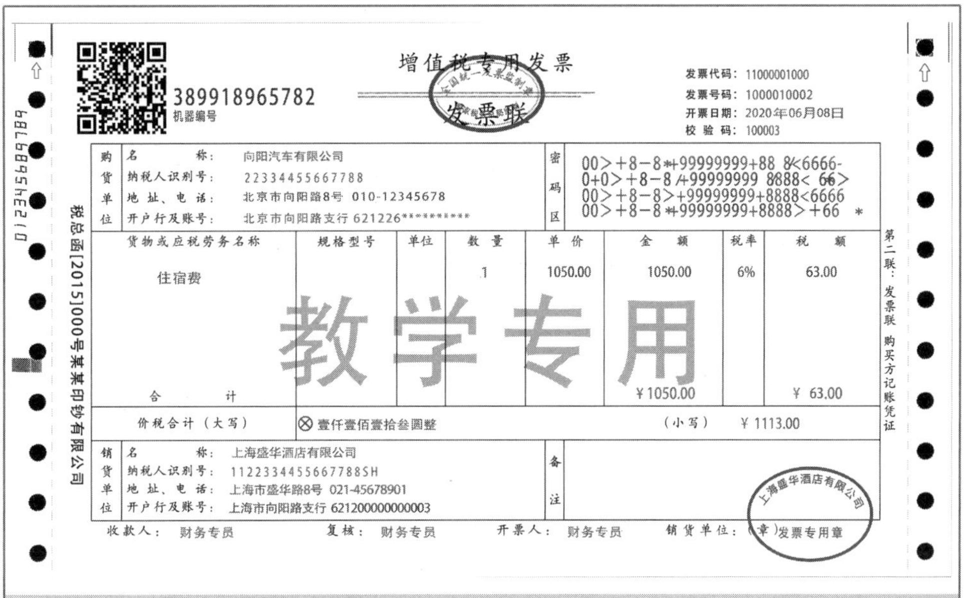
增值税专用发票
发票联
389918965782
机器编号
发票代码：11000001000
发票号码：1000010002
开票日期：2020年06月08日
校 验 码：100003

购货单位：名　　称：向阳汽车有限公司
纳税人识别号：22334455667788
地 址、电 话：北京市向阳路8号 010-12345678
开户行及账号：北京市向阳路支行 621226**********

密码区：
00>+8-8*+99999999+88 8<6666-
0+0>+8-8/+99999999 8888< 66>
00>+8-8>+99999999+8888<6666
00>+8-8*+99999999+8888>+66 *

货物或应税劳务名称	规格型号	单位	数量	单价	金额	税率	税额
住宿费			1	1050.00	1050.00	6%	63.00
合　　计					¥1050.00		¥ 63.00

价税合计（大写）：⊗壹仟壹佰壹拾叁圆整　（小写）¥1113.00

销货单位：名　　称：上海盛华酒店有限公司
纳税人识别号：1122334455667788SH
地 址、电 话：上海市盛华路8号 021-45678901
开户行及账号：上海市向阳路支行 621200000000003
备注

收款人：财务专员　复核：财务专员　开票人：财务专员　销货单位：（章）

第二联：发票联 购买方记账凭证
税总函[2015]000号某某印钞有限公司
教学专用

图 10－39　住宿增值税发票

业务 3

（1）2020 年 6 月 8 日，采购部采购专员申请前往宁波出差的远程交通费，6 月 11 日出发，6 月 12 日返回，上网查询发现北京到宁波没有动车，因此往返选择飞机出行，单程票价为 894 元，提交申请后，采购经理认为机票费用太高，退回费用申请。

（2）采购专员收到费用申请退回单后，将往返出行方式改为高铁二等座，往返单程票价为 599.5 元（税率为 9%），采购经理审批通过，采购专员自行购票。

（3）2020 年 6 月 15 日，采购专员根据高铁车票发起报销，北京—宁波往返高铁票共 1 199 元。报销事由采购经理审批通过后，采购专员于当日收到报销款。

（4）发票信息如图 10－40 和图 10－41 所示。

图 10－40　采购专员去程火车票

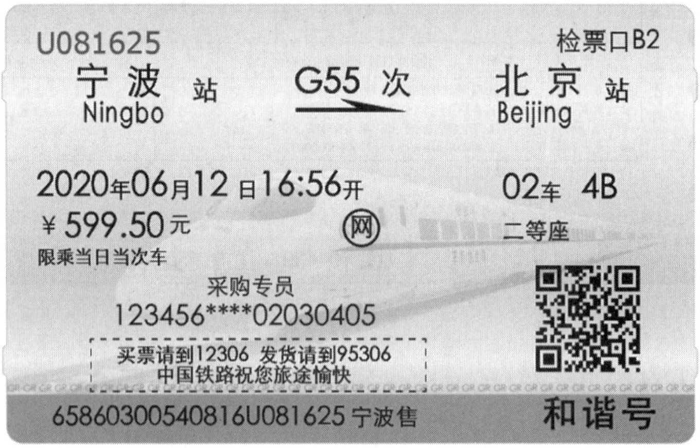

图 10－41　采购专员返程火车票

业务 4

（1）2020 年 6 月 8 日，ABC 公司营销部销售专员申请前往大连出差的住宿费用，出差时间为6月9—12日，6月9日入住光辉酒店，6月12日退房，由于预订时间较晚，无法预订连锁快捷酒店，只能选择价格较高的经济型酒店，住宿费用总额为1 120元。

（2）2020年6月15日，销售专员根据有效住宿发票发起报销，发票上显示实际住宿费用总额为1 007元。报销事由销售经理审批通过后，销售专员于当日收到报销款。

（3）发票信息如图10－42所示。

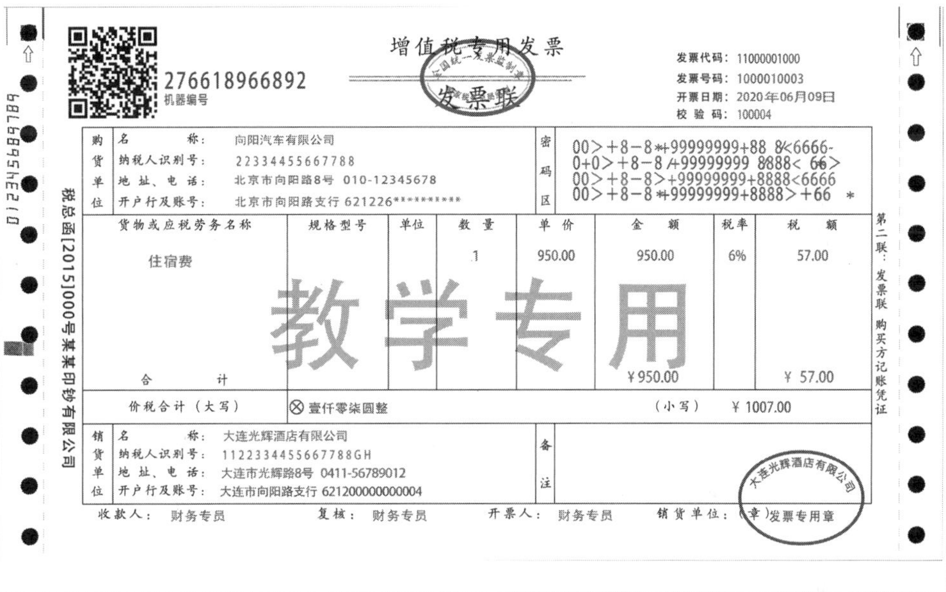

增值税专用发票

276618966892
机器编号

发票联

发票代码：11000001000
发票号码：1000010003
开票日期：2020年06月09日
校验码：100004

购货单位		密码区
名称：	向阳汽车有限公司	00>+8-8*+99999999+88 8<6666-
纳税人识别号：	2233445566 7788	0+0>+8-8/+99999999 8888< 66>
地址、电话：	北京市向阳路8号 010-12345678	00>+8-8>+99999999+8888<6666
开户行及账号：	北京市向阳路支行 621226*********	00>+8-8*+99999999+8888>+66 *

货物或应税劳务名称	规格型号	单位	数量	单价	金额	税率	税额
住宿费			1	950.00	950.00	6%	57.00
合计					¥950.00		¥ 57.00
价税合计（大写）	⊗壹仟零柒圆整				（小写）	¥ 1007.00	

销货单位		备注
名称：	大连光辉酒店有限公司	
纳税人识别号：	112233445566 7788GH	
地址、电话：	大连市光辉路8号 0411-56789012	
开户行及账号：	大连市向阳路支行 621200000000004	

收款人：财务专员 复核：财务专员 开票人：财务专员 销货单位：（章）

税总函[2015]000号某某印钞有限公司

第二联：发票联 购买方记账凭证

图10－42 住宿增值税发票

业务5

（1）2020年6月12日，ABC公司营销部销售经理申请前往广州出差的住宿费用，出差时间为6月15—16日，6月15日入住必胜酒店，6月16日退房，由于临时预订酒店，出差地点附近的快捷酒店无可预订房间，因此选择经济型酒店，酒店住宿费用总额为1 055元。

（2）2020年6月18日，销售经理根据有效住宿发票发起报销，发票上显示实际住宿费用总额为1 033.5元，销售经理于当日收到报销款。

（3）发票信息如图10－43所示。

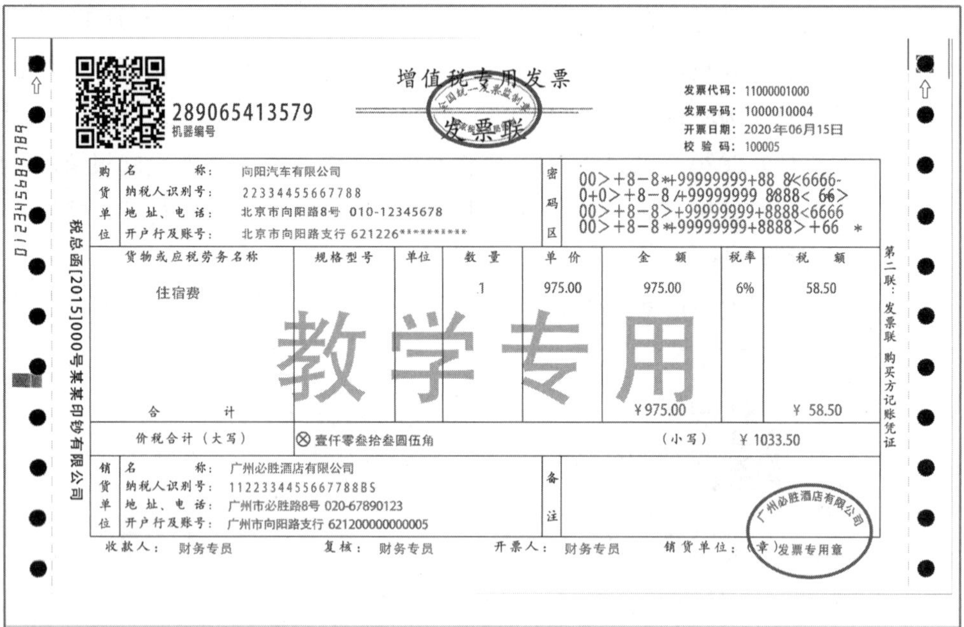
增值税专用发票

发票联

289065413579
机器编号

发票代码：1100001000
发票号码：1000010004
开票日期：2020年06月15日
校验码：100005

购货单位	名称：向阳汽车有限公司 纳税人识别号：2233445567788 地址、电话：北京市向阳路8号 010-12345678 开户行及账号：北京市向阳路支行 621226*********	密码区	00>+8-8*+99999999+88 8<6666- 0+0>+8-8/+99999999 8888<66> 00>+8-8>+99999999+8888<6666 00>+8-8*+99999999+8888>+66 *

货物或应税劳务名称	规格型号	单位	数量	单价	金额	税率	税额
住宿费			1	975.00	975.00	6%	58.50
合计					¥975.00		¥ 58.50
价税合计（大写）	⊗壹仟零叁拾叁圆伍角				（小写） ¥ 1033.50		

销货单位	名称：广州必胜酒店有限公司 纳税人识别号：1122334455667788BS 地址、电话：广州市必胜路8号 020-67890123 开户行及账号：广州市向阳路支行 621200000000005	备注	

收款人：财务专员　复核：财务专员　开票人：财务专员　销货单位：（章）

图 10-43 住宿增值税发票

业务 6

（1）2020 年 6 月 15 日，ABC 公司营销部销售经理申请一笔业务招待费共 7 290 元。

（2）申请的业务招待费内容如下：

1）接待客户级别为一级，接待人数为 4 人（分别为经理王刚及其下属潘胜、张小龙、李明）。

2）客户将于 6 月 18 日中午到达北京并于当天返回。

3）接待当天中午在晓东饭店宴请客户，预计发生餐饮费 890 元（共 5 人，包括 4 名客户和 1 名销售经理）。

4）客户从重庆到北京的往返机票预计共 6 400 元（单人单程 800 元）。

（3）2020 年 6 月 19 日，销售经理根据有效发票发起报销，包括业务招待过程中发生的餐饮费 874.5 元，机票共 6 322 元（去程单人单程 817.5 元，返程单人单程 763 元），销售经理于当日收到报销款。

（4）发票信息如图 10-44 至图 10-52 所示。

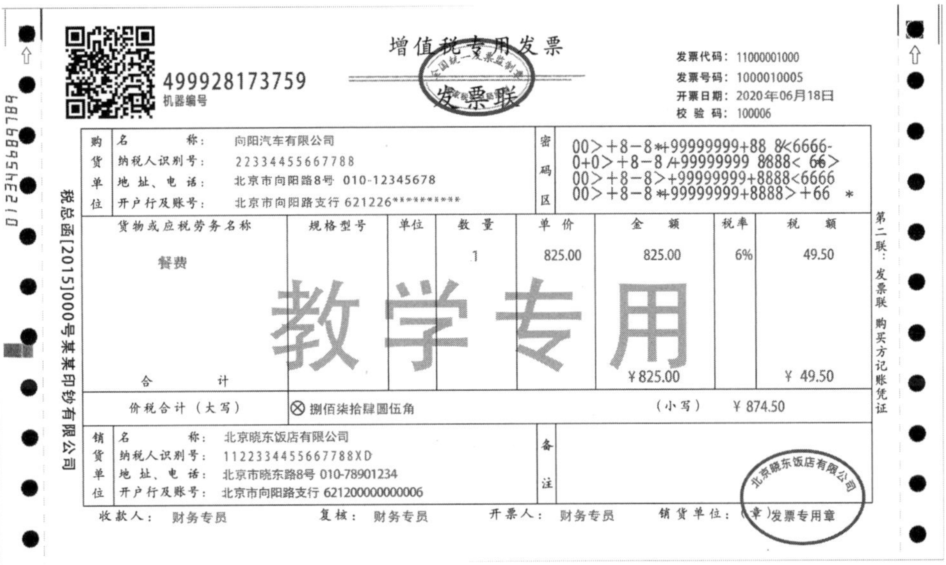

增值税专用发票

发票联

499928173759
机器编号

发票代码：11000001000
发票号码：1000010005
开票日期：2020年06月18日
校 验 码：100006

购货单位	
名　　称：	向阳汽车有限公司
纳税人识别号：	22334455667788
地 址、电 话：	北京市向阳路8号 010-12345678
开户行及账号：	北京市向阳路支行 621226**********

密码区：
00>+8-8*+99999999+88 8<6666-
0+0>+8-8/+99999999 8888< 66>
00>+8-8>+99999999+8888<6666
00>+8-8*+99999999+8888>+66 *

货物或应税劳务名称	规格型号	单位	数量	单价	金额	税率	税额
餐费			1	825.00	825.00	6%	49.50
合　　计					¥825.00		¥ 49.50
价税合计（大写）	⊗捌佰柒拾肆圆伍角				（小写）	¥ 874.50	

教学专用

销货单位	
名　　称：	北京晓东饭店有限公司
纳税人识别号：	1122334455667788XD
地 址、电 话：	北京市晓东路8号 010-78901234
开户行及账号：	北京市向阳路支行 621200000000006

备注：（北京晓东饭店有限公司 发票专用章）

收款人：财务专员　复核：财务专员　开票人：财务专员　销货单位：（章）

税总函[2015]000号某某印钞有限公司

第二联：发票联 购买方记账凭证

图 10 - 44　餐饮增值税发票

航空运输电子客票行程单
ITINERARY/RECEIPT OF E-TICKET FOR AIR TRANSPORT

印刷序号：00000000001
SERIAL NUMBER

旅客姓名 NAME OF PASSENGER：潘胜
有效身份证件号码 ID.NO：123456****0102030
签注 ENDORSEMENT/RESTRCTIONS (CABRON)：不得签转改退收费

	承运人 CARRIER	航班号 FLIGHT	座位等级 CLASS	日期 DATE	时间 TIME	客票级别/客票类别 FARE BASIS	NOTVALID BEFORE	NOTVALTD AFTER	免费行李 ALLOW
自 FROM 重庆	FL	FL123	经济舱	2020-6-18	8:00	Q			20K
至 TO 北京		座位号 20A							

票价 FARM	机场建设费 AIRPORT TAX	燃油附加费 FUEL SURCHARCE	其他税费 OTHER TAXES	合计 TOTAL
CNY 750.00	0	0	CNY 67.50	CNY 817.50

电子客票号码 E-TICKET NO.：00000000001　验证码 CK.：0000　提示信息 IMFORMATION：FL123-乘机　保险费 INSURANCE：0

销售单位代号 AGENT CODE：00000000　填开单位 ISSUED BY：中国FL航空股份有限公司　填开日期 DATE OF SSUE：2020-6-18

验真网址：WWW.TRAVEL***.COM 服务热线：400-815-**** 短信验真：发送JP至1066990**

付款凭证 RECEIPT　手写无效 INVALIDIN HANDWRITING

图 10 - 45　潘胜去程机票客运单

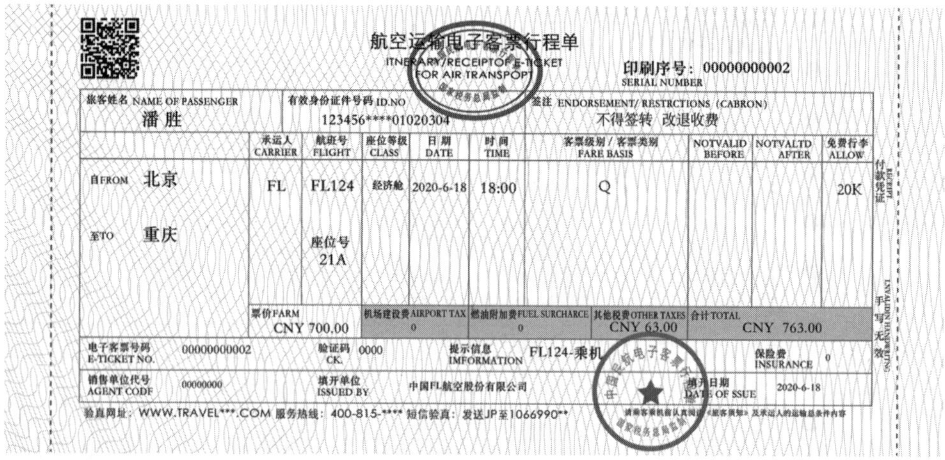

航空运输电子客票行程单
ITINERARY/RECEIPT OF E-TICKET FOR AIR TRANSPORT

印刷序号：00000000002
SERIAL NUMBER

旅客姓名 NAME OF PASSENGER	有效身份证件号码 ID.NO	签注 ENDORSEMENT/ RESTRCTIONS (CABRON)
潘胜	123456****01020304	不得签转 改退收费

	承运人 CARRIER	航班号 FLIGHT	座位等级 CLASS	日期 DATE	时间 TIME	客票级别/客票类别 FARE BASIS	NOTVALID BEFORE	NOTVALTD AFTER	免费行李 ALLOW
自 FROM 北京	FL	FL124	经济舱	2020-6-18	18:00	Q			20K
至 TO 重庆		座位号 21A							

票价 FARM	机场建设费 AIRPORT TAX	燃油附加费 FUEL SURCHARGE	其他税费 OTHER TAXES	合计 TOTAL
CNY 700.00	0	0	CNY 63.00	CNY 763.00

电子客票号码 E-TICKET NO.	00000000002	验证码 CK.	0000	提示信息 INFORMATION	FL124-乘机	保险费 INSURANCE	0
销售单位代号 AGENT CODE	00000000	填开单位 ISSUED BY	中国FL航空股份有限公司			填开日期 DATE OF ISSUE	2020-6-18

验真网址：WWW.TRAVEL***.COM 服务热线：400-815-**** 短信验真：发送JP至1066990**

付款凭证 RECEIPT 手写无效 INVALIDIN HANDWRITING

图 10-46 潘胜返程机票客运单

航空运输电子客票行程单
ITINERARY/RECEIPT OF E-TICKET FOR AIR TRANSPORT

印刷序号：00000000003
SERIAL NUMBER

旅客姓名 NAME OF PASSENGER	有效身份证件号码 ID.NO	签注 ENDORSEMENT/ RESTRCTIONS (CABRON)
王刚	123456****02030405	不得签转 改退收费

	承运人 CARRIER	航班号 FLIGHT	座位等级 CLASS	日期 DATE	时间 TIME	客票级别/客票类别 FARE BASIS	NOTVALID BEFORE	NOTVALTD AFTER	免费行李 ALLOW
自 FROM 重庆	FL	FL123	经济舱	2020-6-18	8:00	Q			20K
至 TO 北京		座位号 19A							

票价 FARM	机场建设费 AIRPORT TAX	燃油附加费 FUEL SURCHARGE	其他税费 OTHER TAXES	合计 TOTAL
CNY 750.00	0	0	CNY 67.50	CNY 817.50

电子客票号码 E-TICKET NO.	00000000003	验证码 CK.	0000	提示信息 INFORMATION	FL123-乘机	保险费 INSURANCE	0
销售单位代号 AGENT CODE	00000000	填开单位 ISSUED BY	中国FL航空股份有限公司			填开日期 DATE OF ISSUE	2020-6-18

验真网址：WWW.TRAVEL***.COM 服务热线：400-815-**** 短信验真：发送JP至1066990**

付款凭证 RECEIPT 手写无效 INVALIDIN HANDWRITING

图 10-47 王刚去程机票客运单

航空运输电子客票行程单
ITINERARY/RECEIPTOF E-TICKET FOR AIR TRANSPOPT

印刷序号：00000000004
SERIAL NUMBER

旅客姓名 NAME OF PASSENGER	有效身份证件号码 ID.NO	签注 ENDORSEMENT/ RESTRCTIONS (CABRON)
王刚	123456****02030405	不得签转改退收费

	承运人 CARRIER	航班号 FLIGHT	座位等级 CLASS	日期 DATE	时间 TIME	客票级别/客票类别 FARE BASIS	NOTVALID BEFORE	NOTVALTD AFTER	免费行李 ALLOW
自FROM 北京	FL	FL124	经济舱	2020-6-18	18:00	Q			20K
至TO 重庆		座位号 19A							

票价FARM	机场建设费 AIRPORT TAX	燃油附加费 FUEL SURCHARCE	其他税费 OTHER TAXES	合计 TOTAL
CNY 700.00	0	0	CNY 63.00	CNY 763.00

电子客票号码 E-TICKET NO.	00000000004	验证码 CK.	0000	提示信息 IMFORMATION	FL124-乘机	保险费 INSURANCE	0
销售单位代号 AGENT CODF	00000000	填开单位 ISSUED BY	中国FL航空股份有限公司			填开日期 DATE OF SSUE	2020-6-18

验真网址：WWW.TRAVEL***.COM 服务热线：400-815-**** 短信验真：发送JP至1066990**

付款凭证 RECEIPT

手写无效 INVALIDIN HANDWRITING

图 10-48 王刚返程机票客运单

航空运输电子客票行程单
ITINERARY/RECEIPTOF E-TICKET FOR AIR TRANSPOPT

印刷序号：00000000005
SERIAL NUMBER

旅客姓名 NAME OF PASSENGER	有效身份证件号码 ID.NO	签注 ENDORSEMENT/ RESTRCTIONS (CABRON)
张小龙	123456****03040506	不得签转改退收费

	承运人 CARRIER	航班号 FLIGHT	座位等级 CLASS	日期 DATE	时间 TIME	客票级别/客票类别 FARE BASIS	NOTVALID BEFORE	NOTVALTD AFTER	免费行李 ALLOW
自FROM 重庆	FL	FL123	经济舱	2020-6-18	08:00	Q			20K
至TO 北京		座位号 18A							

票价FARM	机场建设费 AIRPORT TAX	燃油附加费 FUEL SURCHARCE	其他税费 OTHER TAXES	合计 TOTAL
CNY 750.00	0	0	CNY 67.50	CNY 817.50

电子客票号码 E-TICKET NO.	00000000005	验证码 CK.	0000	提示信息 IMFORMATION	FL123-乘机	保险费 INSURANCE	0
销售单位代号 AGENT CODF	00000000	填开单位 ISSUED BY	中国FL航空股份有限公司			填开日期 DATE OF SSUE	2020-6-18

验真网址：WWW.TRAVEL***.COM 服务热线：400-815-**** 短信验真：发送JP至1066990**

付款凭证 RECEIPT

手写无效 INVALIDIN HANDWRITING

图 10-49 张小龙去程机票客运单

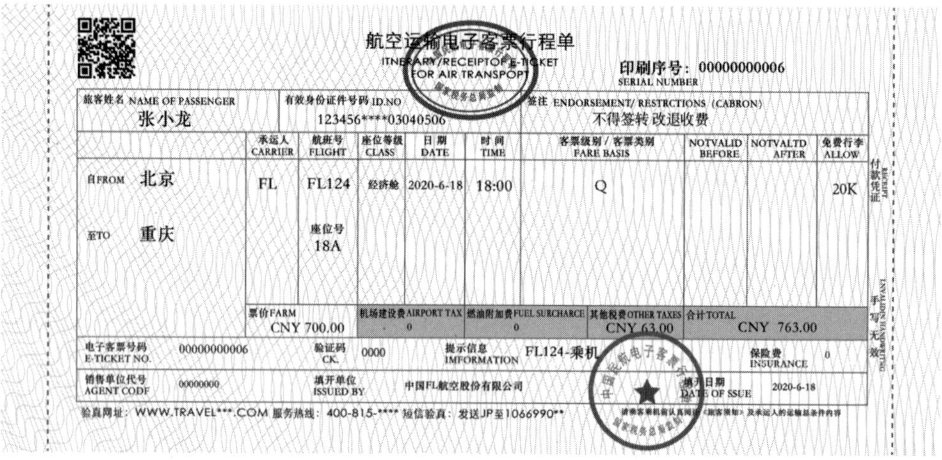

航空运输电子客票行程单
ITINERARY/RECEIPT OF E-TICKET FOR AIR TRANSPORT
印刷序号：00000000006 SERIAL NUMBER

旅客姓名 NAME OF PASSENGER：张小龙
有效身份证件号码 ID.NO：123456****03040506
签注 ENDORSEMENT/ RESTRCTIONS (CABRON)：不得签转改退收费

	承运人 CARRIER	航班号 FLIGHT	座位等级 CLASS	日期 DATE	时间 TIME	客票级别/客票类别 FARE BASIS	NOTVALID BEFORE	NOTVALTD AFTER	免费行李 ALLOW
自FROM 北京	FL	FL124	经济舱	2020-6-18	18:00	Q			20K
至TO 重庆		座位号 18A							

票价FARM	机场建设费 AIRPORT TAX	燃油附加费 FUEL SURCHARCE	其他税费 OTHER TAXES	合计 TOTAL
CNY 700.00	0	0	CNY 63.00	CNY 763.00

电子客票号码 E-TICKET NO.：00000000006　验证码 CK.：0000　提示信息 IMFORMATION：FL124-乘机　保险费 INSURANCE：0
销售单位代号 AGENT CODE：00000000　填开单位 ISSUED BY：中国FL航空股份有限公司　填开日期 DATE OF SSUE：2020-6-18
验真网址：WWW.TRAVEL***.COM 服务热线：400-815-**** 短信验真：发送JP至1066990**

付款凭证 RECEIPT　手写无效 INVALID IN HANDWRITING

图 10－50　张小龙返程机票客运单

航空运输电子客票行程单
ITINERARY/RECEIPT OF E-TICKET FOR AIR TRANSPORT
印刷序号：00000000007 SERIAL NUMBER

旅客姓名 NAME OF PASSENGER：李 明
有效身份证件号码 ID.NO：123456****05060708
签注 ENDORSEMENT/ RESTRCTIONS (CABRON)：不得签转改退收费

	承运人 CARRIER	航班号 FLIGHT	座位等级 CLASS	日期 DATE	时间 TIME	客票级别/客票类别 FARE BASIS	NOTVALID BEFORE	NOTVALTD AFTER	免费行李 ALLOW
自FROM 重庆	FL	FL123	经济舱	2020-6-18	08:00	Q			20K
至TO 北京		座位号 17A							

票价FARM	机场建设费 AIRPORT TAX	燃油附加费 FUEL SURCHARCE	其他税费 OTHER TAXES	合计 TOTAL
CNY 750.00	0	0	CNY 67.50	CNY 817.50

电子客票号码 E-TICKET NO.：00000000007　验证码 CK.：0000　提示信息 IMFORMATION：FL123-乘机　保险费 INSURANCE：0
销售单位代号 AGENT CODE：00000000　填开单位 ISSUED BY：中国FL航空股份有限公司　填开日期 DATE OF SSUE：2020-6-18
验真网址：WWW.TRAVEL***.COM 服务热线：400-815-**** 短信验真：发送JP至1066990**

付款凭证 RECEIPT　手写无效 INVALID IN HANDWRITING

图 10－51　李明去程机票客运单

航空运输电子客票行程单
ITINERARY/RECEIPT OF E-TICKET FOR AIR TRANSPORT

印刷序号：00000000008
SERIAL NUMBER

旅客姓名 NAME OF PASSENGER	有效身份证件号码 ID.NO	签注 ENDORSEMENT/ RESTRCTIONS (CABRON)
李 明	123456****05060708	不得签转 改退收费

	承运人 CARRIER	航班号 FLIGHT	座位等级 CLASS	日期 DATE	时间 TIME	客票级别/客票类别 FARE BASIS	NOTVALID BEFORE	NOTVALTD AFTER	免费行李 ALLOW
自FROM 北京	FL	FL124	经济舱	2020-6-18	18:00	Q			20K
至TO 重庆		座位号 17A							

票价FARM	机场建设费 AIRPORT TAX	燃油附加费 FUEL SURCHARGE	其他税费 OTHER TAXES	合计 TOTAL
CNY 700.00	0	0	CNY 63.00	CNY 763.00

电子客票号码 E-TICKET NO.	00000000008	验证码 CK.	0000	提示信息 IMFORMATION	FL124-乘机	保险费 INSURANCE	0
销售单位代号 AGENT CODF	00000000	填开单位 ISSUED BY	中国FL航空股份有限公司			填开日期 DATE OF SSUE	2020-6-18

验真网址：WWW.TRAVEL***.COM 服务热线：400-815-**** 短信验真：发送JP至1066990**

付款凭证 RECEIPT

手写无效 INVALIDIN HANDWRITING

图 10-52 李明返程机票客运单

业务 7

（1）2020 年 6 月 15 日，XYZ 公司采购部采购经理申请前往海口出差的远程交通费，6 月 16 日出发，6 月 19 日返回，由于北京至海口没有动车、高铁，只有直达列车，而且时间过长，因此选择飞机作为往返的出行方式，去程票价为 1 526 元，回程票价为 1 580.5 元。

（2）2020 年 6 月 25 日，采购经理根据有效发票发起报销，北京—海口往返机票共 3 106.5 元，采购经理于当日收到报销款。

（3）发票信息如图 10－53 和图 10－54 所示。

航空运输电子客票行程单
ITINERARY/RECEIPT OF E-TICKET FOR AIR TRANSPORT

印刷序号：00000000009
SERIAL NUMBER

旅客姓名 NAME OF PASSENGER	有效身份证件号码 ID.NO	签注 ENDORSEMENT/ RESTRCTIONS (CABRON)
采购经理	123456****07080910	不得签转 改退收费

	承运人 CARRIER	航班号 FLIGHT	座位等级 CLASS	日期 DATE	时间 TIME	客票级别/客票类别 FARE BASIS	NOTVALID BEFORE	NOTVALTD AFTER	免费行李 ALLOW
自FROM 北京	FL	FL125	经济舱	2020-6-16	07:00	Q			20K
至TO 海口		座位号 20A							

票价FARM	机场建设费 AIRPORT TAX	燃油附加费 FUEL SURCHARGE	其他税费 OTHER TAXES	合计 TOTAL
CNY 1400.00	0	0	CNY 126.00	CNY 1526.00

电子客票号码 E-TICKET NO.	00000000009	验证码 CK.	0000	提示信息 IMFORMATION	FL125-乘机	保险费 INSURANCE	0
销售单位代号 AGENT CODF	00000000	填开单位 ISSUED BY	中国FL航空股份有限公司			填开日期 DATE OF SSUE	2020-6-16

验真网址：WWW.TRAVEL***.COM 服务热线：400-815-**** 短信验真：发送JP至1066990**

付款凭证 RECEIPT

手写无效 INVALIDIN HANDWRITING

图 10-53 采购经理去程机票客运单

航空运输电子客票行程单
ITINERARY/RECEIPT OF E-TICKET FOR AIR TRANSPORT
印刷序号：0000000010
SERIAL NUMBER

旅客姓名 NAME OF PASSENGER	有效身份证件号码 ID.NO	签注 ENDORSEMENT/ RESTRCTIONS (CABRON)
采购经理	123456****07080910	不得签转 改退收费

	承运人 CARRIER	航班号 FLIGHT	座位等级 CLASS	日期 DATE	时间 TIME	客票级别/客票类别 FARE BASIS	NOTVALID BEFORE	NOTVALTD AFTER	免费行李 ALLOW
自FROM 海口	FL	FL126	经济舱	2020-6-19	19:00	Q			20K
至TO 北京		座位号 21A							

票价FARM	机场建设费 AIRPORT TAX	燃油附加费 FUEL SURCHARCE	其他税费 OTHER TAXES	合计 TOTAL
CNY 1450.00	0	0	CNY 130.50	CNY 1580.50

电子客票号码 E-TICKET NO.	0000000010	验证码 CK.	0000	提示信息 INFORMATION	FL126-乘机	保险费 INSURANCE	0
销售单位代号 AGENT CODE	00000000	填开单位 ISSUED BY	中国FL航空股份有限公司	填开日期 DATE OF ISSUE	2020-6-19		

验真网址：WWW.TRAVEL***.COM 服务热线：400-815-**** 短信验真：发送JP至1066990**

图 10－54　采购经理返程机票客运单

业务 8

（1）2020 年 6 月 22 日，XYZ 公司采购部采购专员申请前往大庆出差的远程交通费，6 月 23 日出发，6 月 26 日返回，由于购票时动车无票，因此出发时选择高铁二等座，票价为 599.5 元（税率为 9%），返回时选择动车二等座，票价为 381.5 元（税率为 9%）。部门领导审批通过后由采购专员自行购票。

（2）2020 年 6 月 28 日，采购专员根据车票发起报销。报销事由采购经理审批通过后，采购专员于当日收到报销款。

（3）发票信息如图 10－55 和图 10－56 所示。

图 10－55　采购专员去程高铁票

图 10-56　采购专员返程动车票

业务 9

(1) 2020 年 6 月 18 日，XYZ 公司采购部采购专员申请购买 5 支钢笔，含税单价为 33.9 元，领导审批通过后采购专员于 6 月 19 日自行在淘宝网店“小董文具”选购下单。

(2) 2020 年 6 月 22 日，采购专员凭借有效发票发起报销，发票显示总金额为 169.5 元。报销事由采购经理审批通过后，采购专员于当日收到报销款。

(3) 发票信息如图 10-57 所示。

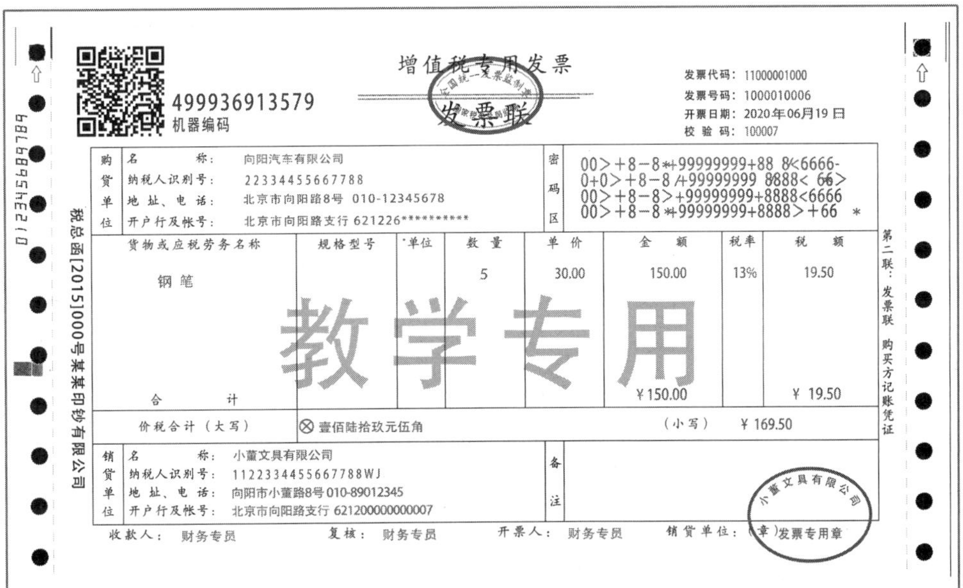

增值税专用发票

发票联

499936913579
机器编码

发票代码：11000001000
发票号码：1000010006
开票日期：2020年06月19日
校 验 码：100007

购货单位：
名　　称：向阳汽车有限公司
纳税人识别号：22334455667788
地 址、电 话：北京市向阳路8号 010-12345678
开户行及帐号：北京市向阳路支行 621226**********

密码区：
00>+8-8*+99999999+88 8<6666-
0+0>+8-8/+99999999 8888<66>
00>+8-8>+99999999+8888<6666
00>+8-8*+99999999+8888>+66 *

货物或应税劳务名称	规格型号	单位	数量	单价	金额	税率	税额
钢笔			5	30.00	150.00	13%	19.50
合计					¥150.00		¥19.50

价税合计（大写）：⊗壹佰陆拾玖元伍角　（小写）¥169.50

销货单位：
名　　称：小董文具有限公司
纳税人识别号：1122334455667788WJ
地 址、电 话：向阳市小董路8号 010-89012345
开户行及帐号：北京市向阳路支行 621200000000007

备注

收款人：财务专员　复核：财务专员　开票人：财务专员　销货单位：（章）发票专用章

小董文具有限公司

税总函[2015]000号某某印钞有限公司

第二联：发票联　购买方记账凭证

教学专用

图 10-57　钢笔增值税发票

思考题

1. 费用报销的主要内容是什么？传统财务模式下费用报销的流程和特点是什么？

2. 传统费用报销模式的缺点是什么？

3. 对比传统财务模式和财务共享模式下的费用报销流程，思思考财务共享服务中心为费用报销带来了哪些改进。

4. 财务共享信息系统在流程上通过什么方式实现费用报销的前期管控？财务共享信息系统在实现这一点上有哪些优势？

5. 财务共享信息系统中的单据退回功能解决了企业传统报销流程中容易存在的哪些问题？这一功能能够为企业带来哪些好处？

延伸阅读

"互联"的商旅共享

差旅报销是员工和财务人员工作量最大的业务之一。传统报销模式下，员工差旅报销的流程需要耗费大量时间和精力，还容易出现各种不规范情况。随着电商技术的成熟与普及，大量企业将财务共享服务中心与商旅平台进行集成，实现财务共享的数据规范、采集高效、自动处理和智能输出，从而优化财务运作与业务运营流程。

商旅共享中心是商旅行为、费用管理与商旅资源、数据共享的有机结合。商旅共享通过互联网改造，整合线上线下资源与数据，接入集合了众多优质电商的商旅平台及供应商并进行实时比价。将差旅申请、预算控制、审批、下单、记账、结算全流程打通，从在线申请、在线下单、系统自动与预算关联达到完成采购、统一结算，形成完整的闭环。

商旅流程主要包括差旅预订、采购与审批流程、财务结算、对账核算和管理报告五大模块。

（1）差旅预订，企业日常消费均可通过商旅共享中心进行预订，实现了与审批、报销流程的无缝对接；

（2）采购与审批流程，商旅商城的订单受到企业预算和采购标准控制，若金额超标则需特殊审批，产生的消费记录将会自动归属到相关部门、项目；

（3）财务结算，商旅共享模式下，员工无须垫付，由企业与供应商统一结算；

（4）对账核算，商旅共享中心对差旅支出实行实时在线管理，系统自动进行对账核算并生成凭证；

（5）管理报告，商旅共享中心通过大数据将收集到的数据，通过管理维度生成资源、管理、会计、监管四套账供相关人员查看。

商旅共享作为企业管理差旅报销的一项新技术，与传统差旅管理模式相比具有以下四大优势：

1. 降低成本

与传统差旅管理模式相比，商旅共享中心的应用减少了大量需要财务人员处理的重复性业务，也省去了员工的报销工作量，免去了员工垫付这一步骤。此外，通过商旅共享平台，企业管理者能够实时监测企业的公务支出，更有效地管理员工因公事务的花费。因此，商旅共享中心的应用在一定程度上降低了企业财务管理成本。

2. 实现业财融合

企业商旅共享中心给财务部门带来一次颠覆性的变革。基于商旅共享中心，企业的商旅消费数据实现了采集高效、自动处理和智能输出。在这个过程中，系统实时记录订单交易数据、会计记账数据以及发票全票信息等。所有数据直接取自交易端，真正打通业务和财务，实现了业财融合。与此同时，企业通过商旅共享中心实现了自动化、无纸化报销，消灭了报销流程，真正意义上实现了消费报销一体化管控，显著提升了工作效率。

3. 实现事前管控

企业通过在商旅共享中心内设置费用标准和审批流程，能够实现对商旅消费行为的事前管控，从源头对商旅费用进行控制，过程透明，确保费用不超标。

具体而言，在商旅消费正式发生之前，员工需要经过申请和预订双重控制。当预订预申请出现偏差时，员工可在平台设置实时提交偏差原因。消费发生后，员工行程、费用报销单、订单、违反差旅政策说明均与差旅申请单智能关联，无须差旅管理部门人工审核。企业运营效率整体提高，又保证了员工差旅行为的合规性。

4. 定制化资源

当前的商旅管理平台或只允许使用平台内资源，执行平台内价格；或无法接入单家航空公司、酒店等资源。所以企业在使用商旅平台时，往往需要同时使用多家供应商、服务商，资源分散，无法聚合在一起，平台的价值自然大打折扣。

商旅共享中心因其开放、共享的系统构架，可以将更多的资源聚合在一起。根据企业需要，平台即可选择接入多个商旅预订平台进行自动比价，也可定制化接入单家酒店和航空公司等享受协议价格，企业差旅预订更灵活，工作流程更简化，议价空间更大。

随着财务共享服务中心在我国企业中的应用日益增加，与财务共享服务中心无缝集成的商旅共享中心拥有资源和技术优势，代表未来企业商旅管理平台的发展方向，也是商旅管理的价值所在。

第十一章 资产管理

本章学习目的

本章重点介绍财务共享模式下资产管理的基本原理。通过本章的学习，应了解资产管理的概念和主要内容；理解传统财务模式下资产管理的基本流程和不足；掌握财务共享模式下资产管理的基本流程与主要特点；熟悉财务共享模式下资产管理的实训技能。

第一节 资产管理概述

一、资产管理的基本概念

资产是指由企业过去的交易或事项形成的、由企业拥有或者控制的、预期会给企业带来经济利益的资源。根据经济周转特性的不同，资产可分为流动资产、长期投资、固定资产、无形资产和递延资产等。

企业资产管理是通过综合利用软件、系统和服务来维护和控制运营资产和设备。其目标是优化资产在整个生命周期中的质量和利用率，增加正常工作运行时间，降低运营成本。企业拥有的资产数量成百上千甚至以百万计，资产管理可以跟踪、评估、管理和优化资产质量和可靠性，实现资产的全要素、全流程和全生命周期管理。

二、资产管理的主要内容

企业的资产管理主要围绕资产的新增、调整、处置、日常经营等业务进行处理，具体业务场景如表 11－1 所示。

表 11－1 资产管理的主要内容

业务场景	业务描述
资产外购新增	企业在购买生产经营设备过程中所发生的采购申请、下采购订单、验收入库、资产卡片新增、应付入账及付款的完整流程。
在建工程转固	企业在项目建设过程中，从项目立项到主体完工通过验收达到预定可使用状态时，将在建工程转入固定资产并提取折旧。
资产调拨	分为跨主体之间调拨和同主体之间调拨。跨主体之间调拨是指同公司不同主体之间的资产调拨业务；同主体之间调拨则是同公司同主体之间的资产调拨业务。

续表

业务场景	业务描述
资产调整	包含资产信息调整、资产原值调整、折旧调整及资产拆分合并业务。
资产盘点	包含共享线上资产台账、资产盘点清单、共享平台运行盘点差异、资产盘点差异报告、资产盘盈、资产盘亏等业务。
资产投保及理赔	指企业针对某大型资产按原值进行投保，保险责任范围内资产遇到损失时保险公司进行理赔的业务。（注：资产投保、理赔业务与财务共享应付模块、应收模块业务重合，财务共享项目实施过程中可放入应收、应付模块，若企业针对资产的投保和理赔进行单独管理，可通过应收、应付模块与资产卡片进行关联。）
资产处置	指资产达到报废状态，经申请后进行资产报废的处理过程。资产卡片状态更新为资产报废，同时在资产报废过程中发生的费用以及资产残值所带来的收入。（注：资产报废过程中发生的费用以及残值收入通过财务共享的费用报销和应收业务实现关联。）
折旧计提	企业在生产经营过程中使用固定资产而使其损耗导致价值减少仅余一定残值，其原值与残值之差在其使用年限内分摊。

第二节　传统财务模式下的资产管理

一、基本流程

企业涉及的资产类业务种类繁多，包括资产购置、资产变动、资产减少、资产处置、资产维修、资产出租、资产捐赠、资产盘点、车辆保险、资产计提等业务。资产管理的基本业务流程如图 11－1 所示。

以资产新增为例简要分析传统财务模式下的资产管理流程。传统财务模式下的资产新增一般涉及采购申请、资产采购、资产到货、到货验收、财务审核、登记入账等环节（见图 11－2）。具体而言，传统财务模式下，出现资产采购需求，需由需求部门提出采购申请并交由所在部门经理审核；部门经理负责审核采购申请的真实性与合理性，审核通过后提交给资产管理部门；资产管理部门对库存资产进行核查，已有所需资产则使用原有资产，没有所需资产则向采购部门提交采购申请；采购部门收到采购申请后联系供货商进行采购；资产到货后，需求部门对购货合同、供应商的发货单、发票等有关凭据、资料进行核对并填写资产验收单交由财务部门作为入账依据；验收无误后，需求部门进行资产领用；最后，财务部门对相关票据的合规性进行审核并根据资产验收单进行登记入账。

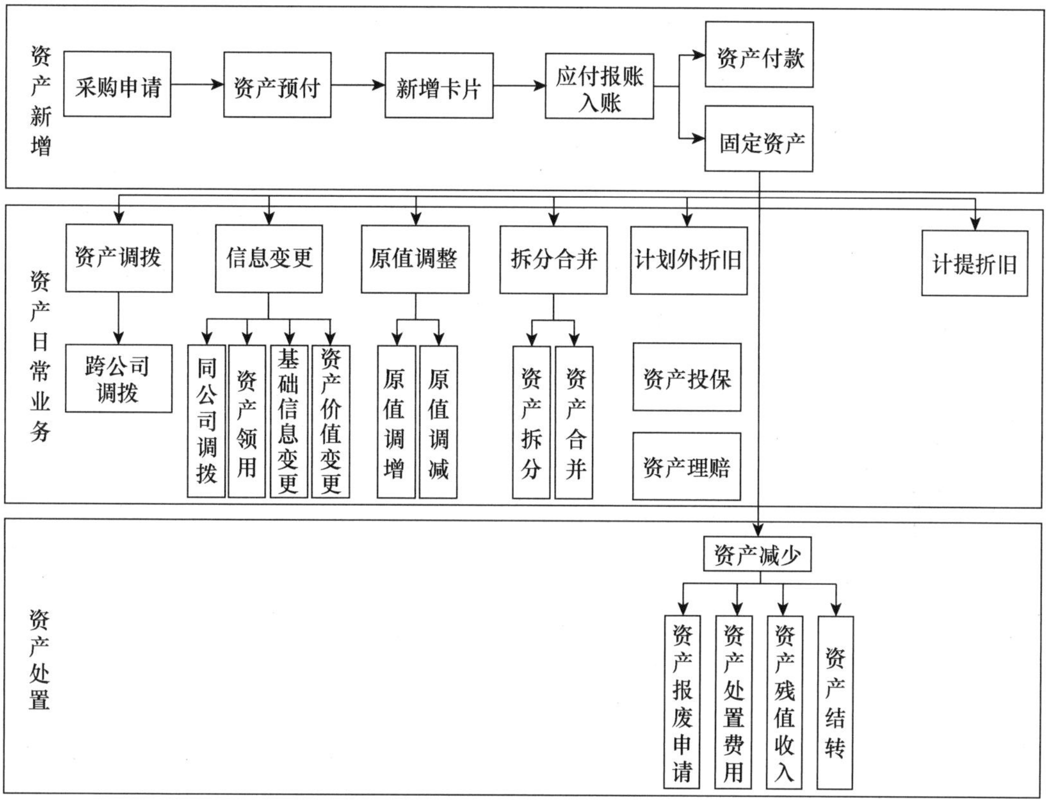

图 11-1　资产管理的基本业务流程

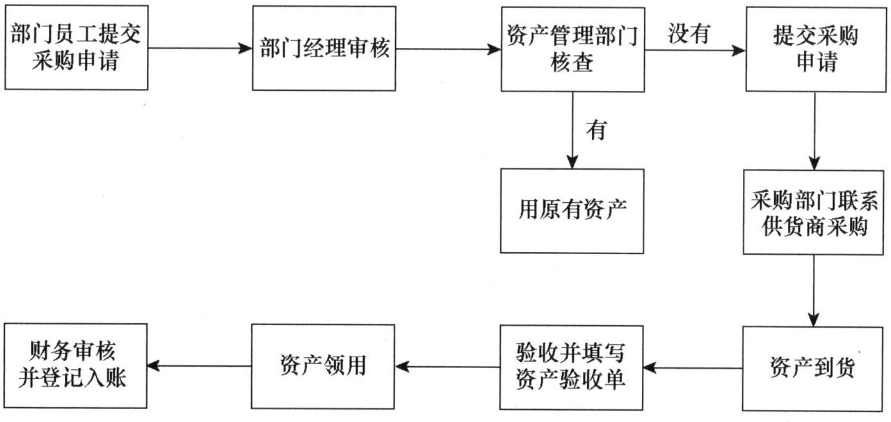

图 11-2　传统财务模式下资产新增的主要流程

二、主要特点

资产是企业重要的经济资源，企业的资产管理贯穿企业生产经营的全过程。传统财务模式下的企业资产管理有如下特点：

1. 信息要素分散

与资产相关的信息要素分散在财务、计划、生产、物流运输等各个完全独立的系统，不同的业务部门之间存在信息壁垒。

2. 多环节手工处理

在未实现资产核算自动化和资产共享前，80%以上的资产会计凭证均是通过资产会计手工制单生成的，每月的资产折旧、资产维修费用等的计提也是由人工进行的。

3. 业务量大且种类多

集团企业的资产数量庞大且种类繁多，由于资产管理需要按月进行处理且资产状态变化频繁，因此企业的资产管理业务量大并且种类繁多。

三、对传统财务模式下资产管理的评价

传统财务模式下的资产管理具有信息分散、依赖人工、业务量大且变化频繁的特点，在实际操作中存在以下不足：

1. 资产利用率低

集团企业一般拥有数量庞大的资产，但由于传统财务模式下企业采用条块分割的资产管理模式，不同业务部门间出现信息孤岛，很多资产的利用率并不高，经常出现资产闲置和资产处置不规范的问题，降低了企业的资产管理能力，容易出现资产流失现象。

2. 工作效率低下

企业资产管理涉及的部门较多且程序烦琐，相关单据层层传递且大多数操作由手工进行，受时间和地理限制，每个环节都易出现无法及时完成的情况，工作

效率低下，企业运营风险增加。

3. 管理制度存在缺陷

传统财务模式下，企业的资产管理制度不健全，在资产管理的各个环节缺乏有效的制度进行监管，管理流程不规范，从而在资产管理过程中出现分工不明确，无法有效结合制度与责任等问题，无法实现资产的价值最大化。

4. 管理人员能力要求低

企业对管理人员的技能要求以保管、记账为主。管理人员无法统筹规划资产购置等业务，易造成资产资源的浪费，更无法预估资产管理过程中可能出现的风险并进行防范。

第三节 财务共享模式下的资产管理

一、基本流程

为进行对比，财务共享模式下的资产管理流程仍以资产新增流程为例。图11－3为资产管理模块上线前后的流程对比。首先，由需求部门在共享系统发起资产采购申请流程，录入需要采购的资产相关信息，提交采购申请；资产管理部门根据需求部门发起的采购申请信息，判断需求部门需要的资产是否需要采购；采购部门审核需求部门发起的采购申请信息，判断采购方式，例如是否自行采购、是否需要招标等；根据采购部门确定的采购方式进行线下采购；资产到货后，需求部门对购货合同、供应商的发货单、发票等有关凭据、资料进行核对并在共享系统中填写资产验收单，验收无误后，进行资产领用；采购部门及资产管理部门根据相关单据对资产验收单进行审核，审核通过后，共享系统自动进行资本性支出付款；共享中心在后台自动对各项单据进行稽核并根据相关单据自动入账生成凭证。

二、主要特点

财务共享模式下的资产管理具有流程标准化、自动化以及数据电子化等特点。

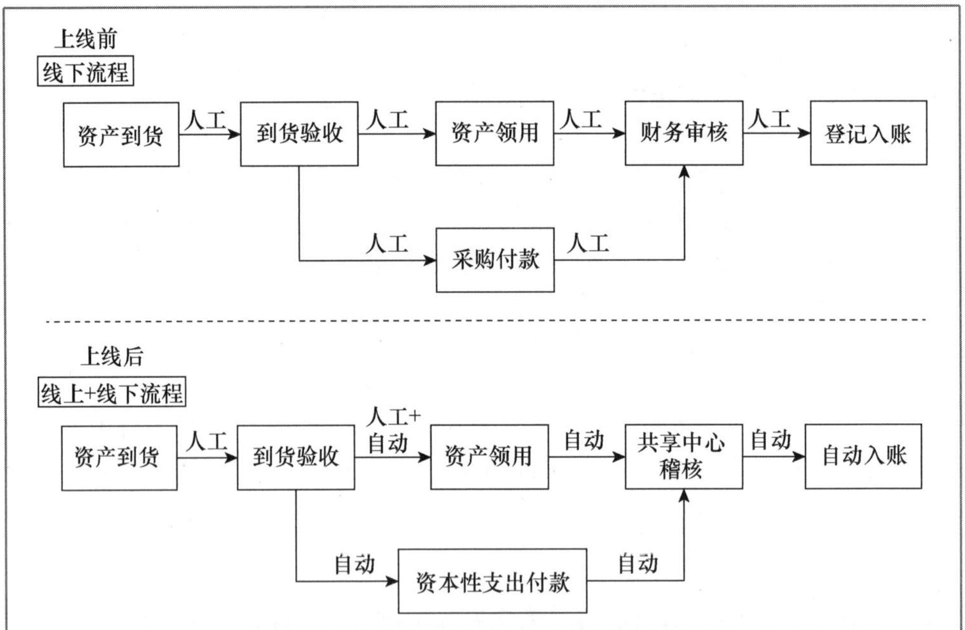

图 11－3　资产管理模块上线前后的流程对比

1. 业务流程标准化

利用资产管理模块，原来以分公司为单位的资产管理模式转变为集团统一集中管理模式，可以达到统一资产业务流程标准、整合资产数据的目的。

2. 业务流程自动化

系统采用先进的流程自动化技术手段，实现线上线下结合的自动化业务流程审批，上下游单据自动生成关联数据，打通资产业务与财务之间的通道，数据实时共享，使线上主要财务核算根据标准自动生成会计凭证。

3. 资产数据电子化

企业在进行资产管理时引入条码功能，为所有入库的资产生成唯一的条码，将所有数据录入系统，通过条码关联资产的所有信息，形成电子单据的流转。

三、对财务共享模式下资产管理的评价

相较于传统的资产管理模式，财务共享模式下的资产管理依托信息化系统提升资产使用效益和工作效率，完善资产管理制度，有助于提升管理人员能力。

1. 资产使用效益提高

企业通过财务共享的方式将资产管理需要的各类数据统一到共同的平台，优化和控制资产配置，这样既能提高资产使用效益，又能提高财务人员的工作效率。

2. 工作效率和准确率提高

财务共享服务中心的资产管理模块上线后，90%以上的资产会计凭证能够通过共享中心自动生成且准确率高达95%，减少了资产会计的工作量，提高了工作效率。

3. 资产管理制度更加健全

财务共享模式下，企业根据实际情况设立一套完整的资产管理制度来约束各项资产管理工作，明确相关人员的职责，将管理工作具体落实到个人，加强对资产管理过程的监督，提高资产效能，促进企业高效持续发展。

4. 管理人员能力提升

实现财务共享后，原来以资产核算为主的会计人员，现在更加关注资产的保值增值、资产配置和合理性等管理工作，提升了管理能力，从而进一步提升资产的管理水平。

第四节　资产管理实训

一、实训目标

(1) 掌握财务共享信息系统中资产管理的操作流程；

(2) 理解财务共享信息系统实现企业资产管理业务的整体流程；

(3) 了解通过财务共享信息系统进行资产管理的价值。

二、任务背景

为了满足企业对资产全生命周期的管理需求，实现企业资产数据共享，向阳汽车有限公司财务共享服务中心上线资产管理模块，对企业资产进行统一管理，加强对资产管理过程的监督与管控，最大限度实现资产价值。

三、案例分析

向阳汽车有限公司拥有数量庞大的资产，公司为解决资产闲置及资产处理不规范等问题，设立资产管理中心。同时规范财务共享下的资产管理制度和流程，明确各部门人员职能与职责，来处理资产新增业务及资产管理业务。

四、操作流程及操作要点

本章包含资产新增业务场景和资产管理业务场景，以下分别介绍资产新增业务流程、资产预提转固、折旧、摊销、减值与处置、盘盈盘亏业务流程。其中待处理业务 1～5 参考资产新增流程，待处理业务 6 参考资产管理工作流程。

资产新增流程

资产新增流程从属地公司开始，采购专员根据采购信息发起资产新增单，经部门经理审批同意。而后资产专员发起资产付款单，采购经理审批资产付款单后，资产付款单交由共享中心处理。共享会计进行审批付款并生成转账凭证，资金会计进行资金付款并生成付款凭证。至此，资产新增流程结束，如图 11－4 所示。

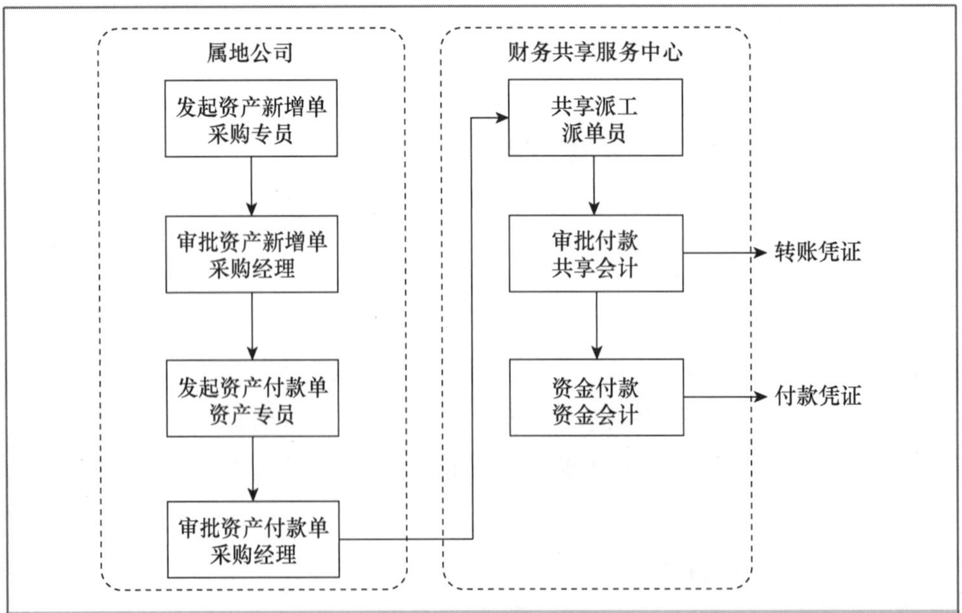

图 11－4　资产新增流程

资产折旧、摊销、盘盈、存货盘亏、减值、处置流程简单且相似。资产管理中心下资产专员发起资产预提转固/折旧/摊销/盘盈/存货盘亏/减值/处置管理单，经由财务总监审批后交由共享中心处理。在共享中心，先由派单员进行共享派工，再由共享会计审批资产预提转固/折旧/摊销/盘盈/存货盘亏/减值/处置管理单并生成转账凭证，如图 11－5 所示。

资产管理流程

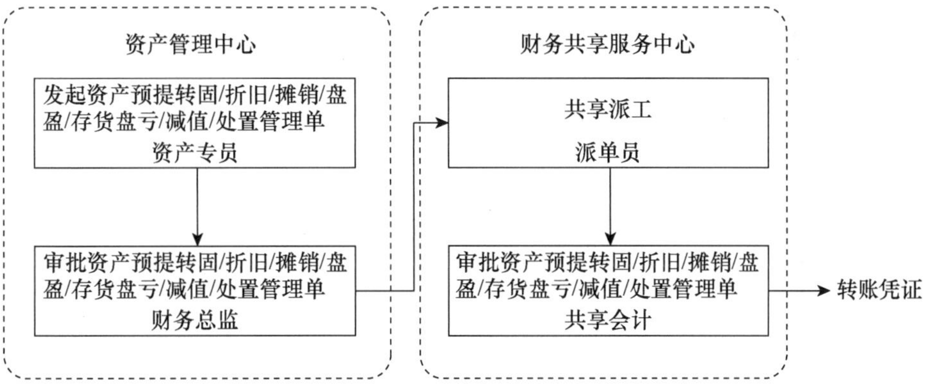

图 11－5　资产管理流程

第五节　典型业务及系统实现

典型业务 1：原材料购入

原材料购入是资产新增单元的主要业务内容。

（一）业务内容

2020 年 6 月 4 日，XYZ 公司生产部门生产轿车需用座椅总成一批，经部门专员提交需求申请，获得部门经理审批通过后，资产专员从供应商 C 公司（对接人：李四，联系方式：12222222222）购入一批座椅总成，XYZ 公司承诺于 6 月 11 日收到货物时付款。该批座椅总成 1 910 套，单价 6 908 元/套，合同总价 14 909 536.4 元（含税）。

2020 年 6 月 11 日收到增值税专用发票（见图 11－6），税率为 13%。XYZ 公司当天收到该批座椅总成，资产专员清点入库，其资产编码为 CH-2020-2187-

A001，当日 XYZ 公司通过银行转账方式付清全部采购货款。

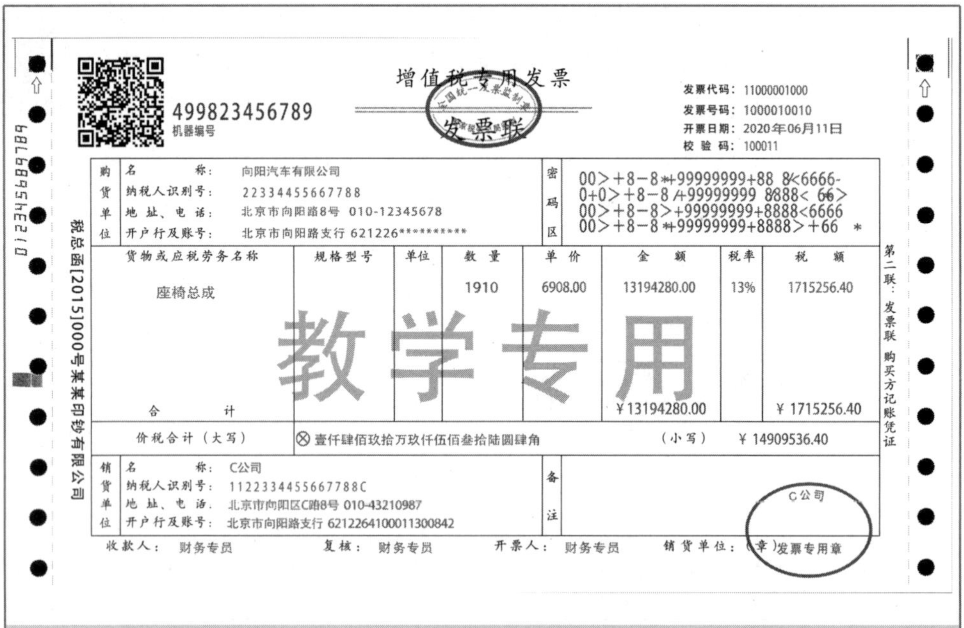
499823456789
机器编号

增值税专用发票

发票联

发票代码：1100001000
发票号码：1000010010
开票日期：2020年06月11日
校验码：100011

购货单位	名称：向阳汽车有限公司 纳税人识别号：223344556677788 地址、电话：北京市向阳路8号 010-12345678 开户行及账号：北京市向阳路支行 621226**********				密码区	00>+8-8*+99999999+88 8<6666- 0+0>+8-8/+99999999 8888<66> 00>+8-8>+99999999+8888<6666 00>+8-8*+99999999+8888>+66 *	
货物或应税劳务名称	规格型号	单位	数量	单价	金额	税率	税额
座椅总成			1910	6908.00	13194280.00	13%	1715256.40
合计					¥13194280.00		¥1715256.40
价税合计（大写）	⊗壹仟肆佰玖拾万玖仟伍佰叁拾陆圆肆角				（小写）	¥14909536.40	
销货单位	名称：C公司 纳税人识别号：1122334455667788C 地址、电话：北京市向阳区C路8号 010-43210987 开户行及账号：北京市向阳路支行 6212264100011300842				备注		

收款人：财务专员 复核：财务专员 开票人：财务专员 销货单位：（章）

税总函[2015]000号某某印钞有限公司

第二联：发票联 购买方记账凭证

图 11-6　座椅总成增值税发票

（二）IT 系统实现

1. 采购专员发起资产新增单

资产新增-申请单操作视频

（1）切换身份至采购专员，单击“资产管理”打开资产采购下资产新增单，单击“创建单据”进入资产新增单填写界面。

（2）输入“基本信息”。申请标题为“申请采购座椅总成”，供应商下拉选择“供应商 C”，填单日期选择 2020 年 6 月 4 日，预算归属日期选择 2020 年 6 月 4 日。

（3）输入“明细信息”。资产名称选择“座椅总成”，单位为“套”，数量为“1910”，申请金额为 14 909 536.4 元，资产用途选择“生产轿车”，预算承担部门为“生产部”。

（4）单击“提交审批”按钮，弹出提交审批对话框。单击“确定”按钮，弹出提示信息“提交成功”。如图 11-7 所示。

2. 采购经理审批资产新增单

（1）切换身份至采购经理，单击“图标-待办任务”。单击“待办任务”选项卡，单击需要审批的资产新增单。

图 11－7　资产新增单

（2）单击“同意”按钮，弹出“同意”对话框，默认审批意见为“同意”。

（3）单击“确认”按钮，弹出提示信息“单据提交成功”。如图 11－8 所示。

图 11－8　资产新增单审批界面

资产新增-付款单
操作视频

3. 资产专员发起资产付款单

（1）切换身份至资产专员，单击“税务管理”，选择“发票管理-进项发票管理”。

（2）单击左上角“新增发票”按钮，选择“手工录入-增值税专用发票”，弹出“发票详情”对话框，根据案例中给出的发票信息填写发票代码、发票号码、开票日期、不含税金额、价税合计、校验码后 6 位，单击“保存”按钮，成功新增采购发票，在发票池中可以查看用户添加的所有发票（见图 11－9）。

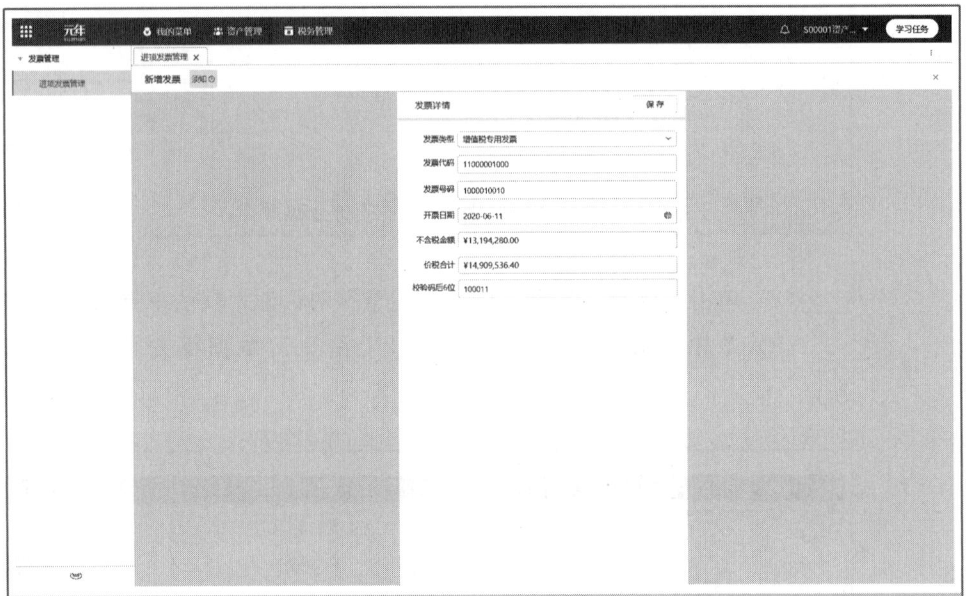

图 11－9　新增发票示例图

注意：

（1）在用户新增发票时，系统自动在后台验证该发票真伪，若该发票无法验证成功，则系统不允许用户新增该发票并提示“参数错误”。

（2）“我的发票”中展示当前用户新增的所有可用发票，包括未报销和已报销发票。在“状态”栏，已报销发票显示“已报销”，并附带关联付款单单据，单击已关联单据可以查看付款单详细内容；未报销发票的状态为“未报销”。

（3）单张发票只允许一个用户新增且只允许该用户凭此发票报销，已报销发票无法再次发起报销。

> (4) 用户只能在发票池中查看其增加的发票，报销时也只能从其发票池中选择发票。
>
> (5) 用户可以使用未使用发票界面的“删除”按钮删除已通过验证但未报销的发票，删除的发票可再次添加至发票池，不影响之后的报销流程。
>
> (6) 用户可以使用“查看详情”按钮查看发票的基本信息。

(3) 单击“资产管理-资产新增”，在左侧拉栏中单击“资产付款单”按钮，单击“创建单据”进入资产付款单填写界面。

(4) 输入“基本信息”。申请标题为“支付座椅总成采购款”，资产归属部门下拉选择“生产部”，供应商对接人为“李四”，供应商对接人电话为“12222222222”，填单日期选择 2020 年 6 月 11 日，预算归属日期选择 2020 年 6 月 11 日。

(5) 输入“资产明细信息”。资产大类选择“原材料”，资产名称选择“座椅总成”，资产编码输入“CH-2020-2187-A001”，单位为“套”，数量为“1910”，单价为“6908”，资产状态为“入库”。

(6) 输入“付款明细信息”。单击“资产新增单号”空白栏，弹出“动支单据信息”界面，在关联的资产新增单记录中勾选相应的资产新增单，单击“确定”按钮。预算承担部门选择“生产部”，资产归属科目选择“原材料”（或输入会计核算编码 1403，选择原材料），发票类型选择“增值税专用发票”，单击“发票号码”栏，在弹出的“我的发票”界面中勾选相应的增值税专用发票，单击“确定”按钮。

(7) 输入付款区信息。“供应商名单”选择供应商 C，对公付款，网银结算，“付款公司”为向阳汽车有限公司。

(8) 单击“提交审批”按钮，弹出“提交审批”对话框。单击“确定”按钮，弹出提示信息“提交成功”。如图 11-10 所示。

4. 采购经理审批资产付款单

(1) 切换身份至采购经理，单击“图标-待办任务”。单击“待办任务”选项卡，单击需要审批的资产付款单。

(2) 单击“同意”按钮，弹出“同意”对话框，默认审批意见为“同意”。如图 11-11 所示。

(3) 单击“确认”按钮，弹出提示信息“单据提交成功”。

图 11－10　资产付款单界面

图 11－11　资产付款单审批界面

资产新增-共享中心操作视频

5. 派单员进行共享派工

（1）切换身份至派单员，单击“共享中心-共享任务管理”。单击“共享派工”选项卡，勾选需要进行派工的资产付款单。

（2）单击“批量派工”按钮，弹出提示信息：“确认批量派工吗？”

（3）单击“确定”按钮，弹出“共享派工”对话框，弹出的对话框中显示共享初审组所有可选择的共享会计以及对应的待处理任务数量和能力值（见图11－12）。在共享初审组中选择任意共享会计，弹出提示信息，手动批量派工成功。

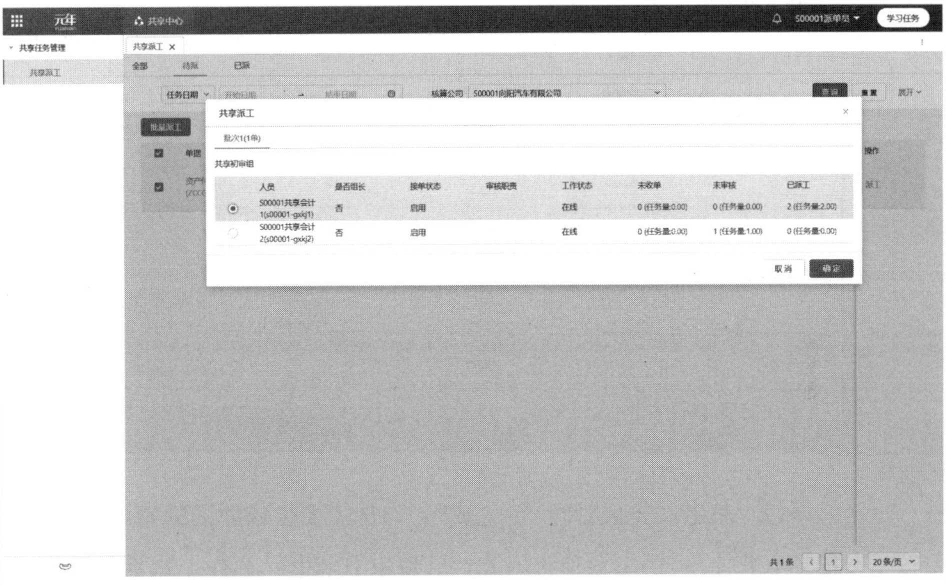

图 11－12　共享派工界面

注意：

（1）单击“展开”按钮，可分类查询单据。

（2）如果派单后想调整派单对象，则可单击“已派”页签，勾选需要收回的资产付款单，单击“批量收回”按钮。

6. 共享会计审批付款

在共享中心，共享会计需要审批资产付款单，并生成转账凭证，最后推送至核算中心。

（1）切换身份至共享会计（被派单的共享会计），单击“图标－待办任务”。单击“待办任务”选项卡，单击需要审批的资产付款单。

（2）单击“同意”按钮，弹出“同意”对话框，默认审批意见为“同意”（见图11－13）。

（3）单击“确认”按钮，弹出提示信息“单据提交成功”。

图 11－13　资产付款单审批界面

（4）单击“凭证管理-待生成”，勾选需要生成凭证的资产付款单，单击“批量生成凭证”，弹出选择生成凭证的模板对话框，选择记账日期为 2020 年 6 月 11 日，勾选凭证模板为资产管理转账凭证，单击“确认”按钮，弹出批量生成凭证结果对话框（见图 11－14）。

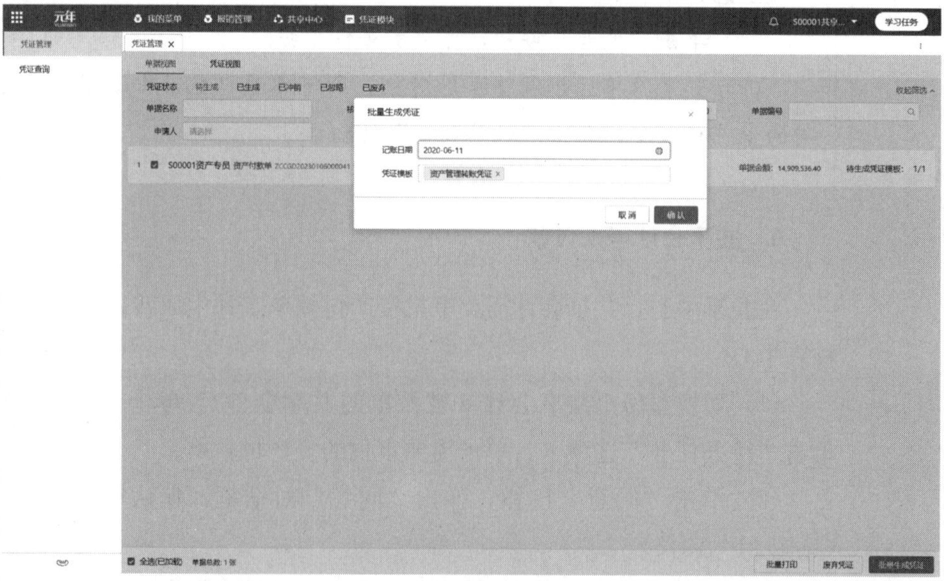

图 11－14　转账凭证生成界面

(5) 进行凭证推送，单击“凭证管理-已生成”，点击需要推送凭证的资产付款单左侧箭头，勾选需要推送的凭证，点击凭证号，界面显示凭证详细信息。若信息正确，点击“推送凭证”按钮；若信息有误，修改会计分录。

(6) 确认信息无误后，点击“推送凭证”按钮，弹出提示信息“推送成功”，点击“确定”按钮，转账凭证被推送到核算系统。

注意：

(1) 在凭证查看界面，单击“验证凭证”按钮，若凭证借贷平衡，则弹出对话框提示“借贷平衡”；若凭证借贷不平衡，则弹出对话框提示“借贷不平衡，重新确认凭证信息”。

(2) 凭证展示界面可以修改会计分录的借贷方科目。

(3) 在“凭证管理”菜单下单击已经生成凭证的单据凭证号查看凭证，凭证信息界面的“凭证操作”菜单栏有多个功能键，分别为“验证凭证”“删除凭证”“保存凭证”“推送凭证”“冲销凭证”等。若凭证未推送，则共享会计可以验证凭证、删除凭证、保存凭证、推送凭证；若凭证已经推送，则共享会计无法编辑凭证内容，也无法删除凭证，只能冲销凭证或在核算系统中生成红字冲销凭证。

(4) 在“凭证生成”菜单下双击已经生成凭证的单据记录查看凭证，若凭证尚未推送，则在凭证信息界面的“凭证记录”栏可以新增、删除会计分录；若凭证已经推送，则无法修改会计分录。

7. 资金会计资金付款

(1) 切换身份至资金会计进行资金审批，单击“资金管理-资金审批”，勾选需要付款的资产付款单，单击“通过”按钮，弹出提示信息“处理成功”(见图 11-15)。

(2) 单击“资金管理-资金付款”，勾选需要付款的资产付款单，单击“制证”按钮，在图 11-16 所示的对话框中选择记账日期为 2020 年 6 月 11 日，勾选付款凭证模板，单击“确定”按钮，弹出提示信息“支付建议付款凭证生成成功”。

(3) 单击“资金管理-资金付款”，勾选需要付款的资产付款单，单击“付款”按钮，弹出提示信息，付款成功(见图 11-17)。

(4) 单击“凭证管理-已生成”，单击已经生成凭证的资产付款单左侧箭头，在凭证信息区找到序号为“2”、制证人为“资金会计”的记录，单击凭证

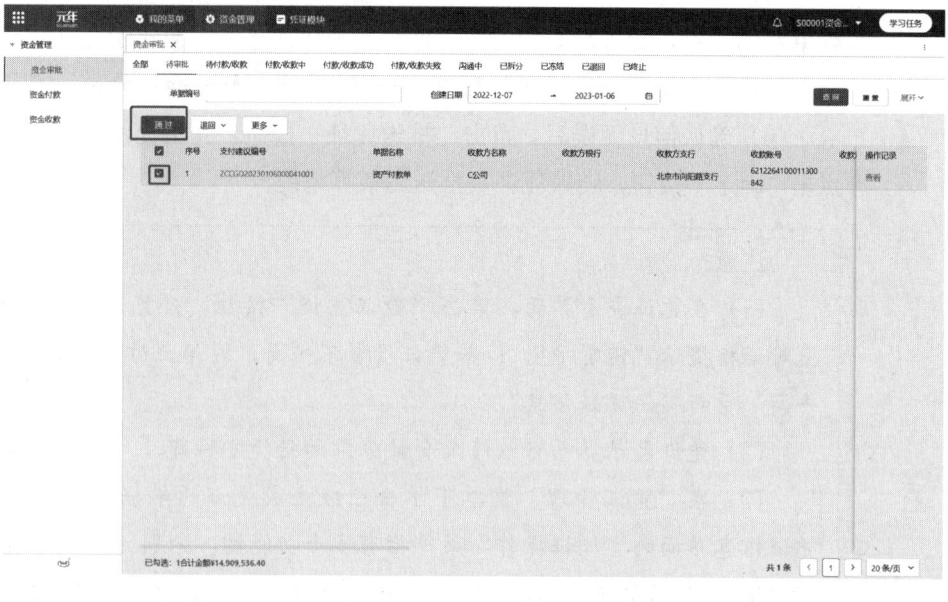

图 11-15　资金会计资金审批界面

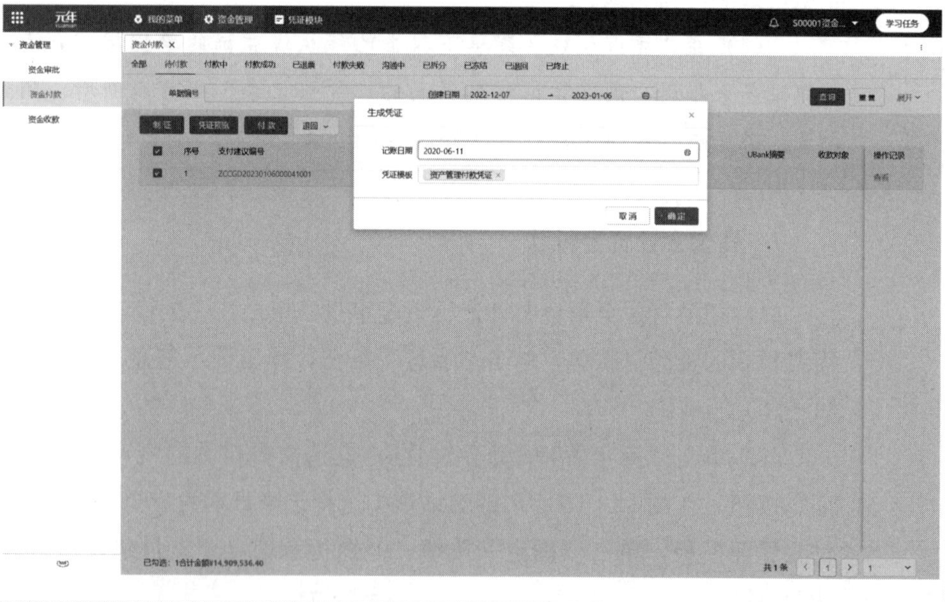

图 11-16　生成付款凭证界面

号，查看付款凭证（见图 11-18）。单击“推送凭证”按钮，弹出提示信息“推送成功”。

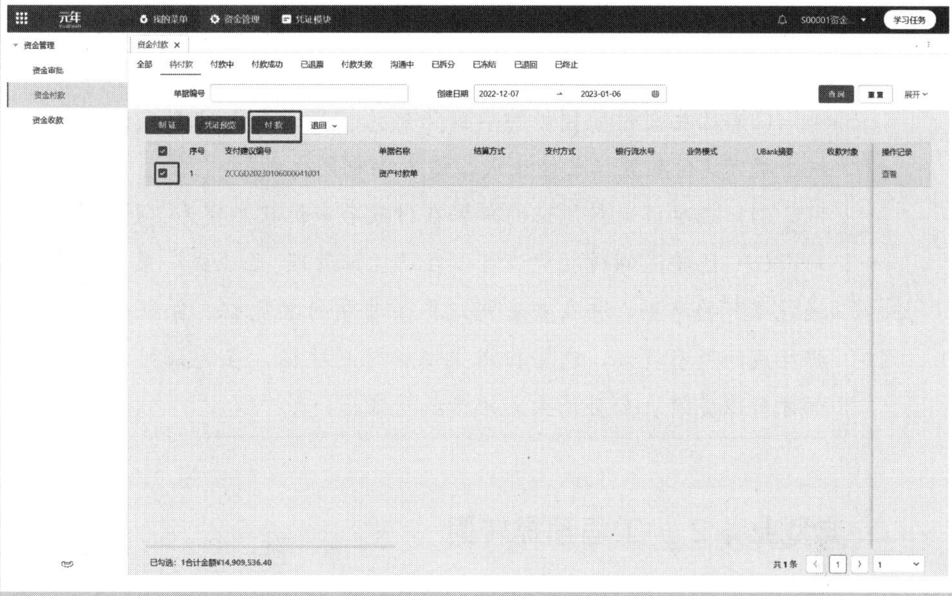

图 11-17　资金付款界面

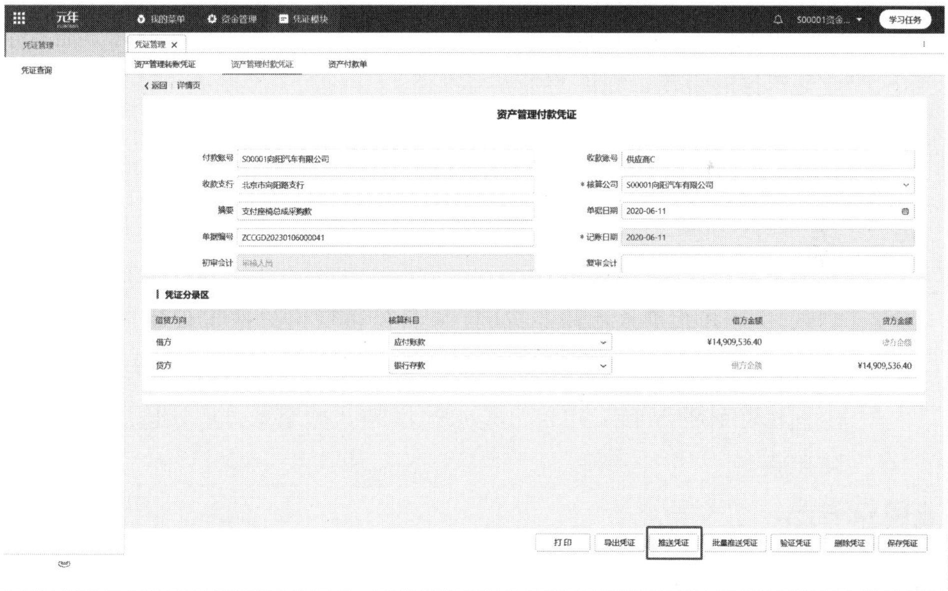

图 11-18　凭证推送界面

注意：

（1）制证前，可单击“凭证预览”按钮，预览付款凭证。请注意核对凭证信息是否正确，付款凭证一经生成并推送将无法更改。

（2）共享中心负责的会计核算业务相似度高，学生可以一次性填写多张属地公司单据，再登录共享中心批量审批，减少重复登录次数。共享系统支持批量审批和制证。

(3) 已生成付款凭证的单据仍然为“待付款”状态，若重复制证，则系统会提示“付款凭证已经生成，请不要重复生成”。

(4) 已生成付款凭证的单据在付款后审批状态变为“付款成功”。

(5) 已推送的付款凭证可以在“凭证管理-已生成”菜单下筛选出“已推送凭证”的单据，并在查看凭证界面冲销付款凭证。凭证列表信息中包含单据生成的所有凭证，包括转账凭证和付款凭证，在凭证列表信息区中滑动页面才可以查看资金会计生成的付款凭证。

典型业务 2：工程预提转固

向阳汽车有限公司的资产管理业务主要包括以下几项：固定资产、无形资产的折旧、摊销、减值与处置，存货的进出库以及盘盈盘亏等。本单元将根据资产管理类型逐一介绍向阳汽车有限公司的资产管理如何在财务共享信息系统中实现业务单据的流转、凭证的生成与推送。

(一) 业务内容

2020 年 6 月 29 日，XYZ 公司由于发展生产需要于 2020 年 4 月 1 日起自行建造一座厂房 G（ZC-2020-2187-G008），预计使用年限为 20 年，预计净残值为 4%，采用年限平均法计提折旧。6 月份该厂房建造工程领用公司前期外购用于自建不动产的工程物资砂浆 9 吨，该类型砂浆的购入单价为 900 元/吨，另领用工程物资钢筋 28 吨，单价为 3 688 元/吨。截至本月底，该厂房尚未达到预定可使用状态。

工程预提转固-管理单操作视频

(二) IT 系统实现

1. 资产专员发起资产预提转固管理单

(1) 切换身份至资产专员，单击“资产管理-资产管理”，在左侧拉栏中单击“资产管理单-预提转固”按钮，单击“创建单据”进入资产预提转固管理单填写界面（见图 11-19）。

(2) 输入“基本信息”。事由为“资产预提转固”，填单日期选择 2020 年 6 月 29 日，记账日期选择 2020 年 6 月 29 日。

图 11－19　资产预提转固管理单填写界面

（3）输入“资产明细信息”。“资产大类”栏选择固定资产，“资产名称”输入厂房 G，“资产编码”为 ZC-2020-2187-G008，“资产状态”选择在建，预计使用年限为 20 年，折旧摊销方式为年限平均法，净残值率为 4%。

（4）输入“工程物资领用信息”。“工程物资大类”默认为工程物资，“工程物资名称”选择砂浆，“工程物资编码”随工程物资细类自动带出，“单位”选择吨，“数量”为 9，“单价/元”为 900，“工程物资领用额”由系统自动计算带出。同理，单击右侧“⊕”按钮，增加明细行，在新增行中填写工程物资钢筋的明细信息。

（5）单击“提交审批”按钮，弹出提交审批对话框。单击“确定”按钮，弹出提示信息“提交成功”。

2. 财务总监审批资产预提转固管理单

（1）切换身份至财务总监，单击“图标-待办任务”，单击“待办任务”选项卡，单击需要审批的资产预提转固管理单。

（2）单击“同意”按钮，弹出“同意”对话框，默认审批意见为“同意”。

（3）单击“确认”按钮，弹出提示信息“单据提交成功”（见图 11－20）。

图 11-20　财务总监审批界面

工程预提转固-共享中心操作视频

3. 派单员进行共享派工

（1）切换身份至派单员，单击“共享中心-共享任务管理”，单击“共享派工”选项卡，勾选需要进行派工的资产管理单。

（2）单击“批量派工”按钮，弹出提示信息：“确认批量派工吗?”

（3）单击“确定”按钮，弹出“共享派工”对话框，弹出的对话框中显示共享初审组所有可选择的共享会计以及对应的待处理任务数量和能力值。在共享初审组中选择任意共享会计，弹出提示信息手动批量派工成功对话框（见图11－21）。

（4）单击“确定”按钮，派单成功。

4. 共享会计审批资产预提转固管理单

在共享中心，对于资产管理业务，由于资产管理不涉及现金的流入流出，共享会计仅需审批资产管理单，并生成转账凭证，最后推送至核算中心。至此，资产管理业务在共享系统中的流程便全部流转完成。

（1）切换身份至共享会计（被派单的共享会计），单击“图标-待办任务”，单击“待办任务”选项卡，点击需要审批的资产管理单。

（2）单击“同意”按钮，弹出“同意”对话框，默认审批意见为“同意”（见图11－22）。

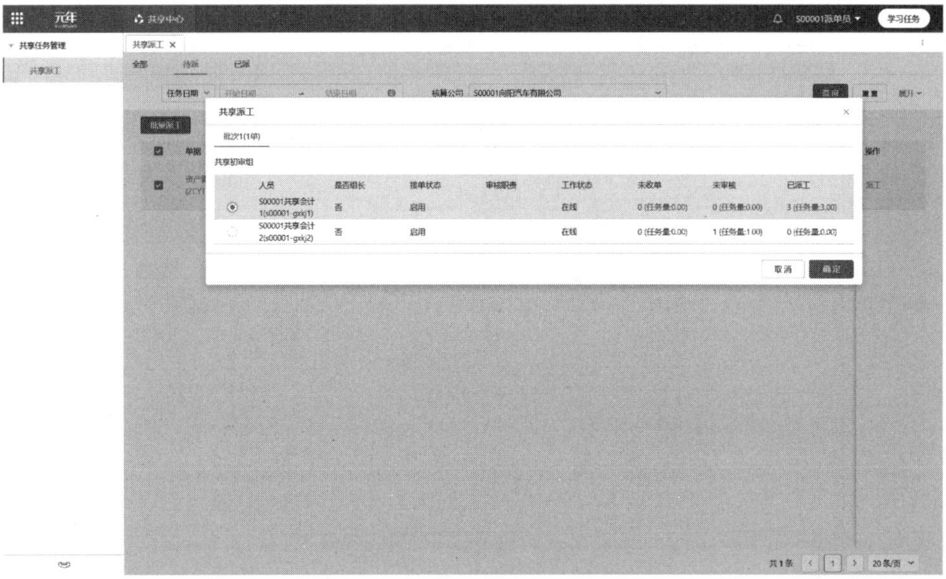

图 11-21 共享派工界面

图 11-22 资产预提转固管理单审批界面

（3）单击“确认”按钮，弹出提示信息“单据提交成功”。

（4）单击“凭证管理-待生成”，勾选需要生成凭证的资产管理单，单击“批量生成凭证”，弹出选择生成凭证的模板对话框，选择记账日期为 2020 年 6 月 29 日，勾选凭证模板为资产管理转账凭证，单击“确认”按钮，弹出批量生成凭证结果对话框（见图 11－23）。

图 11－23 生成转账凭证界面

（5）进行凭证推送，单击“凭证管理-已生成”，点击需要推送凭证的资产管理单左侧箭头，勾选需要推送的凭证，点击凭证号，界面显示凭证详细信息。若信息正确，点击“推送凭证”按钮；若信息有误，修改会计分录（见图 11－24）。

图 11－24 凭证推送界面

（6）确认信息无误后，点击“推送凭证”按钮，弹出提示信息“推送成功”，点击“确定”按钮，转账凭证被推送到核算系统。

典型业务 3：资产折旧

（一）业务内容

2020 年 6 月 29 日，XYZ 公司对旗下固定资产计提累计折旧。生产部门厂房 X（ZC-2020-2187-G001）计提折旧 98 万元；采购部门运输工具 P（ZC-2020-2187-G0061）计提折旧 4.7 万元，运输工具 L（ZC-2020-2187-G0062）计提折旧 8.9 万元。此外，本月初，资产专员新购入 3 台滚压机床，购入价格共 701 万元，预计使用寿命为 10 年，预计净残值率为 4%，采用年限平均法计提折旧。资产专员据此录入资产管理单进行计提确认。

资产折旧-管理单
操作视频

（二）IT 系统实现

1. 资产专员发起资产折旧管理单

（1）切换身份至资产专员，单击“资产管理-资产管理”，在左侧拉栏中单击“资产管理单-折旧”按钮，单击“创建单据”进入资产折旧管理单填写界面。

（2）输入“基本信息”。事由为“资产折旧计提”，填单日期选择 2020 年 6 月 29 日，记账日期选择 2020 年 6 月 29 日。

（3）输入“明细信息”。“资产大类”栏选择固定资产，“资产名称”为厂房 X，“资产编码”“资产原值”“资产投入使用日期”“预计使用年限/年”“折旧方式”、“净残值率%”随资产名称自动带出，“折旧归属科目”选择会计核算科目（借方）“制造费用”，“本月应计折旧额/元”输入 980 000 元。同理，单击右侧“⊕”按钮，增加明细行，在新增明细行中填写运输工具 P 与运输工具 L 的折旧明细信息。

（4）单击“提交审批”按钮，弹出提交审批对话框。单击“确定”按钮，弹出提示信息“提交成功”（见图 11－25）。

2. 财务总监审批资产折旧管理单

（1）切换身份至财务总监，单击“图标-待办任务”，单击“待办任务”选项卡，单击需要审批的资产折旧管理单。

（2）单击“同意”按钮，弹出“同意”对话框，默认审批意见为“同意”（见图 11－26）。

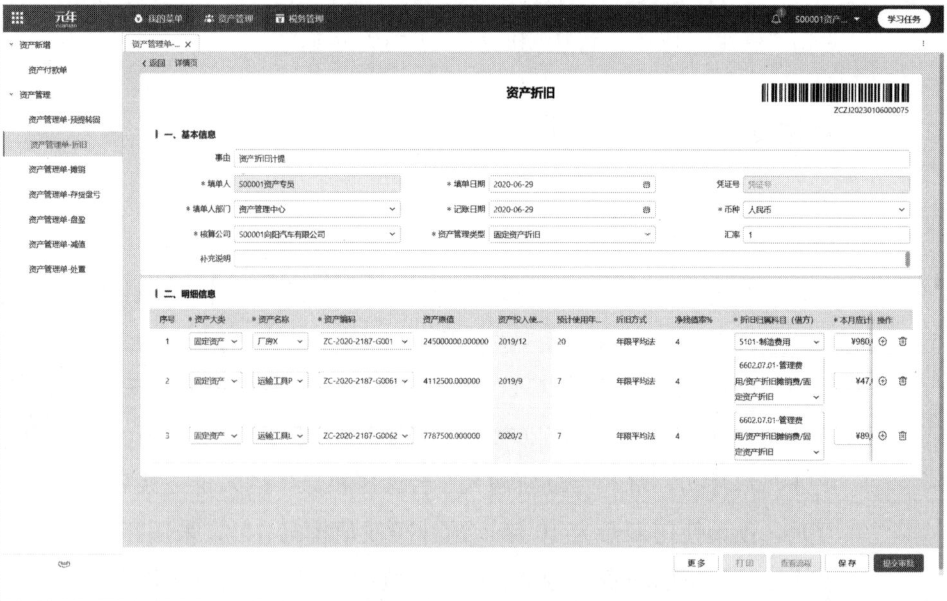

图 11-25　资产折旧管理单

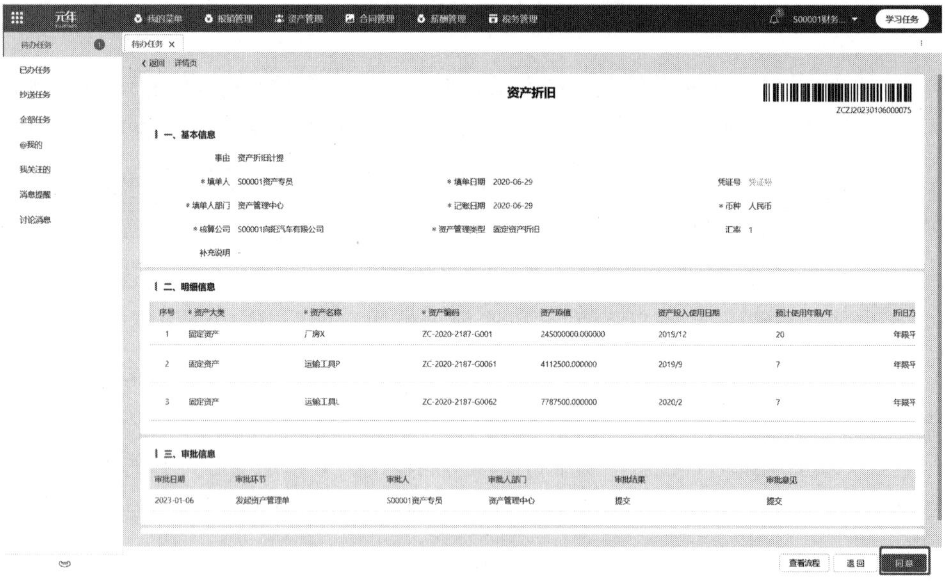

图 11-26　财务总监审批界面

（3）单击“确认”按钮，弹出提示信息“单据提交成功”。

3. 派单员进行共享派工

（1）切换身份至派单员，单击“共享中心-共享任务管理”，单击“共享派工”选项卡，勾选需要进行派工的资产管理单。

（2）单击“批量派工”按钮，弹出提示信息：“确认批量派工吗?”

（3）单击“确定”按钮，弹出“共享派工”对话框，弹出的对话框中显示共享初审组所有可选择的共享会计以及对应的待处理任务数量和能力值。在共享初审组中选择任意共享会计，弹出提示信息手动批量派工成功对话框（见图 11－27）。

资产折旧—共享中心操作视频

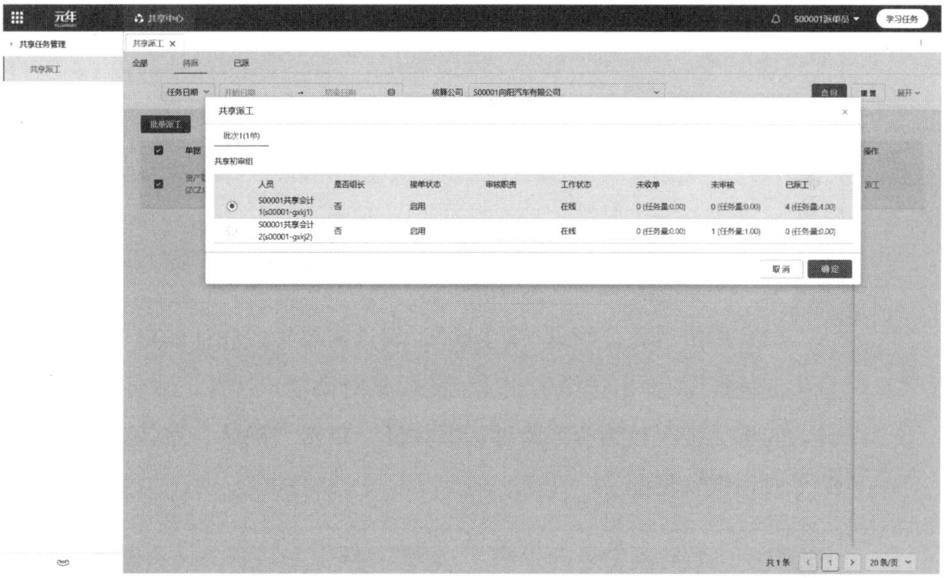

图 11－27　共享派工界面

4. 共享会计审批资产折旧管理单

在共享中心，对于资产管理业务，由于资产管理不涉及现金的流入流出，共享会计仅需审批资产管理单，并生成转账凭证，最后推送至核算中心。至此，资产管理业务在共享系统中的流程便全部流转完成。

（1）切换身份至共享会计（被派单的共享会计），单击“图标-待办任务”，单击“待办任务”选项卡，单击需要审批的资产管理单。

（2）单击“同意”按钮，弹出“同意”对话框，默认审批意见为“同意”（见图 11－28）。

（3）单击“确认”按钮，弹出提示信息“单据提交成功”。

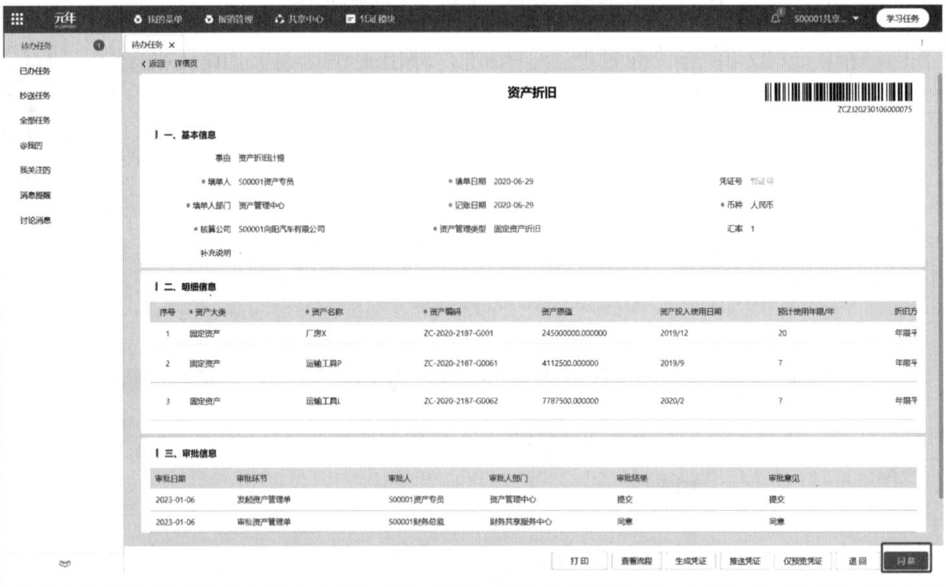

图 11-28　资产折旧管理单审批界面

（4）单击“凭证管理-待生成”，勾选需要生成凭证的资产管理单，单击“批量生成凭证”，弹出选择生成凭证的模板对话框，选择记账日期为2020年6月29日，勾选凭证模板为资产管理转账凭证，单击“确认”按钮，弹出批量生成凭证结果对话框（见图11-29）。

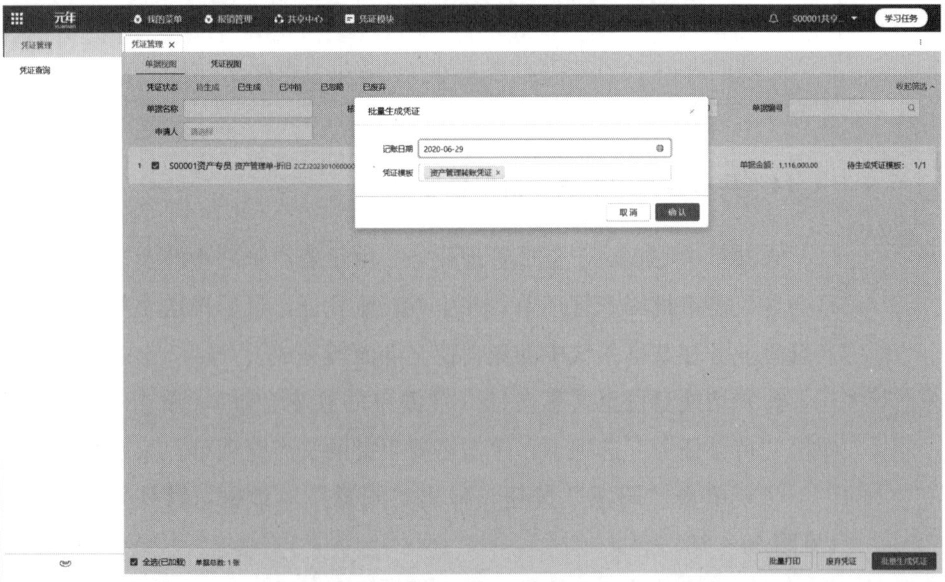

图 11-29　生成转账凭证界面

（5）进行凭证推送，单击“凭证管理-已生成”，点击需要推送凭证的资产管理单左侧箭头，勾选需要推送的凭证，点击凭证号，界面显示凭证详细信息。若信息正确，点击“推送凭证”按钮；若信息有误，修改会计分录（见图11－30）。

图 11－30　凭证推送界面

典型业务4：摊销

（一）业务内容

2020年6月29日，XYZ公司生产部门计提非专利技术S（ZC-2020-2187-W0021）摊销额47 250元，计提专利权（ZC-2020-2187-W003）摊销额43 104元，资产专员据此录入资产管理单进行计提确认。

（二）IT系统实现

资产摊销-管理单操作视频

1. 资产专员发起资产摊销管理单

（1）切换身份至资产专员，单击“资产管理-资产管理”，在左侧拉栏中单击“资产管理单-摊销”按钮，单击“创建单据”进入资产摊销管理单填写界面。

(2) 输入“基本信息”。事由为“资产摊销计提”，填单日期选择 2020 年 6 月 29 日，记账日期选择 2020 年 6 月 29 日。

(3) 输入“明细信息”。“资产大类”栏选择无形资产，“资产名称”为非专利技术 S，“资产编码”“资产原值”“资产投入使用日期”“预计使用年限/年”“摊销方式”“净残值率%”随资产名称自动带出，“摊销费用归属科目”选择会计核算科目“制造费用”，“本月应计摊销额/元”输入 47 250 元。同理，单击右侧“⊕”按钮，增加明细行，在新增行中填写专利权的摊销明细信息。

(4) 单击“提交审批”按钮，弹出提交审批对话框。单击“确定”按钮，弹出提示信息“提交成功”（见图 11－31）。

图 11－31　资产摊销管理单

2. 财务总监审批资产摊销管理单

(1) 切换身份至财务总监，单击“图标-待办任务”，单击“待办任务”选项卡，单击需要审批的资产摊销管理单。

(2) 单击“同意”按钮，弹出“同意”对话框，默认审批意见为“同意”（见图 11－32）。

(3) 单击“确认”按钮，弹出提示信息“单据提交成功”。

图 11－32 财务总监审批界面

3. 派单员进行共享派工

资产摊销-共享中心操作视频

（1）切换身份至派单员，单击“共享中心-共享任务管理”，单击“共享派工”选项卡，勾选需要进行派工的资产管理单。

（2）单击“批量派工”按钮，弹出提示信息：“确认批量派工吗?”

（3）单击“确定”按钮，弹出“共享派工”对话框，弹出的对话框中显示共享初审组所有可选择的共享会计以及对应的待处理任务数量和能力值。在共享初审组中选择任意共享会计，弹出提示信息手动批量派工成功对话框（见图 11－33）。

4. 共享会计审批资产摊销管理单

在共享中心，对于资产管理业务，由于资产管理不涉及现金的流入流出，共享会计仅需审批资产管理单，并生成转账凭证，最后推送至核算中心。至此，资产管理业务在共享系统中的流程便全部流转完成。

（1）切换身份至共享会计（被派单的共享会计），单击“图标-待办任务”，单击“待办任务”选项卡，单击需要审批的资产管理单。

（2）单击“同意”按钮，弹出“同意”对话框，默认审批意见为“同意”。

（3）单击“确认”按钮，弹出提示信息“单据提交成功”。

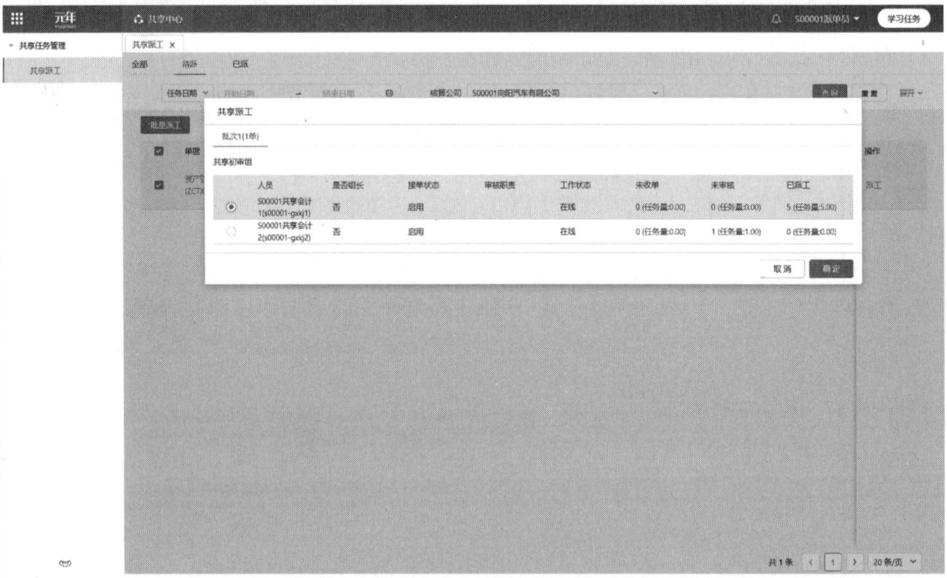

图 11-33　共享派工界面

（4）单击“凭证管理-待生成”，勾选需要生成凭证的资产管理单，单击“批量生成凭证”，弹出选择生成凭证的模板对话框，选择记账日期为 2020 年 6 月 29 日，勾选凭证模板为资产管理转账凭证，单击“确认”按钮，弹出批量生成凭证结果对话框（见图 11-34）。

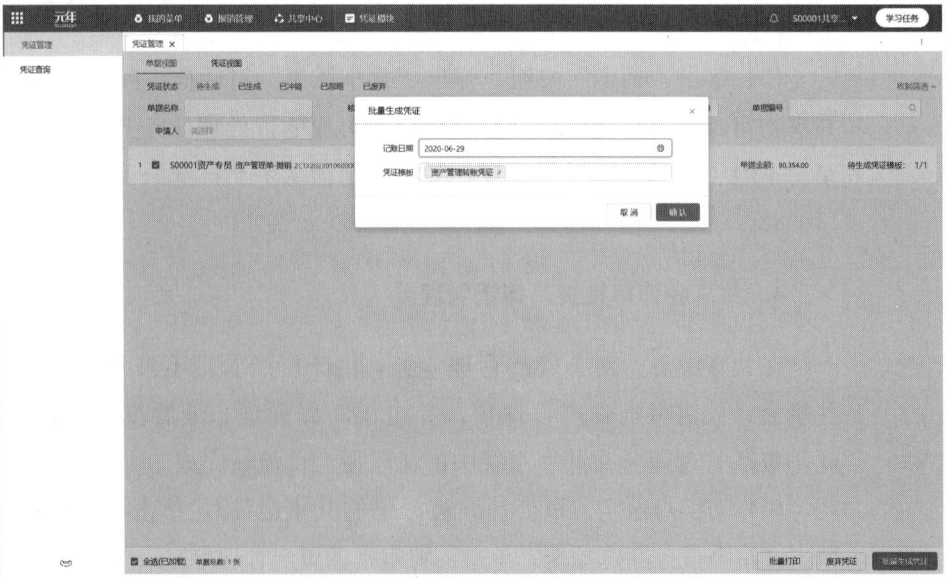

图 11-34　生成转账凭证界面

（5）进行凭证推送，单击“凭证管理-已生成”，点击需要推送凭证的资产管理单左侧箭头，勾选需要推送的凭证，点击凭证号，界面显示凭证详细信息。若信息正确，点击“推送凭证”按钮；若信息有误，修改会计分录（见图11－35）。

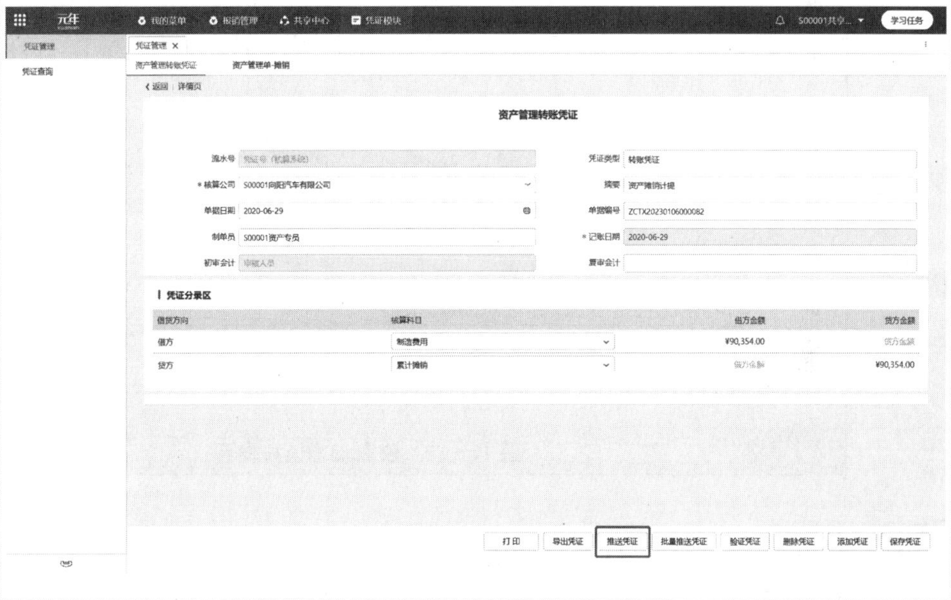

图11－35　凭证推送界面

典型业务5：存货盘亏

（一）业务内容

2020年6月29日，资产专员在财产清查过程中发现由于非常原因，ABC公司短缺一批仪表盘（CH-2020-2187-A006），该批仪表盘共1 120副，单位成本为500元/副，原值为560 000元，增值税专用发票如图11－36所示，尚未计提存货跌价准备，购入该批仪表盘时的增值税税率为13%，资产专员经批准后于当月月底对该批仪表盘进行盘亏确认。

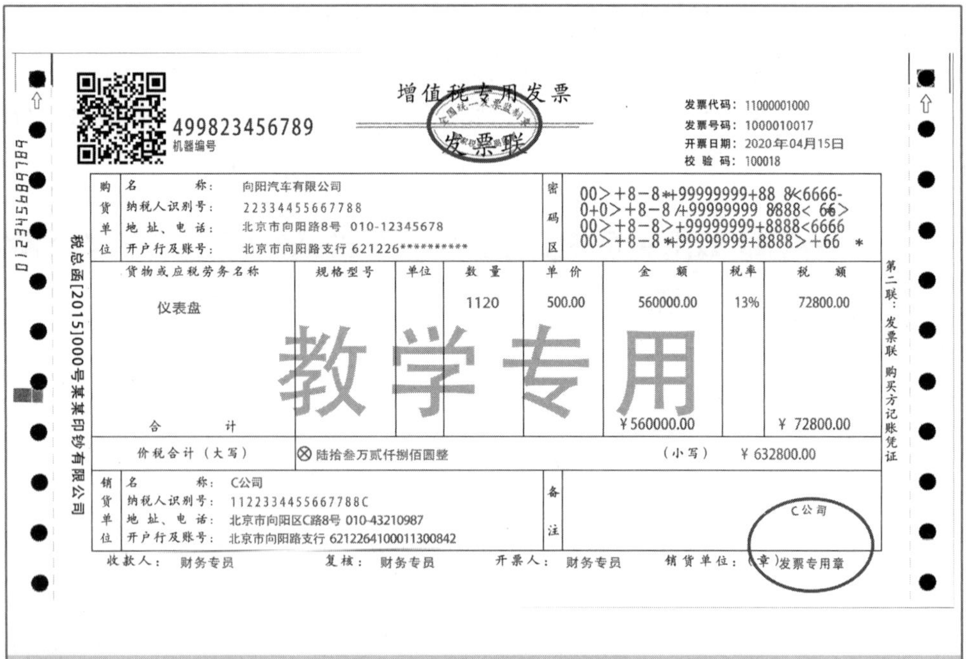
增值税专用发票

发票联

499823456789 机器编号

发票代码：1100001000
发票号码：100010017
开票日期：2020年04月15日
校 验 码：100018

购货单位	名称：向阳汽车有限公司 纳税人识别号：22334455667788 地址、电话：北京市向阳路8号 010-12345678 开户行及账号：北京市向阳路支行 621226**********				密码区	00>+8-8*+99999999+88 8<6666- 0+0>+8-8/+99999999 8888< 66> 00>+8-8>+99999999+8888<6666 00>+8-8*+99999999+8888>+66 *		
货物或应税劳务名称	规格型号	单位	数量	单价	金额	税率	税额	
仪表盘			1120	500.00	560000.00	13%	72800.00	
合计					¥560000.00		¥72800.00	
价税合计（大写）	⊗陆拾叁万贰仟捌佰圆整				（小写） ¥632800.00			
销货单位	名称：C公司 纳税人识别号：112233445566778 8C 地址、电话：北京市向阳区C路8号 010-43210987 开户行及账号：北京市向阳路支行 6212264100011300842				备注			

收款人：财务专员　复核：财务专员　开票人：财务专员　销货单位：（章）

第二联：发票联 购买方记账凭证

税总函[2015]1000号某某印钞有限公司

教学专用

图 11-36　仪表盘增值税发票

资产盘亏-管理单操作视频

（二）IT系统实现

1. 资产专员发起资产盘亏管理单

（1）切换身份至资产专员，单击“资产管理-资产管理”，在左侧拉栏中单击“资产管理单-存货盘亏”按钮，单击“创建单据”进入资产盘亏管理单填写界面。

（2）输入“基本信息”。事由为“资产盘亏计提”，填单日期选择2020年6月29日，记账日期选择2020年6月29日。

（3）输入“明细信息”。“资产大类”栏选择原材料，“资产名称”为仪表盘，“资产编码”“单位”“单价/元”“已计提存货跌价准备额”自动带出，“数量”输入1 120，“存货原值”输入560 000，“发票类型”为增值税专用发票，单击“发票号码”栏，在弹出的“我的发票”界面中勾选相应发票，单击“确认”按钮（见图11-37）。

（4）单击“提交审批”按钮，弹出提交审批对话框。单击“确定”按钮，弹出提示信息“提交成功”（见图11-38）。

图 11-37　发票选择界面

图 11-38　资产盘亏管理单界面

2. 财务总监审批资产盘亏管理单

（1）切换身份至财务总监，单击“图标-待办任务”，单击“待办任务”选项卡，点击需要审批的资产盘亏管理单。

（2）单击“同意”按钮，弹出“同意”对话框，默认审批意见为“同意”（见图 11-39）。

图 11-39　财务总监审批界面

（3）单击“确定”按钮，弹出提示信息“单据提交成功”。

资产盘亏-共享中心操作视频

3. 派单员进行共享派工

（1）切换身份至派单员，单击“共享中心-共享任务管理”，单击“共享派工”选项卡，勾选需要进行派工的资产管理单。

（2）单击“批量派工”按钮，弹出提示信息：“确认批量派工吗?”

（3）单击“确定”按钮，弹出“共享派工”对话框，弹出的对话框中显示共享初审组所有可选择的共享会计以及对应的待处理任务数量和能力值。在共享初审组中选择任意共享会计，弹出提示信息手动批量派工成功对话框（见图 11-40）。

4. 共享会计审批资产盘亏管理单

在共享中心，对于资产管理业务，由于资产管理不涉及现金的流入流出，共享会计仅需审批资产管理单，并生成转账凭证，最后推送至核算中心。至此，资产管理业务在共享系统中的流程便全部流转完成。

（1）切换身份至共享会计（被派单的共享会计），单击“图标-待办任务”，单击“待办任务”选项卡，单击需要审批的资产管理单。

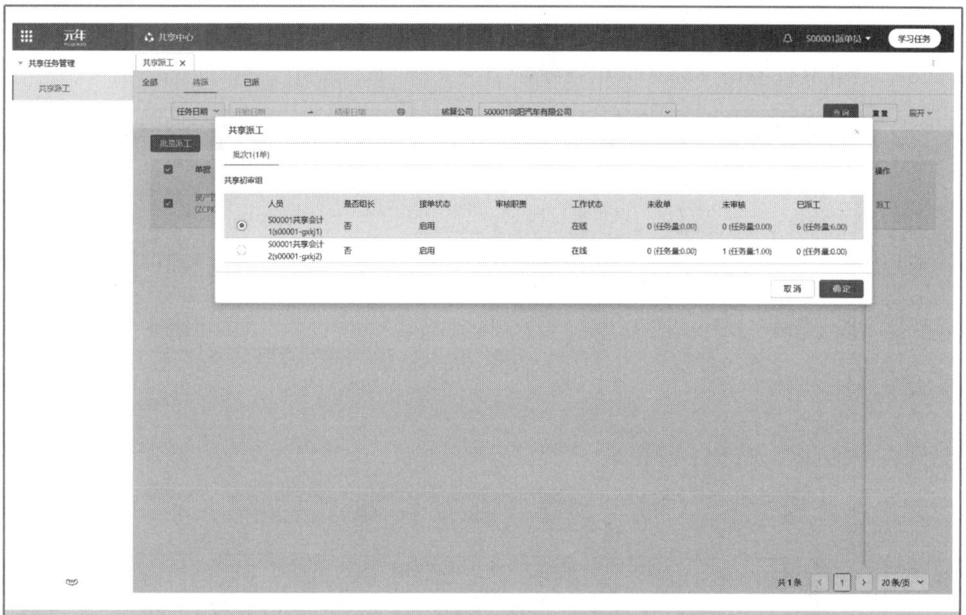

图 11-40　共享派工界面

（2）单击“同意”按钮，弹出“同意”对话框，默认审批意见为“同意”（见图 11-41）。

图 11-41　资产盘亏管理单审批界面

（3）单击“确认”按钮，弹出提示信息“单据提交成功”。

（4）单击“凭证管理-待生成”，勾选需要生成凭证的资产管理单，单击“批量生成凭证”，弹出选择生成凭证的模板对话框，选择记账日期为 2020 年 6 月 29

日，勾选凭证模板为资产管理转账凭证，单击“确认”按钮，弹出批量生成凭证结果对话框（见图 11-42）。

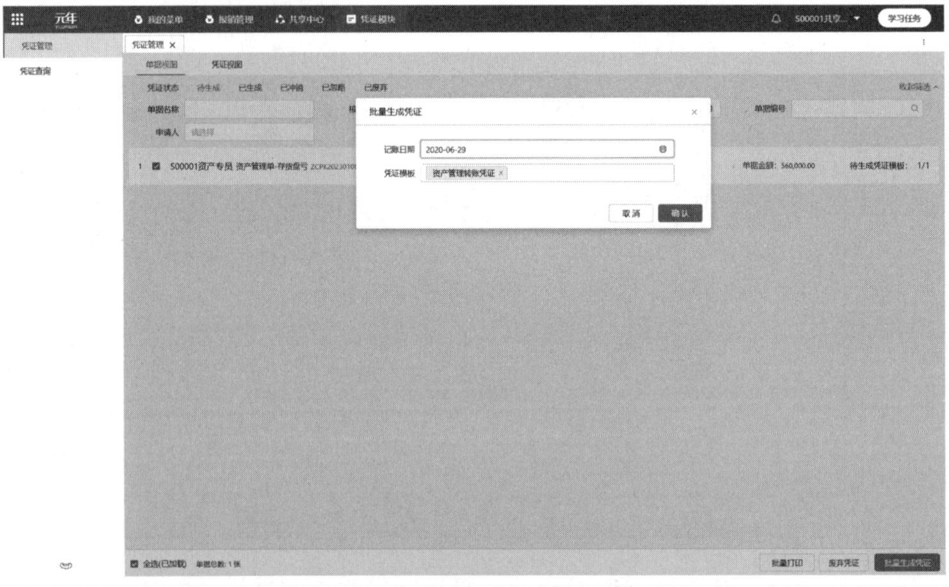

图 11-42　生成转账凭证界面

（5）进行凭证推送，单击“凭证管理-已生成”，点击需要推送凭证的资产管理单左侧箭头，勾选需要推送的凭证，点击凭证号，界面显示凭证详细信息。若信息正确，点击“推送凭证”按钮；若信息有误，修改会计分录（见图 11-43）。

图 11-43　凭证推送界面

典型业务6：固定资产盘盈

（一）业务内容

2020年6月29日，资产专员在财产清查过程中发现，XYZ公司2017年9月购入的机器设备M尚未入账，重置成本为8 800 000元。资产专员拟于本月入账该设备并录入资产新增单，资产编码为ZC-2020-2187-G005（预计使用寿命为10年，预计净残值为4%，采用年限平均法计提摊销），同时以净利润的10%提取法定盈余公积，不考虑相关税费及其他因素的影响。

（二）IT系统实现

资产盘盈-管理单操作视频

1. 资产专员发起固定资产盘盈管理单

（1）切换身份至资产专员，单击“资产管理-资产管理”，在左侧拉栏中单击“资产管理单-盘盈”按钮，单击“创建单据”进入资产盘盈管理单填写界面。

（2）输入“基本信息”。事由为“资产盘盈计提”，填单日期选择2020年6月29日，记账日期选择2020年6月29日，“资产管理类型”选择固定资产盘盈。

（3）输入“明细信息”。“资产大类”栏选择固定资产，“资产名称”输入机器设备M，“资产编码”为ZC-2020-2187-G005，“单位”选择台，“单价/元”输入8 800 000，“数量”为1，“重置成本”由系统自动计算带出，“预计使用年限/年”输入10，“折旧/摊销方式”选择年限平均法，“净残值率%”为4%。

（4）单击“提交审批”按钮，弹出提交审批对话框。单击“确定”按钮，弹出提示信息“提交成功”（见图11-44）。

2. 财务总监审批资产盘盈管理单

（1）切换身份至财务总监，单击“图标-待办任务”，单击“待办任务”选项卡，单击需要审批的资产盘盈管理单。

（2）单击“同意”按钮，弹出“同意”对话框，默认审批意见为“同意”（见图11-45）。

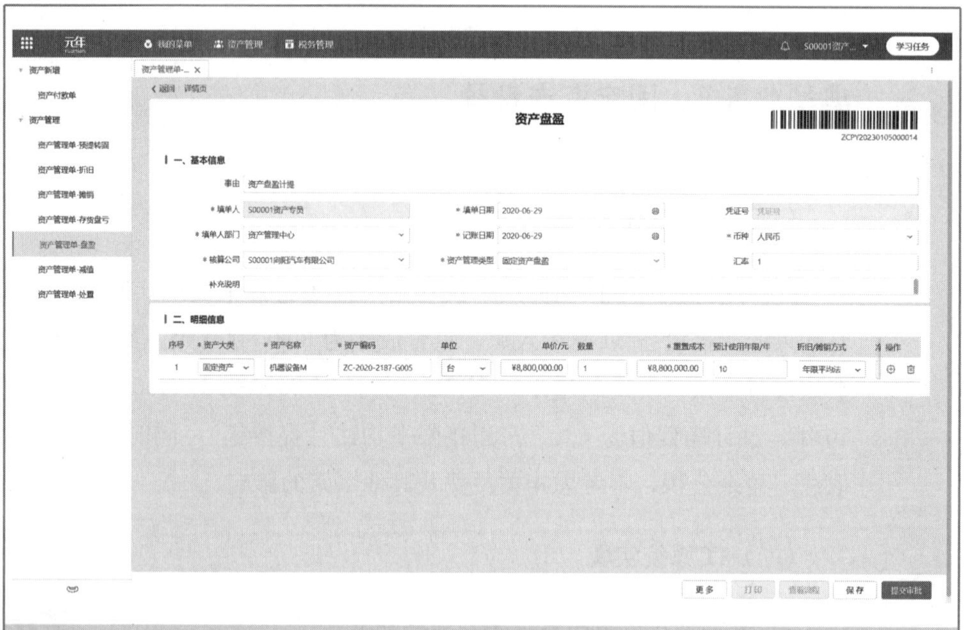

图 11－44　资产盘盈管理单

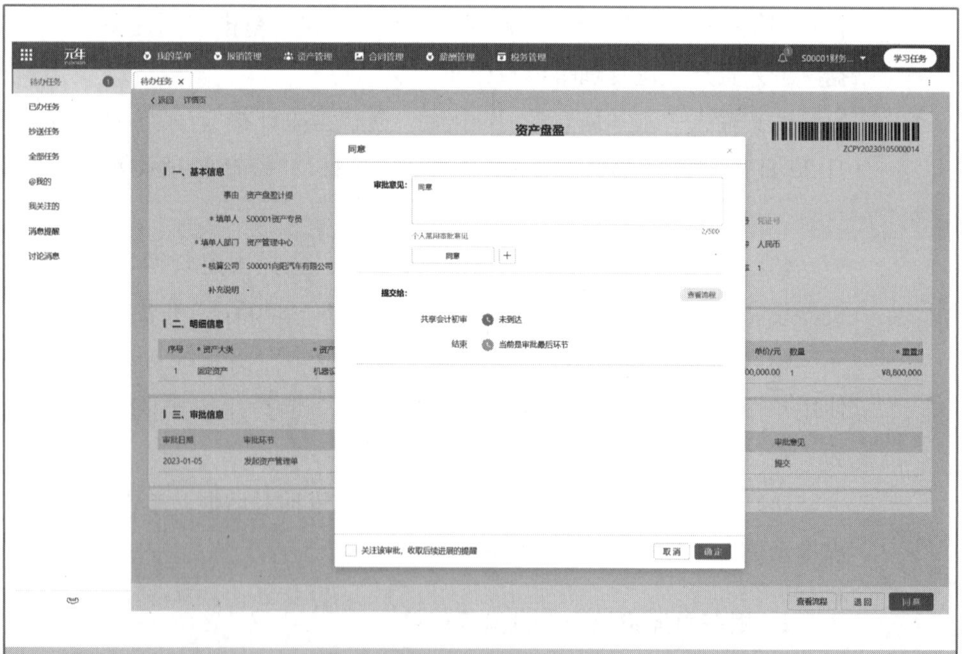

图 11－45　财务总监审批界面

（3）单击“确定”按钮，弹出提示信息“单据提交成功”。

3. 派单员进行共享派工

资产盘盈-共享中心
操作视频

（1）切换身份至派单员，单击“共享中心-共享任务管理”，单击“共享派工”选项卡，勾选需要进行派工的资产管理单。

（2）单击“批量派工”按钮，弹出提示信息：“确认批量派工吗?”

（3）单击“确定”按钮，弹出“共享派工”对话框，弹出的对话框中显示共享初审组所有可选择的共享会计以及对应的待处理任务数量和能力值。在共享初审组中选择任意共享会计，弹出提示信息手动批量派工成功对话框（见图 11-46）。

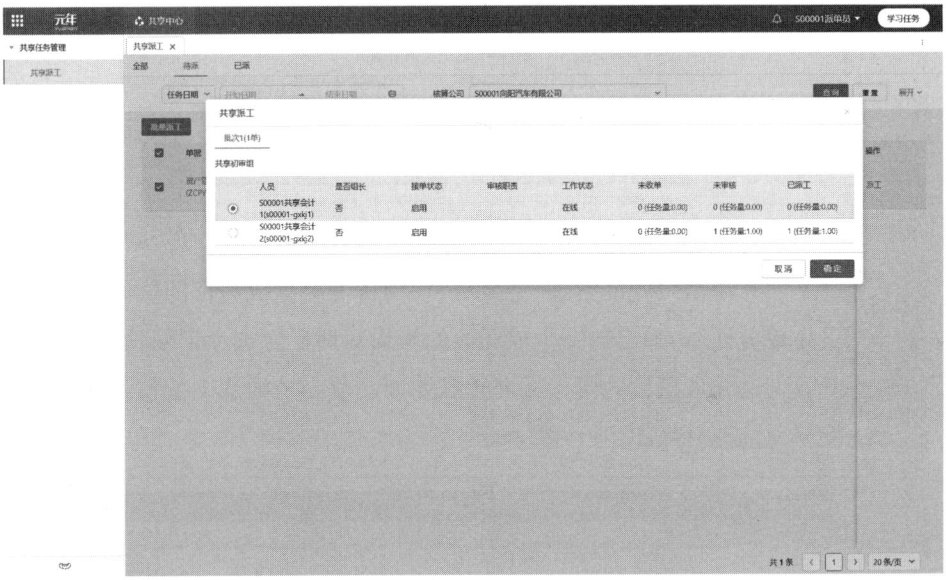

图 11-46 共享派工界面

4. 共享会计审批资产盘盈管理单

在共享中心，对于资产管理业务，由于资产管理不涉及现金的流入流出，共享会计仅需审批资产管理单，并生成转账凭证，最后推送至核算中心。至此，资产管理业务在共享系统中的流程便全部流转完成。

（1）切换身份至共享会计（被派单的共享会计），单击“图标-待办任务”，单击“待办任务”选项卡，点击需要审批的资产管理单。

（2）单击“同意”按钮，弹出“同意”对话框，默认审批意见为“同意”（见图 11-47）。

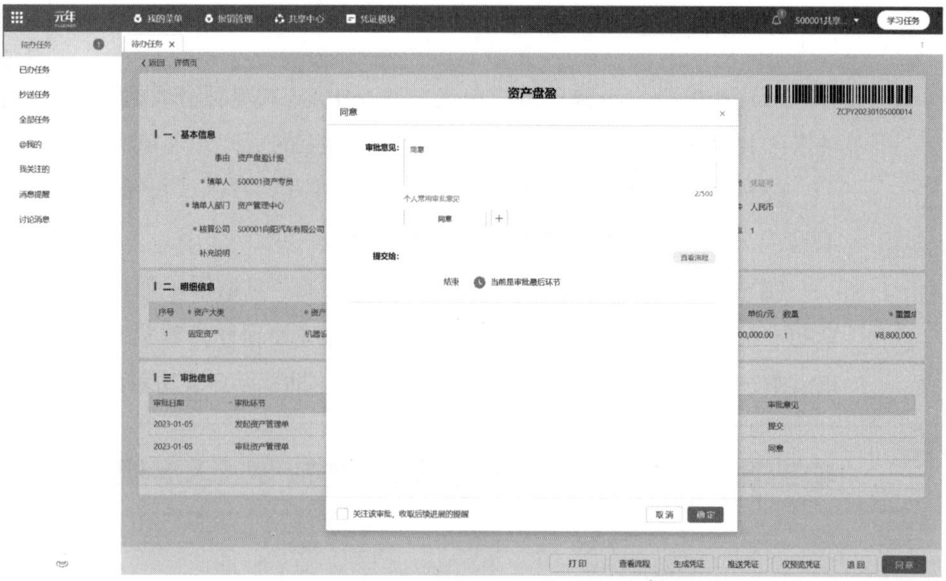

图 11-47　资产盘盈管理单审批界面

（3）单击“确定”按钮，弹出提示信息“单据提交成功”。

（4）单击“凭证管理-待生成”，勾选需要生成凭证的资产管理单，单击“批量生成凭证”，弹出选择生成凭证的模板对话框，选择记账日期为 2020 年 6 月 29 日，勾选凭证模板为资产管理转账凭证，单击“确认”按钮，弹出批量生成凭证结果对话框（见图 11-48）。

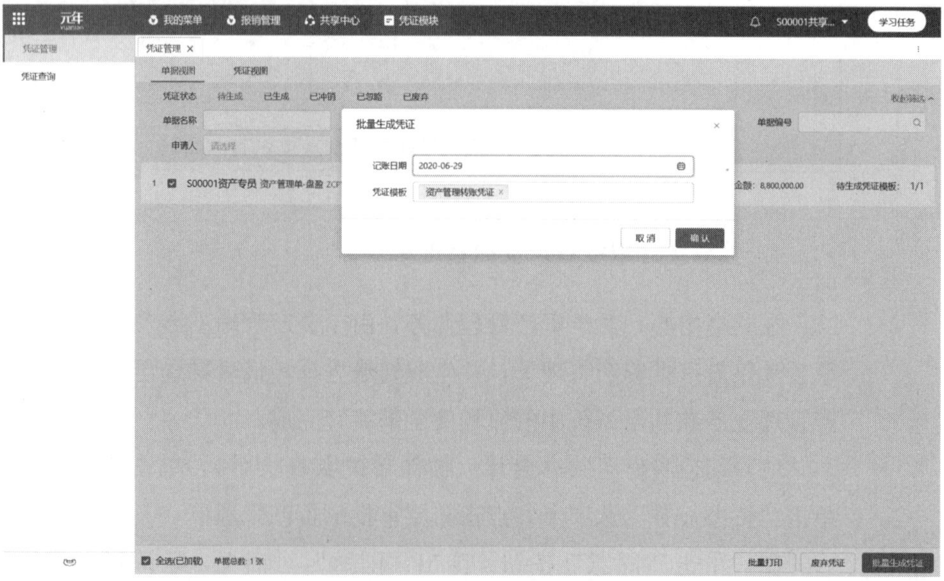

图 11-48　生成转账凭证界面

（5）进行凭证推送，单击“凭证管理-已生成”，点击需要推送凭证的资产管理单左侧箭头，勾选需要推送的凭证，点击凭证号，界面显示凭证详细信息。若信息正确，点击“推送凭证”按钮；若信息有误，修改会计分录（见图 11－49）。

图 11－49 凭证推送界面

典型业务 7：减值

（一）业务内容

2020 年 6 月 29 日，XYZ 公司的生产线 Z（ZC-2020-2187-G0032）可能存在发生减值的迹象。经测算，该生产线的可收回金额为 1 230 000 元，账面价值为 1 320 000 元，以前年度未对该生产线计提过减值准备。由于该生产线的可收回金额为 1 230 000 元，账面价值为 1 320 000 元，可收回金额低于账面价值，资产专员于当日对该固定资产减值准备进行计提确认。

资产减值-管理单
操作视频

（二）IT 系统实现

1. 资产专员发起资产减值管理单

（1）切换身份至资产专员，单击“资产管理-资产管理”，在左侧拉栏中单击“资产管理单-减值”按钮，单击“创建单据”进入资产减值管理单填写界面。

（2）输入“基本信息”。事由为“资产减值计提”，填单日期选择 2020 年 6 月 29 日，记账日期选择 2020 年 6 月 29 日。

（3）输入“明细信息”。“资产大类”栏选择固定资产，“资产名称”为生产线 Z，“资产编码”“资产原值”“累计已计提折旧额/摊销额”“累计已计提减值准备额”随“资产名称”字段自动带出，“可回收金额”为 0，“减值准备归属科目”选择固定资产减值准备，“本月减值准备计提额”为 90 000 元。

（4）单击“提交审批”按钮，弹出提交审批对话框。单击“确定”按钮，弹出提示信息“提交成功”（见图 11-50）。

图 11-50 资产减值管理单

2. 财务总监审批资产减值管理单

（1）切换身份至财务总监，单击“图标-待办任务”，单击“待办任务”选项卡，点击需要审批的资产减值管理单。

（2）单击“同意”按钮，弹出“同意”对话框，默认审批意见为“同意”（见图 11-51）。

（3）单击“确定”按钮，弹出提示信息“单据提交成功”。

图 11-51 财务总监审批界面

资产减值-共享中心操作视频

3. 派单员进行共享派工

（1）切换身份至派单员，单击“共享中心-共享任务管理”，单击“共享派工”选项卡，勾选需要进行派工的资产管理单。

（2）单击“批量派工”按钮，弹出提示信息：“确认批量派工吗？”

（3）单击“确定”按钮，弹出“共享派工”对话框，弹出的对话框中显示共享初审组所有可选择的共享会计以及对应的待处理任务数量和能力值。在共享初审组中选择任意共享会计，弹出提示信息手动批量派工成功对话框（见图 11-52）。

4. 共享会计审批资产减值管理单

在共享中心，对于资产管理业务，由于资产管理不涉及现金的流入流出，共享会计仅需审批资产管理单，并生成转账凭证，最后推送至核算中心。至此，资产管理业务在共享系统中的流程便全部流转完成。

（1）切换身份至共享会计（被派单的共享会计），单击“图标-待办任务”，单击“待办任务”选项卡，点击需要审批的资产管理单。

（2）单击“同意”按钮，弹出“同意”对话框，默认审批意见为“同意”（见图 11-53）。

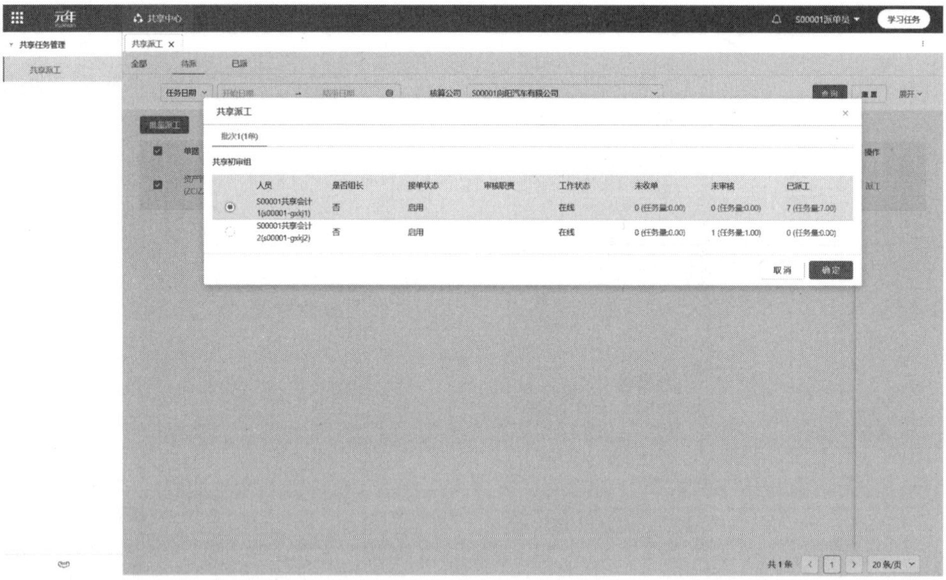

图 11-52　共享派工界面

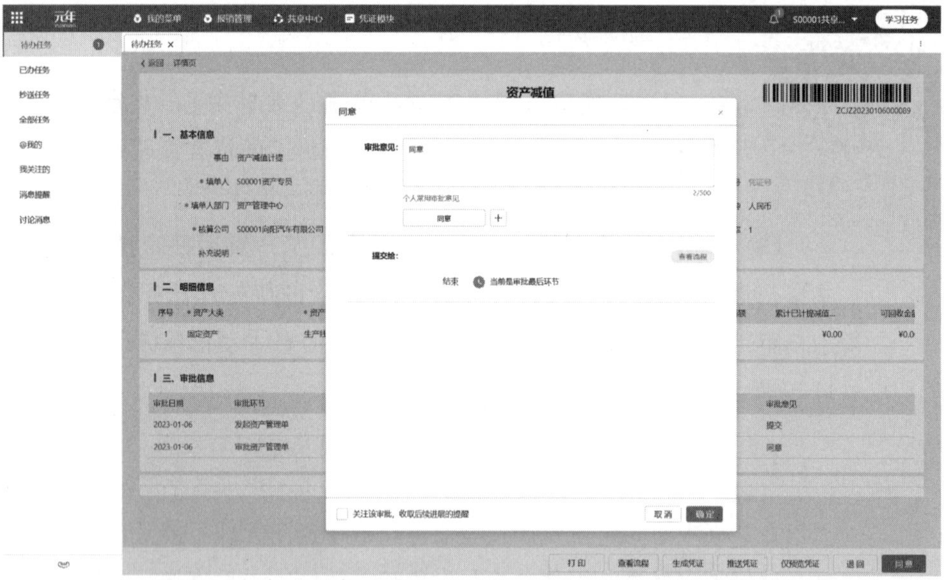

图 11-53　资产减值管理单审批界面

（3）单击“确定”按钮，弹出提示信息“单据提交成功”。

（4）单击“凭证管理-待生成”，勾选需要生成凭证的资产管理单，单击“批量生成凭证”，弹出选择生成凭证的模板对话框，选择记账日期为 2020 年 6 月 29 日，勾选凭证模板为资产管理转账凭证，单击“确认”按钮，弹出批量生成凭证结果对话框（见图 11－54）。

图 11－54　生成转账凭证界面

（5）进行凭证推送，单击“凭证管理-已生成”，点击需要推送凭证的资产管理单左侧箭头，勾选需要推送的凭证，点击凭证号，界面显示凭证详细信息。若信息正确，点击“推送凭证”按钮；若信息有误，修改会计分录（见图 11－55）。

图 11－55　凭证推送界面

典型业务8：处置毁损

（一）业务内容

2020年6月29日，XYZ公司由于非常原因，毁损一台机床J（ZC-2020-2187-G0041），该机床原价为400 000元，已计提折旧32 000元，未计提减值准备。其残料估计价值为50 000元，残料已办理入库。归属保险公司A的责任理赔款为55 000元，尚未到账。当日，资产专员对该毁损机床进行出库确认。

（二）IT系统实现

资产处置-管理单操作视频

1. 资产专员发起资产处置管理单

（1）切换身份至资产专员，单击“资产管理-资产管理”，在左侧拉栏中单击“资产管理单-处置”按钮，单击“创建单据”进入资产处置管理单填写界面。

（2）输入“基本信息”。事由为“资产处置计量”，填单日期选择2020年6月29日，记账日期选择2020年6月29日。

（3）输入“明细信息”。“资产大类”栏选择固定资产，“资产名称”为机床J，“资产编码”随“资产名称”自动带出，“资产原值”为400 000元，“累计已计提折旧额/摊销额”为32 000元，“累计已计提减值准备额/元”为0，“残料科目归属”为原材料，“残料价值额”为50 000元，“理赔方”为A保险有限公司，“应收赔偿款科目归属”为其他应收款，“应收赔偿额”为55 000元。

（4）输入“收款明细信息”。“收款公司”为向阳汽车有限公司，“收款方账号”“收款方开户行”“收款方开户姓名”随“收款公司”字段自动带出，对公业务，网银付款，“付款公司”为A保险有限公司，“付款账号”和“付款银行”随“付款公司”字段带出。因责任理赔款尚未到账，“收款金额”为0。

（5）单击“提交审批”按钮，弹出提交审批对话框。单击“确定”按钮，弹出提示信息“提交成功”（见图11－56）。

2. 财务总监审批资产处置管理单

（1）切换身份至财务总监，单击“图标-待办任务”，单击“待办任务”选项卡，点击需要审批的资产处置管理单。

图 11-56　资产处置管理单

(2) 单击“同意”按钮，弹出“同意”对话框，默认审批意见为“同意”(见图 11-57)。

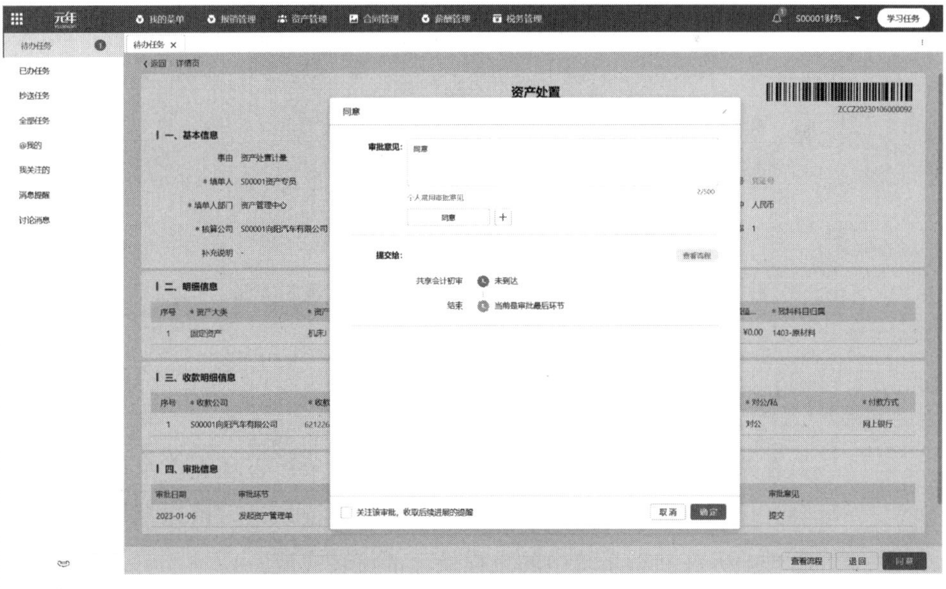

图 11-57　财务总监审批界面

(3) 单击“确定”按钮，弹出提示信息“单据提交成功”。

3. 派单员进行共享派工

资产处置-共享中心
操作视频

（1）切换身份至派单员，单击“共享中心-共享任务管理”，单击“共享派工”选项卡，勾选需要进行派工的资产管理单。

（2）单击“批量派工”按钮，弹出提示信息：“确认批量派工吗？”

（3）单击“确定”按钮，弹出“共享派工”对话框，弹出的对话框中显示共享初审组所有可选择的共享会计以及对应的待处理任务数量和能力值。在共享初审组中选择任意共享会计，弹出提示信息手动批量派工成功对话框（见图 11－58）。

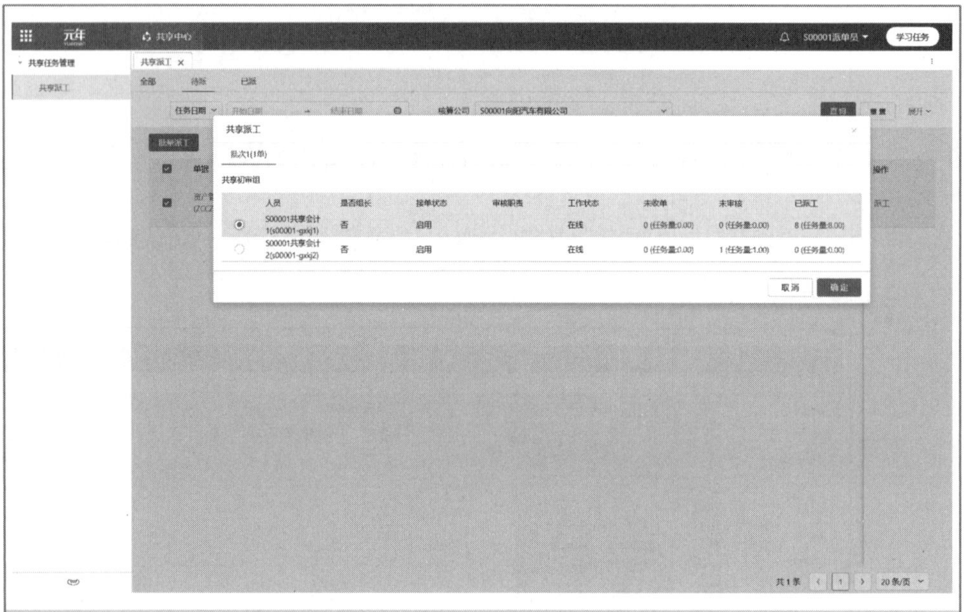

图 11－58　共享派工界面

4. 共享会计审批资产处置管理单

在共享中心，对于资产管理业务，由于资产管理不涉及现金的流入流出，共享会计仅需审批资产管理单，并生成转账凭证，最后推送至核算中心。至此，资产管理业务在共享系统中的流程便全部流转完成。

（1）切换身份至共享会计（被派单的共享会计），单击“图标-待办任务”，单击“待办任务”选项卡，单击需要审批的资产管理单。

（2）单击“同意”按钮，弹出“同意”对话框，默认审批意见为“同意”（见图 11－59）。

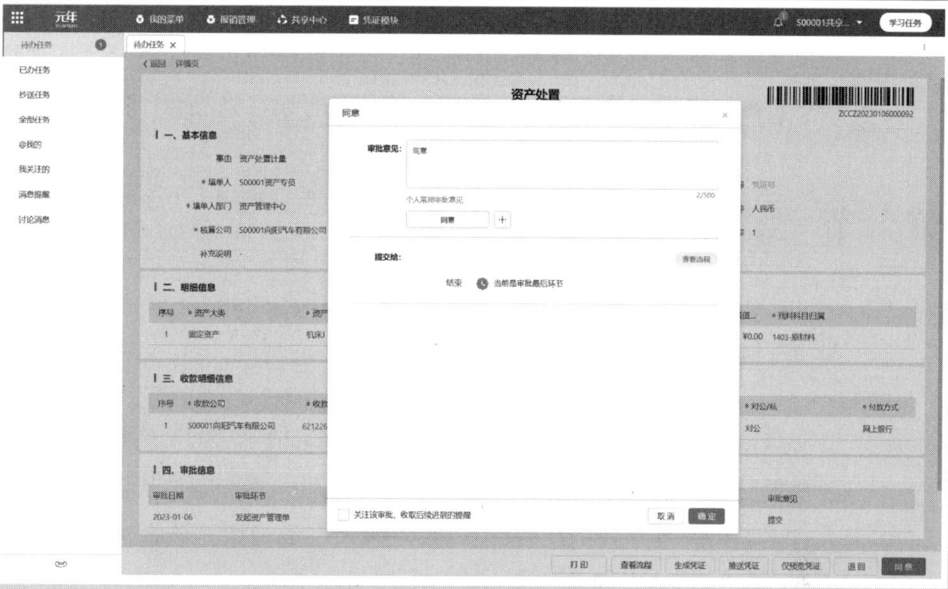

图 11-59　资产处置管理单审批界面

（3）单击“确定”按钮，弹出提示信息“单据提交成功”。

（4）单击“凭证管理-待生成”，勾选需要生成凭证的资产管理单，单击“批量生成凭证”，弹出选择生成凭证的模板对话框，选择记账日期为 2020 年 6 月 29 日，勾选凭证模板为资产管理转账凭证，单击“确认”按钮，弹出批量生成凭证结果对话框（见图 11-60）。

图 11-60　生成转账凭证界面

（5）进行凭证推送，单击“凭证管理-已生成”，点击需要推送凭证的资产管理单左侧箭头，勾选需要推送的凭证，点击凭证号，界面显示凭证详细信息。若信息正确，点击“推送凭证”按钮；若信息有误，修改会计分录。

第六节　待处理业务

业务 1：原材料购入

（1）2020 年 6 月 1 日，XYZ 公司生产部门生产 SUV 需用油漆一批，经部门专员提交需求申请，获得部门经理审批通过后，资产专员从供应商 B 公司（对接人：王五，联系方式：12222333332）购入一批油漆。该批油漆共 293 桶，单价为 2 081 元/桶，合同总价为 688 998.29 元（含税）。

（2）6 月 5 日，XYZ 公司收到增值税专用发票（见图 11－61），增值税税率为 13%。XYZ 公司当天收到该批油漆，资产专员清点入库，资产编码为 CH-2020-2187-A002，当日 XYZ 公司通过银行转账方式付清全部采购货款。

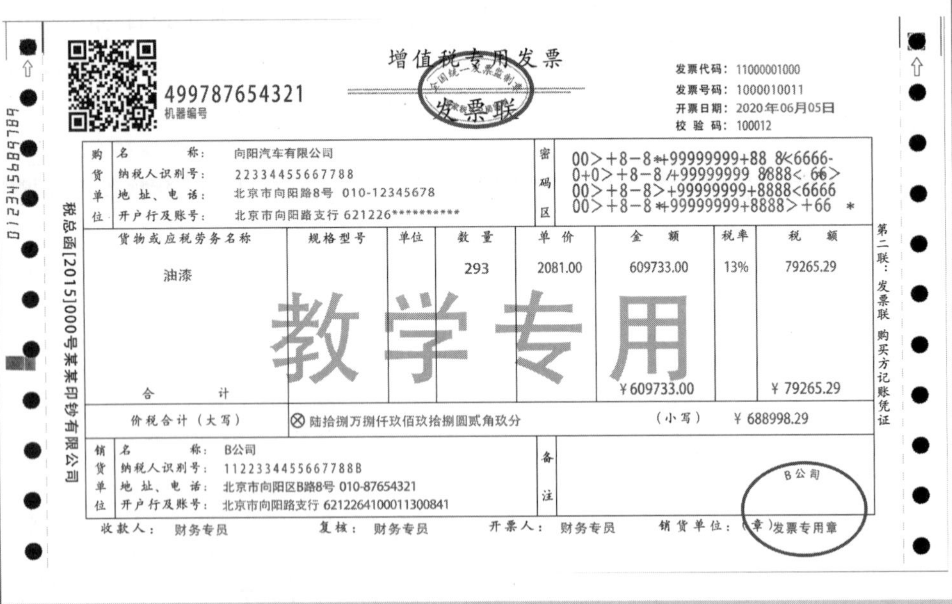
增值税专用发票

499787654321
机器编号

发票联

发票代码：11000001000
发票号码：1000010011
开票日期：2020年06月05日
校 验 码：100012

购货单位	名称：向阳汽车有限公司 纳税人识别号：22334455667788 地址、电话：北京市向阳路8号 010-12345678 开户行及账号：北京市向阳路支行 621226**********	密码区	00>+8-8+99999999+88 8<6666- 0+0>+8-8/+99999999 8888< 66> 00>+8-8>+99999999+8888<6666 00>+8-8+99999999+8888>+66 *

货物或应税劳务名称	规格型号	单位	数量	单价	金额	税率	税额
油漆			293	2081.00	609733.00	13%	79265.29
合计					¥609733.00		¥79265.29
价税合计（大写）	⊗陆拾捌万捌仟玖佰玖拾捌圆贰角玖分				（小写） ¥688998.29		

销货单位	名称：B公司 纳税人识别号：1122334455667788B 地址、电话：北京市向阳区B路8号 010-87654321 开户行及账号：北京市向阳路支行 6212264100011300841	备注	

收款人：财务专员　复核：财务专员　开票人：财务专员　销货单位：（章）

图 11－61　油漆增值税发票

业务 2：原材料购入

（1）2020 年 6 月 5 日，XYZ 公司生产部门生产轿车需用甲类钢材一批，经部门专员提交需求申请，获得部门经理审批通过后，资产专员从供应商 A 公司（对接人：王雷，联系方式：12222444442）购入一批甲类钢材。该批甲类钢材共 3 万吨，单价为 5 178 元/吨，合同总价为 175 534 200 元，现金折扣为“2/10，n/15”（从 6 月 6 日开始计算付款期，现金折扣计算标准不含增值税）。

（2）2020 年 6 月 11 日，XYZ 公司收到增值税专用发票（见图 11－62），税率为 13%。XYZ 公司当天收到该批钢材，资产专员清点入库，资产编码为 CH-2020-2187-A003，当日 XYZ 公司通过银行转账方式付清全部采购货款。

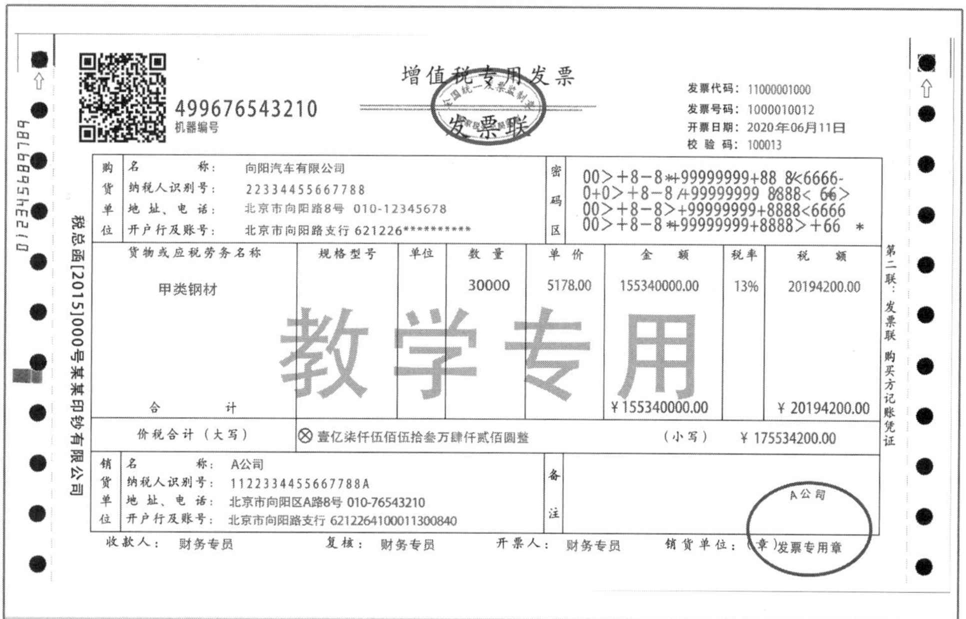

增值税专用发票　发票联

499676543210
机器编号

发票代码：1100001000
发票号码：1000010012
开票日期：2020年06月11日
校验码：100013

购货单位：
名　　称：向阳汽车有限公司
纳税人识别号：2233445566 7788
地址、电话：北京市向阳路8号 010-12345678
开户行及账号：北京市向阳路支行 621226**********

密码区：
00>+8-8*+99999999+88 8<6666-
0+0>+8-8/+99999999 8888< 66>
00>+8-8>+99999999+8888<6666
00>+8-8*+99999999+8888>+66 *

货物或应税劳务名称	规格型号	单位	数量	单价	金额	税率	税额
甲类钢材			30000	5178.00	155340000.00	13%	20194200.00
合　计					¥155340000.00		¥20194200.00
价税合计（大写）	⊗壹亿柒仟伍佰伍拾叁万肆仟贰佰圆整				（小写）		¥175534200.00

销货单位：
名　　称：A公司
纳税人识别号：1122334455667788A
地址、电话：北京市向阳区A路8号 010-76543210
开户行及账号：北京市向阳路支行 6212264100011300840

备注

收款人：财务专员　复核：财务专员　开票人：财务专员　销货单位：（章）

图 11－62　甲类钢材增值税发票

业务 3：原材料购入

（1）2020 年 6 月 1 日，XYZ 公司生产部门生产皮卡需用组合音响一批，经部门专员提交需求申请，获得部门经理审批通过后，资产专员从供应商 E 公司（对接人：孙一，联系方式：12221114432）购入一批组合音响。该批组合音响共 1 523 套，单价为 850 元/套，合同总价为 1 462 841.50 元（含税），现金折扣为“2/10，n/15”（从 6 月 2 日开始计算付款期，现金折扣计算标准不含增值税）。

（2）2020 年 6 月 5 日，XYZ 公司收到增值税专用发票（见图 11－63），税率为 13%。XYZ 公司当天收到该批组合音响，资产专员清点入库，资产编码为 CH-2020-2187-A005，当日 XYZ 公司通过银行转账方式付清全部采购货款。

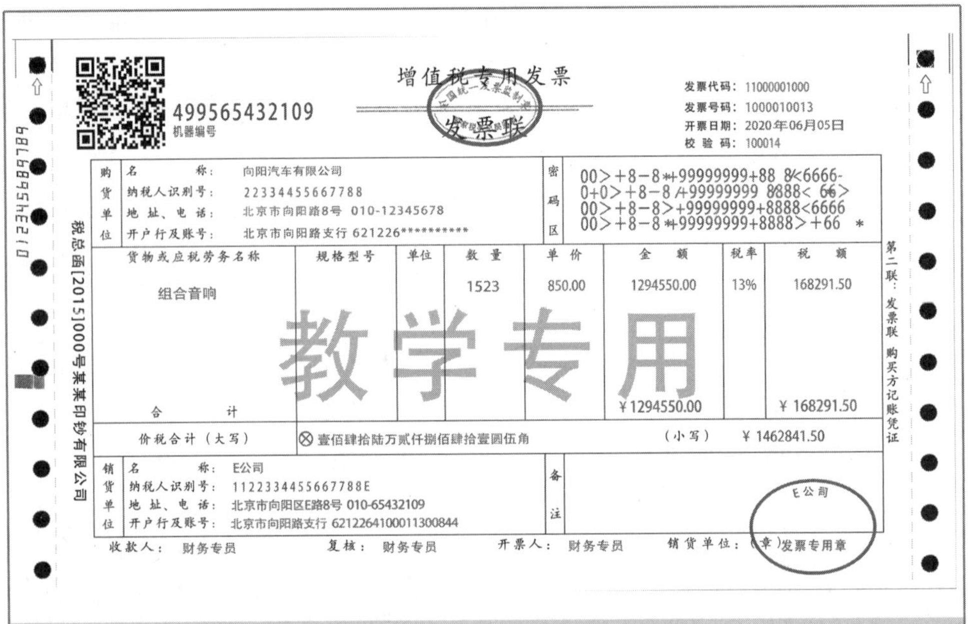
增值税专用发票

发票联

499565432109
机器编号

发票代码：11000001000
发票号码：1000010013
开票日期：2020年06月05日
校验码：100014

购货单位		密码区
名称：向阳汽车有限公司		00>+8-8*+99999999+88 8<6666-
纳税人识别号：22334455667788		0+0>+8-8/+99999999 8888< 66>
地址、电话：北京市向阳路8号 010-12345678		00>+8-8>+99999999+8888<6666
开户行及账号：北京市向阳路支行 621226**********		00>+8-8*+99999999+8888>+66 *

货物或应税劳务名称	规格型号	单位	数量	单价	金额	税率	税额
组合音响			1523	850.00	1294550.00	13%	168291.50
合计					¥1294550.00		¥168291.50
价税合计（大写）	⊗壹佰肆拾陆万贰仟捌佰肆拾壹圆伍角				（小写） ¥1462841.50		

销货单位	备注
名称：E公司	
纳税人识别号：112233445566778 8E	
地址、电话：北京市向阳区E路8号 010-65432109	
开户行及账号：北京市向阳路支行 6212264100011300844	

收款人：财务专员　复核：财务专员　开票人：财务专员　销货单位：（章）

E公司 发票专用章

第二联：发票联 购买方记账凭证

税总函[2015]000号某某印钞有限公司

教学专用

图 11－63　组合音响增值税发票

业务 4：固定资产新增

（1）2020 年 6 月 23 日，XYZ 公司生产部门因生产皮卡需要新设一条冲压生产线，经部门专员提交需求申请，获得部门经理审批通过后，资产专员从供应商 D 公司（对接人：王亿，联系方式：12232322221）购入冲压生产线 Y，该生产线合同价为 68 190 415 元（含税），另外 XYZ 公司需要额外向供应商 F 公司支付运输费用 3 033.47 元（含税）（运输费用由供应商 D 公司代收，XYZ 公司向供应商 D 公司支付运输费用）。

（2）2020 年 6 月 25 日，供应商 F 公司将生产线运至 XYZ 公司并由供应商 D 公司负责安装调试，XYZ 公司收到两张增值税专用发票（见图 11－64 和图 11－65），生产线设备采购的发票税率为 13%，运输专用发票税率为 9%，资产专员对该在建生产线进行确认，资产编码为 ZC-2020-2187-G0031（预计使用寿命 10 年，净残值率 4%，采用年限平均法计提折旧），公司计划于月末支付货款。

增值税专用发票

发票联

499454321098
机器编号

发票代码：11000001000
发票号码：1000010014
开票日期：2020年06月25日
校 验 码：100015

购货单位	名　　称：向阳汽车有限公司 纳税人识别号：22334455667788 地 址、电 话：北京市向阳路8号 010-12345678 开户行及账号：北京市向阳路支行 621226**********	密码区	00>+8-8*+99999999+88 8<6666- 0+0>+8-8/+99999999 8888< 66> 00>+8-8>+99999999+8888<6666 00>+8-8*+99999999+8888>+66 *

货物或应税劳务名称	规格型号	单位	数量	单价	金额	税率	税额
生产线Y			1	60345500.00	60345500.00	13%	7844915.00
合　　计					¥60345500.00		¥7844915.00
价税合计（大写）	⊗陆仟捌佰壹拾玖万零肆佰壹拾伍圆整				（小写）	¥68190415.00	

销货单位	名　　称：D公司 纳税人识别号：1122334455667788D 地 址、电 话：北京市向阳区D路8号 010-54321098 开户行及账号：北京市向阳路支行 6212264100011300843	备注	D公司 发票专用章

收款人：财务专员　复核：财务专员　开票人：财务专员　销货单位：（章）

税总函[2015]1000号某某印钞有限公司

第二联：发票联 购买方记账凭证

教学专用

图 11-64 生产线 Y 增值税发票

货物运输业增值税专用发票

北京

发票联

499012345678
机器编号

发票代码：11000001000
发票号码：1000010015
№ 1000010015
开票日期：2020年6月25日

承运人及纳税人识别号	F公司 1122334455667788F	密码区	0000>000<00+00000000>*00000-+000*00>00<0000 0>0000>000<00+00000000>*00000-+000*00>00<00 <*00000>000<00+00000000>*00000-+000*00>00<0 000+0=0000>000<00+00000000>*00000-+000*00>0
实际受票方及纳税人识别号	向阳汽车有限公司 22334455667788		
收货人及纳税人识别号	向阳汽车有限公司 22334455667788	发货人及纳税人识别号	F公司 1122334455667788F
起运地、经由、到达地	供应商F - XYZ公司		
费用项目及金额	费用项目　金额 运输费用　2783	运输货物信息	生产线Y

合计金额	¥2783	税率	9%	税额	¥250.47	机器编号	499012345678
价税合计(大写)	叁仟零叁拾叁圆四角七分					(小写)	¥3033.47
车种车号	向A 00001	车船吨位	50吨				
主管税务机关及代码	向阳市税务局 192837465			校验码：100016		F公司运输发票专用章	

收款人：财务专员　复核人：财务专员　开票人：财务专员　承运人：（章）

第二联 发票联 购买方记账凭证

图 11-65 运输增值税发票

(3) 2020 年 6 月 29 日，XYZ 公司通过银行转账的方式支付全部采购货款，至付款日该生产线尚未安装调试完毕。

业务 5：无形资产新增

(1) 2020 年 6 月 15 日，XYZ 公司因生产 SUV 需用一项非专利技术提高生产效率，经部门专员提交需求申请，获得部门经理审批通过后，资产专员从供应商 G 公司（对接人：孙万，联系方式：12221113332）购入非专利技术 S，该非专利技术合同价为 6 010 200 元（含税）。

(2) 2020 年 6 月 15 日，XYZ 公司收到增值税专用发票（见图 11－66），税率为 6%，当天资产专员对该无形资产进行入库确认并提交资产新增单，资产编码为 ZC-2020-2187-W0021（预计使用寿命 10 年，净残值率为 0，采用年限平均法计提摊销），款项已以银行存款支付。

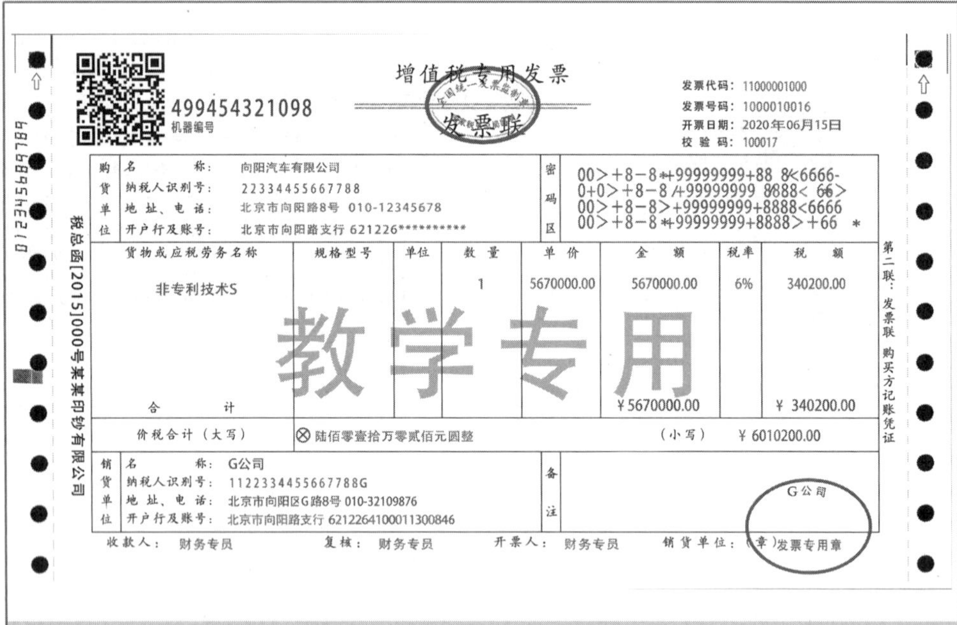

增值税专用发票

发票联

499454321098 机器编号

发票代码：11000001000
发票号码：1000010016
开票日期：2020年06月15日
校验码：100017

购货单位	名称：向阳汽车有限公司 纳税人识别号：22334455667788 地址、电话：北京市向阳路8号 010-12345678 开户行及账号：北京市向阳路支行 621226**********			密码区	00>+8−8*+99999999+88 8<6666- 0+0>+8−8/+99999999 8888< 66> 00>+8−8>+99999999+8888<6666 00>+8−8*+99999999+8888>+66 *		
货物或应税劳务名称	规格型号	单位	数量	单价	金额	税率	税额
非专利技术S			1	5670000.00	5670000.00	6%	340200.00
合计					¥5670000.00		¥ 340200.00
价税合计（大写）	⊗陆佰零壹拾万零贰佰元圆整				（小写） ¥ 6010200.00		
销货单位	名称：G公司 纳税人识别号：1122334455667788G 地址、电话：北京市向阳区G路8号 010-32109876 开户行及账号：北京市向阳路支行 6212264100011300846			备注			

收款人：财务专员　复核：财务专员　开票人：财务专员　销货单位：（章）

第二联：发票联 购买方记账凭证

税总函[2015]000号某某印钞有限公司

教学专用

图 11－66　非专利技术 S 增值税发票

业务 6：摊销

2020 年 6 月 29 日，ABC 公司营销部计提特许经营权（ZC-2020-2187-W004）摊销额 49 688 元，资产专员据此录入资产管理单进行计提确认。

思考题

1. 企业资产管理包含哪些业务场景?

2. 传统财务模式下的资产管理模式是什么? 缺点是什么?

3. 对比传统财务模式和财务共享模式下的资产管理流程，思考财务共享服务中心为企业资产管理带来了哪些改进。

4. 为什么资产管理业务在共享系统中的流程到共享会计审批就结束了?

延伸阅读

物联网——资产跟踪

随着科学技术的发展，互联网成为时代的潮流。射频识别（RFID）物联网技术也依托互联网发展起来。资产跟踪系统通过射频识别技术对固定资产进行标签式管理，实现资产信息实时更新，所在位置实时查询，设备移动跟踪记录、报警。

射频识别亦称电子标签，是一种非接触式的自动识别技术，它通过射频信号自动识别目标对象并获取相关数据，识别工作无须人工干预，可应用于各种恶劣环境。RFID 系统主要由电子标签、读写器和后台计算机系统组成。电子标签即射频卡，用于标识物品，分为无源标签（被动标签）和有源标签（主动标签）两种。读写器包含外置天线和读写电路，主要用于读取电子标签的信息。计算机系统通过有线或无线方式与阅读器连接，获取电子标签的内部信息，并根据应用需求进行初步的数据筛选和处理，实现后台控制功能。

资产跟踪系统应用于企业的资产管理中，能够明显提升企业的资产管理水平，主要体现在以下五个方面：

1. 提升工作效率和准确率

通过 RFID 的读写技术可以对资产进行远距离的数据采集和更改，能够有效避免因人工录入数据而出现的失误，提升资产登记的工作效率和准确性，实现资产的全生命周期智能化管理。

2. 加强固定资产动态管理

资产跟踪系统能够对资产进行实时监督，及时更新资产信息，资产管理人员也可以通过移动设备对资产进行随时随地的管理，实现固定资产动态管理。

3. 提升资产使用效率

与传统模式下的资产管理相比，运用 RFID 技术能够更有效地管理资产，避免传统模式下部门之间出现信息孤岛、资产信息更新不及时等，更有效地配置资源，提升资产使用效率。

4. 提高资产的安全性

RFID能够对资产进行自动定位，当资产出现非授权移动时，能够自动报警，提升资产的安全性，节约企业成本。

5. 明确资产管理人员的分工

资产跟踪系统对每一位资产管理人员的工作进行细致的划分，实施多级管理，提升资产管理人员管理意识，提高工作效率。

资产跟踪是物联网增长最快的领域之一。资产跟踪的目的是节约成本和时间。跟踪企业资产能够获取资产使用情况（何人在何时何地使用何种设备），维护和校准时间安排表以及新设备需求等信息。企业可以利用资产跟踪收集来的数据指导决策、防止损失并提高资产利用率。

第十二章

合同管理

本章学习目的

本章重点介绍财务共享模式下合同管理的基本原理。通过本章的学习，应了解合同管理的概念和主要内容；理解传统财务模式下合同管理的基本流程和不足；掌握财务共享模式下合同管理的基本流程与主要特点；熟悉财务共享模式下合同管理的实训技能。

第一节　合同管理概述

一、合同管理的基本概念

合同是指平等主体的自然人、法人、其他组织之间设立、变更、终止民事权利义务的协议。合同管理大体可以分为收款合同管理和付款合同管理。

收款（销售）合同一般约定商品服务内容、价格、服务承诺、返利情况、回款计划等信息。在企业内部除了管理收款（销售）合同的签署留档外，更重要的是将电子化的收款（销售）合同转化成结构化的合同台账，将合同台账价格、数量、合同阶段、回款计划等有效信息，在合同信息中固化，实现后续执行过程被其他单据引用。

付款（采购）合同是企业完成采购的寻源管理后，为了降低企业采购执行环节的风险，依据企业的采购策略及供应商管理体系，对采购活动进行管理的主要方式。

对于共享平台，为便于后续进行合同的数据分析，通常会实现共享平台与业务系统（CRM 系统、合同管理系统）对接，将共享平台所需合同信息从源业务系统承接过来，完成后续业务控制及分析。

二、合同管理涉及的主要单据和会计记录

合同管理流程涉及的单据和记录繁多，根据业务可以划分为销售、收款、采购、付款流程涉及的单据和记录，如表 12－1 所示。

表 12－1　合同管理涉及的主要单据和会计记录

业务	涉及的单据和会计记录
销售	客户订单、销售单、发运凭证、销售发票、记账凭证、汇款通知书、营业收入明细账、折扣折让明细账

续表

业务	涉及的单据和会计记录
收款	收款凭证、应收账款明细账、库存现金日记账、银行存款日记账、坏账审批表
采购	采购计划、供应商清单、采购申请单、采购合同、验收单、卖方发票、转账凭证
付款	付款凭证、应付账款明细账、库存现金日记账、银行存款日记账

第二节　传统财务模式下的合同管理

一、基本流程

不同的企业因其自身实际情况和内控要求不同，合同管理的具体流程也存在差异。以一般制造业收款合同管理流程（见图 12－1）为例，简要描述传统财务模式下的合同管理流程。

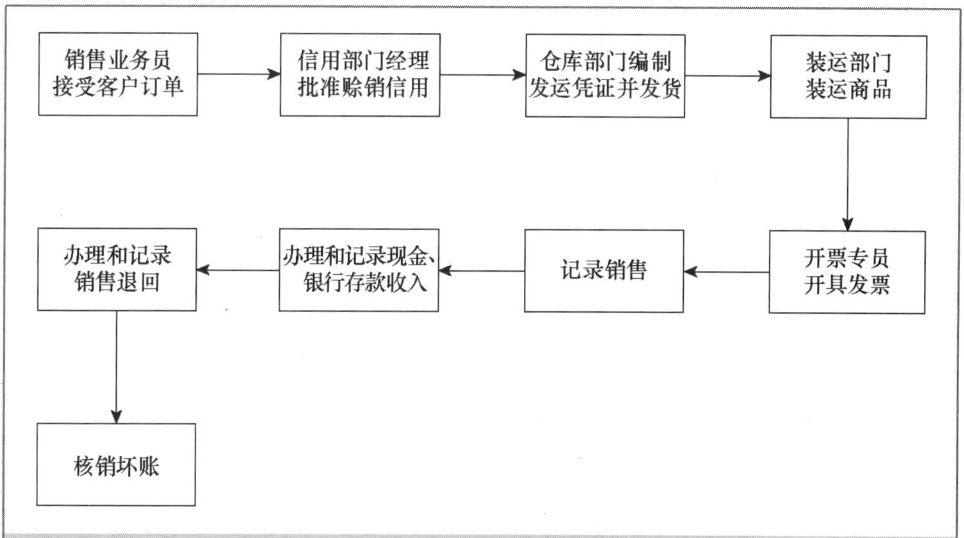

图 12－1　传统财务模式下收款合同管理的主要流程

首先，销售业务员接受客户订单，销售经理对客户订单进行审批授权，主要审核订单的合理性；信用部门经理按照本单位赊销政策进行信用批准，复核客户订单，并在销售单上签字；仓库部门编制发运凭证并根据已批准的销售单发货；装运部门按照已批准的销售单装运商品；开票专员在确定销售发票的准确性后向客户开具发票；依据附有有效装运凭证和销售单的销售发票记录销售业务，并定期向客户寄送对账单；最后，办理和记录现金、银行存款收入。如出现销售退回，则审批销售退回及折扣；在确认坏账无法收回后，经审批核销坏账。

以B公司销售业务员与客户C签订电视机销售合同为例，收款方式为银行转账，流程如下：

首先，销售业务员接受该笔电视机订单，销售经理对客户订单进行审批授权；信用部门根据公司规定对客户C的信用等级进行评估，按照本单位赊销政策对其进行信用批准，复核电视机销售单付款方式的合理性，并在销售单上签字；仓库部门编制发运凭证并发货，装运部门装运商品；资金会计收到客户C的转账付款；开票专员根据合同内容以及实际情况向客户C开具发票；财务会计依据附有有效装运凭证和销售单的销售发票，将该笔销售业务登记入账。

二、主要特点

合同管理是企业营运最为核心的业务之一，在传统财务模式下，企业合同管理具有如下特点：

1. 业务处理依赖手工

传统财务模式下的合同管理审批流程以线下手工签字为主，业务部门每个季度手工进行对账，财务人员手工进行收款核销。此外，合同管理流程中，不同系统之间的数据无法自动传输，需要人工手动进行复制粘贴。

2. 业务涉及部门较多

根据上述基本流程，收款合同管理业务涉及的部门有营销部门、信用部门、仓库部门、装运部门、财务部门以及外部采购商，需要各部门通力合作，程序较为复杂。

3. 业务相关数据量大

企业的销售和收款业务发生频繁，涉及单据和记录繁多，导致相应的会计核算业务量大且重复率高，对数据的准确性与实时性要求较高。

三、对传统财务模式下合同管理的评价

因为传统财务模式下合同管理业务程序复杂、涉及单据和记录繁多、依赖手工，在合同管理工作中存在以下不足：

1. 部门间缺乏沟通

合同管理业务流程复杂，涉及部门较多，传统财务模式下部门间缺乏沟通，信息不对称。例如，财务部门和营销部门之间存在信息差，双方系统数据没有互通，收款与合同无法及时对应。此外，因为不同子公司的客户代码信息无法做到互通，同一家客户在不同的子公司的客户代码不一致，这为集团财务汇总带来了不便。

2. 收款核销流程不健全

传统财务模式下，企业主要依靠人工处理收款核销业务而非采用自动核销系统，工作量大且易出错，财务人员与客户进行对账时效率低下，易出现账目核对错误。

3. 企业内控风险高

传统财务模式下，企业分子公司的财务数据、业务数据无法互通共享。不同的分子公司的信息相互独立，不同的分子公司根据本公司的交易记录进行信用评估而无法参考其他分子公司的交易情况。这会导致同一家客户在不同的分子公司拥有不同的信用评级，整个集团的内控风险增加。

4. 审核效率低

与费用报销类似，传统财务模式下的合同管理以线下人工审核为主，涉及单据和记录繁多，审核时间较长且逐级审批环节有极大的不确定性，一定程度上影响了业务流程的运行。此外，纸质版凭证在线下流转过程中易出现损坏丢失，降低了审核效率，一定程度上增加了财务工作量。

第三节 财务共享模式下的合同管理

一、基本流程

财务共享服务中的合同管理流程可以根据企业的实际情况和内控需求进行个性化调整。由于合同管理业务涉及的部门、单据、记录繁多，为了流程的实施，企业首先要进行的是全集团范围内的流程梳理和标准化。本部分仍以收款合同流程（见图 12-2）为例。

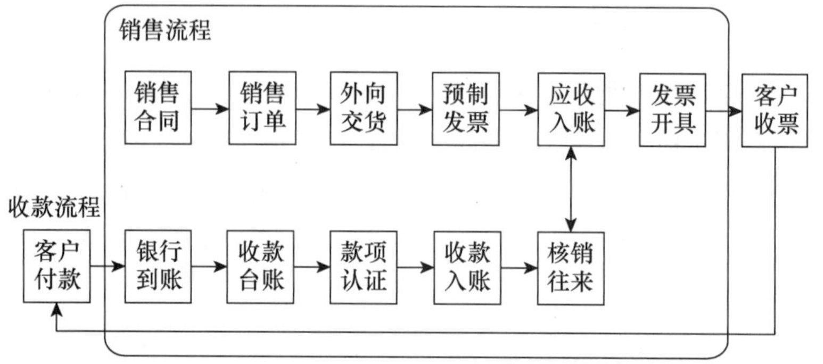

图 12-2　财务共享模式下收款合同管理的主要流程

收款合同管理流程的核心业务包括：订单及合同管理、开票及收入确认、收款及票据管理、对账反馈和内部控制等具体流程。首先，销售人员与客户签订销售合同并通过人工录入或者影像扫描、识别的方法来记录其中的关键信息；外向交货后，税务会计经申请通过后在税务系统中进行发票预制；应收应付会计根据预制发票信息进行应收账款入账；销售人员提出开具发票的要求，财务共享服务中心审核相应的合同条款，开具发票；客户收到发票后，进行资金付款；当接到客户的付款通知后，财务共享服务中心将自动检查银行的付款记录，确认收款完成后，完成应收账款科目的会计处理；对于收到的票据，企业可以根据资金管理的需要进行票据贴现或者背书处理；确认收款并入账后，通过客户关系处理系统将客户信息反馈给客户，并和客户定期对账，以发现可能存在的错误。

同样以B公司销售业务员与客户C签订电视机销售合同为例，收款方式为银行转账，财务共享模式下的流程如下：

销售业务员在网上报账系统中录入电视机销售合同；外向交货后，税务会计在共享系统开具发票申请单，经审批通过后，根据开票池数据生成预制发票；应收应付会计根据预制发票在网上报账系统中填制收入报账单，进行应收账款入账；销售业务员提出开具发票的需求，税务会计审核相应的合同条款并根据发票管理池数据开具发票；客户C收到发票后通过银行转账的方式进行资金付款；收到客户C的付款通知后，财务机器人将自动检查银行的付款记录并在确认收款完成后进行应收账款科目的会计处理；确认收款并入账后，应收应付会计与销售业务员进行内部核对账务，公司内部核实通过后，销售业务员与客户C进行线下对账。

二、主要特点

与传统财务模式下的合同管理相比，财务共享模式下的合同管理利用影像管理技术智能采集数据，依托机器人流程自动化（RPA）技术实现自动开具发票的功能，对企业收款风险进行实时监测。

1. 智能采集数据

共享系统中的影像管理系统将合同管理业务所需的原始单据（如合同、发票、凭证等）通过扫描的方式转化成影像件，并启用条码技术将影像件与原始单据进行关联，实现数据的智能采集。

2. 业务环节自动化

财务共享模式下，应收入账、集中开票、收款认领、财务记账、应收核销等环节实现高度自动化。例如，在 RPA 技术支持下，财务机器人可以在后台直接提取不同系统中的数据，在各项数据核验通过后，根据待开票数据自动开具发票。

3. 实时监管风险

财务共享信息系统内置客户关系管理（CRM）系统，企业可以借助 RPA 技术在共享系统中建立客户信用体系。财务机器人可以从 CRM 系统中获取客户信息并对客户的数据进行管理，通过事先设置的算法对客户的风险性进行评估，实时监管收款风险。

三、对财务共享模式下合同管理的评价

财务共享模式下，企业合同管理业务流程标准化与规范化，整体操作流程简明实用。

1. 实现业财融合

财务共享服务中心的建立打破了各个部门相互隔绝的业务处理方式，实现了数据互通、资源共享。企业通过财务共享模式接通业务系统与财务系统，财务人员可以在系统中查询业务发生的相关信息，销售人员也可以在系统中查询财务活动的进度，有效推动业财融合，实现对业务活动的事前控制。

2. 及时处理核心数据

财务共享服务中心实现了业务与财务的无缝对接。传统财务模式下，应收账

款核销需要通知应收账款管理人员核对金额入账并根据发票进行销账。财务共享模式下，应收账款收账后系统自动进行销账（特殊情况除外），一定程度上缩短了财务人员处理相关业务时间，显著提升了财务处理效率。

3. 加强企业内部控制

财务共享信息系统能够实现企业的实时集中监控，加强对收款等重点流程的监督。此外，财务共享服务中心能够满足企业对客户分类管理和对应收账款进行集中管理的要求，保障企业安全完整地进行应收账款的回收，加强坏账风险的控制。

4. 规范业务流程

合同管理业务程序复杂且工作量大，需要完整规范的业务流程。企业实施财务共享模式时一般先进行流程梳理，规范合同管理业务流程，严格把控收款流程的关键节点，通过完善和监督收款流程来控制大量赊销带来的风险隐患。

第四节 合同管理实训

一、实训目标

（1）掌握财务共享信息系统中员工合同管理的操作流程；
（2）理解财务共享信息系统实现企业合同管理的整体流程；
（3）了解 RPA 在财务共享中的应用场景；
（4）了解合同管理的流程优化对提高内部控制管理水平的意义。

二、任务背景

合同管理是企业最重要的业务循环之一，销售与收款关系到企业的现金流是否充足，相关款项的及时收回是企业资产安全的重要保证。企业对合同管理流程的设计关乎着企业内部控制管理质量，基于此，ABC 公司通过财务共享信息系统加强对合同管理流程的监督，增强企业竞争力。

三、案例分析

ABC 公司要加强对收款合同和付款合同的管理，需要明确各部门人员的职责与分工，各岗位人员需遵循财务共享信息系统的标准化、流程化操作设计，实现合同管理在财务共享服务中心的自动化处理。目前，ABC 公司引进 RPA 技术，成功实现系统在后台自动验证单据信息并开具对应的销项发票。

四、操作流程及操作要点

本章包含收款合同及付款合同业务场景，以下将分别介绍收款合同的财务核算流程及付款合同的财务核算流程。其中待处理业务 1～5 参考收款合同流程（见图 12－3），待处理业务 6～8 参考付款合同流程（见图 12－4）。

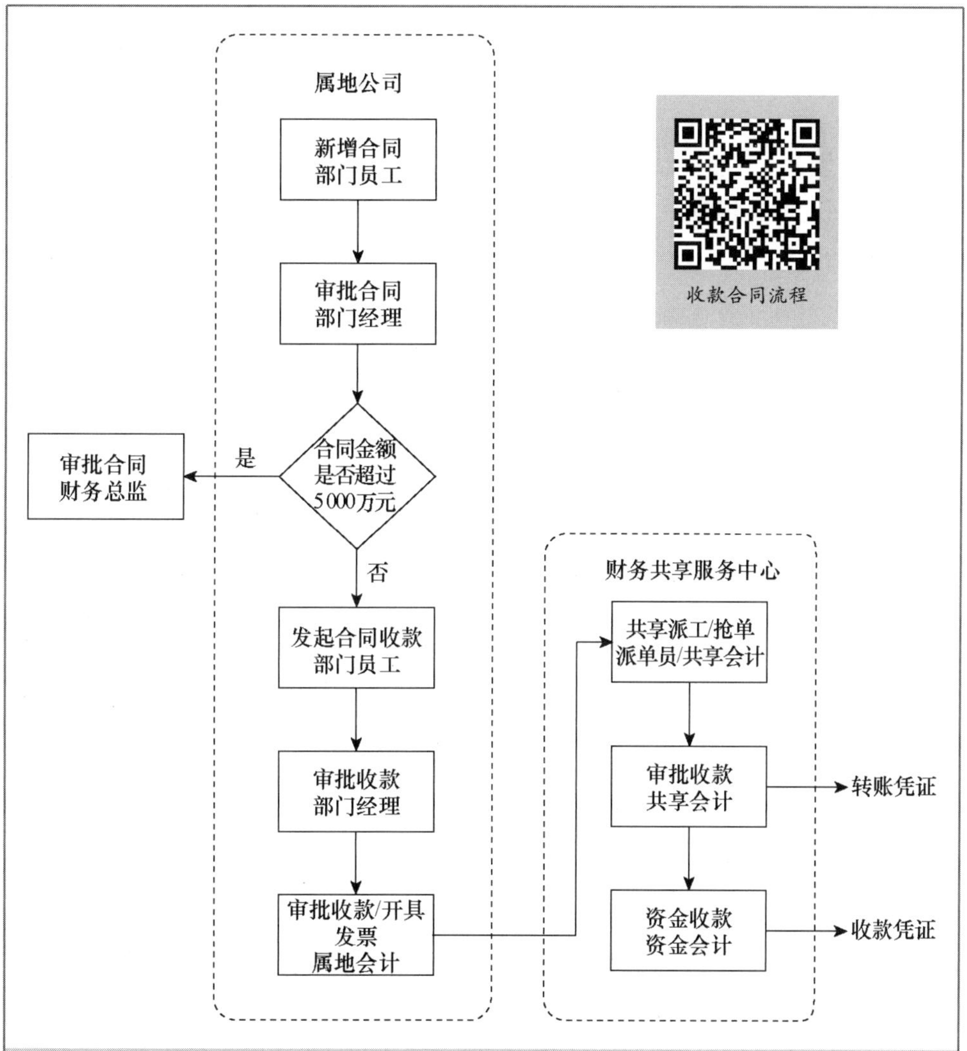

图 12－3　收款合同流程

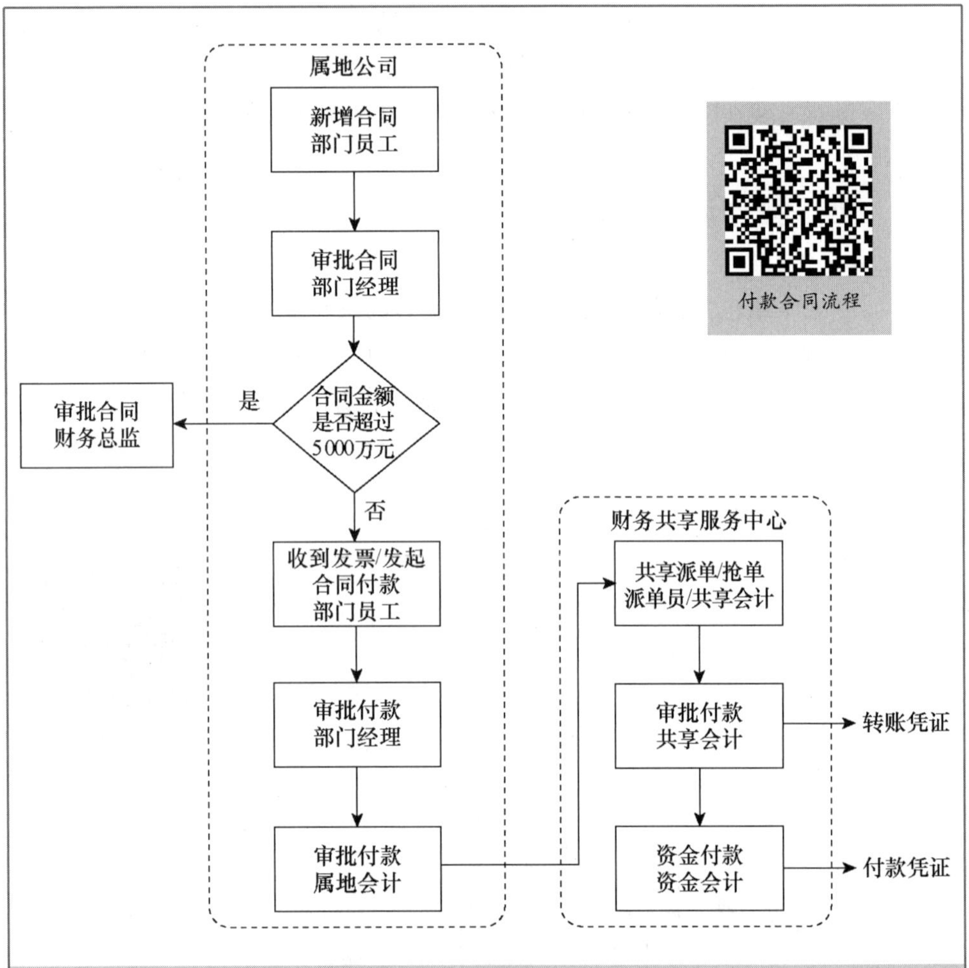

图 12-4　付款合同流程

收款合同是从属地公司开始，销售专员根据签订的合同在共享系统中发起收款合同新增单，经部门经理审批同意后发起合同收款。属地会计审批同意后，系统在后台自动验证单据中业务信息，如符合开票所需信息则自动开具收款合同对应的销项发票，而后合同收款单交由共享中心处理。当公司银行账户收到销售款后，资金会计制证（收款凭证）。至此，收款合同流程结束。

付款合同是从属地公司开始，采购专员根据签订的合同在共享系统中发起付款合同新增单，收到供应商发票后经部门经理审批同意发起合同付款。属地会计审批同意后，合同付款单交由共享中心处理。当共享会计审批付款后，资金会计进行资金付款并制证（付款凭证）。至此，付款合同流程结束。

第五节　典型业务及系统实现

典型业务：销售合同

（一）业务内容

2020年6月4日，ABC公司营销部销售专员与客户乙公司签订轿车销售合同（见图12-5），向客户乙公司销售轿车923辆，成交价（未税）为7.01万元/辆。部门专员新增销售合同，经部门领导审批同意后，由属地会计开具增值税专用发票（见图12-6），税率为13%，该类轿车单位成本为6万元/台。客户乙公司收到轿车并验收入库，开出一张商业承兑汇票（20日期限）。6月18日，销售专员发起收款，ABC公司持票前往开户银行办理托收；6月24日，银行收到客户乙公司划款。（ABC公司已将商品的法定所有权转移给客户乙公司，客户乙公司已取得商品控制权，该销售商品行为属于在某一时点履行的单项履约义务。）

轿车销售合同　　合同编号：HTXZD-001

甲方（采购商）		乙公司
乙方（供应商）		ABC公司
签约时间		2020年6月4日
开始日期/结束日期		2020年6月4日/2020年6月24日
内容及价格		轿车923辆，成交价（未税）为7.01万元/辆，增值税税率为13%
结算方式		甲方在自合同签订日起20个自然日内付清全部款项，以托收承付的方式支付款项至乙方账户
乙方账户信息	开户名称	向阳汽车有限公司
	开户银行	北京市向阳路支行
	账号	6212264100011300870

甲方联系人：李想　　乙方联系人：张三

电话：13322223333　　电话：10000000000

图12-5　轿车销售合同

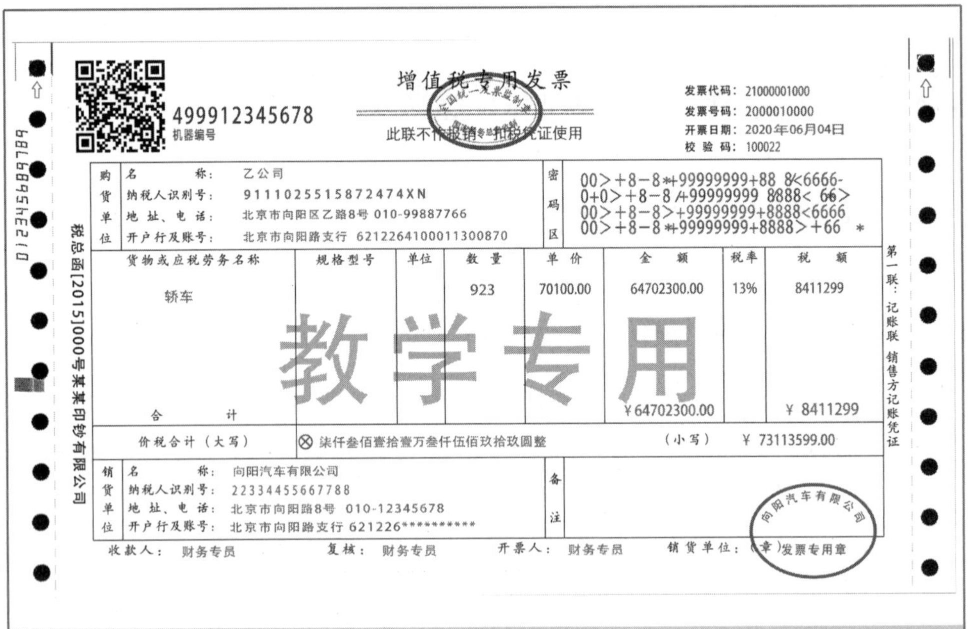

增值税专用发票

499912345678
机器编号

此联不作报销、扣税凭证使用

发票代码：2100000100
发票号码：2000010000
开票日期：2020年06月04日
校 验 码：100022

购货单位		密码区
名 称：	乙公司	00>+8-8*+99999999+88 8<6666-
纳税人识别号：	911102551587 2474XN	0+0>+8-8/+99999999 8888< 66>
地 址、电 话：	北京市向阳区乙路8号 010-99887766	00>+8-8>+99999999+8888<6666
开户行及账号：	北京市向阳路支行 6212264100011300870	00>+8-8*+99999999+8888>+66 *

货物或应税劳务名称	规格型号	单位	数量	单价	金额	税率	税额
轿车			923	70100.00	64702300.00	13%	8411299
合计					¥64702300.00		¥ 8411299
价税合计（大写）	⊗柒仟叁佰壹拾壹万叁仟伍佰玖拾玖圆整				（小写） ¥ 73113599.00		

销货单位		备注
名 称：	向阳汽车有限公司	
纳税人识别号：	22334455667788	
地 址、电 话：	北京市向阳路8号 010-12345678	
开户行及账号：	北京市向阳路支行 621226**********	

收款人：财务专员 复核：财务专员 开票人：财务专员 销货单位：（章）

图 12-6 轿车增值税发票

（二）IT 系统实现

收款合同-新增单
操作视频

1. 销售专员新增合同

(1) 切换身份至销售专员，单击“合同管理-我的合同”，选择“合同收款新增单”，单击“创建单据”按钮，进入收款合同新增单填写界面。

(2) 填写“基本信息”。“合同纸质编号”为 HTXZD-001，“合同名称”为轿车销售合同，“合同类型”为“销售合同”，“合同签订日期”为 2020 年 6 月 4 日，“合同开始日期”为 2020 年 6 月 4 日，“合同结束日期”为 2020 年 6 月 24 日，“开闭类型”为“闭口合同”，“合同收付类型”默认收款类型，根据案例信息输入合同含税金额。

(3) 根据合同内容填写供应商信息。

(4) 填写“收款计划”。“收款基准”为“完工验收”，“收款期限”（购方最晚付款日期）为 2020 年 6 月 24 日，“收款金额”为合同含税总额，“收款方式”为“托收承付”（购货方开具商业汇票）。由于本案例没有现金折扣，因此无须填写折扣率和折扣天数。

(5) 单击“提交审批”按钮，生成合同新增单并提交部门经理审批（见图 12-7）。

图 12－7　合同收款新增单

> **注意：**
>
> （1）合同新增单界面中，“合同名称”“合同类型”“合同签订日期”“合同开始日期”“合同结束日期”“开闭类型”为必填项。
>
> （2）若合同规定现金折扣，如“2/5，n/15”，则合同新增单中“折扣天数 1”填写“5”时，“折扣率 1”为“2”；“折扣天数 2”为“15”时，“折扣率 2”为“0”。

2. 销售经理审批合同

切换身份至销售经理，单击“图标-待办任务”，进入待办任务界面。点击需要审批的合同新增单，单击“同意”按钮，弹出“同意”对话框。单击“确认”按钮，弹出提示信息“单据提交成功”（见图 12－8）。

3. 财务总监审批收款

公司规定总额超过 5 000 万元的销售合同必须由财务总监审批收款。

（1）切换身份至财务总监，单击“图标-待办任务”，进入待办任务界面。

（2）点击需要审批的合同新增单，单击“同意”按钮，弹出“同意”对话框（见图 12－9）。

图 12-8　销售经理审批界面

图 12-9　财务总监审批界面

（3）单击“确定”按钮，弹出提示信息“单据提交成功”。

4. 销售专员发起合同收款

收款合同-收款单
操作视频

（1）切换身份至销售专员，单击“合同管理-我的合同”，点击“合同收款单”，单击“创建单据”，进入合同收款单界面。

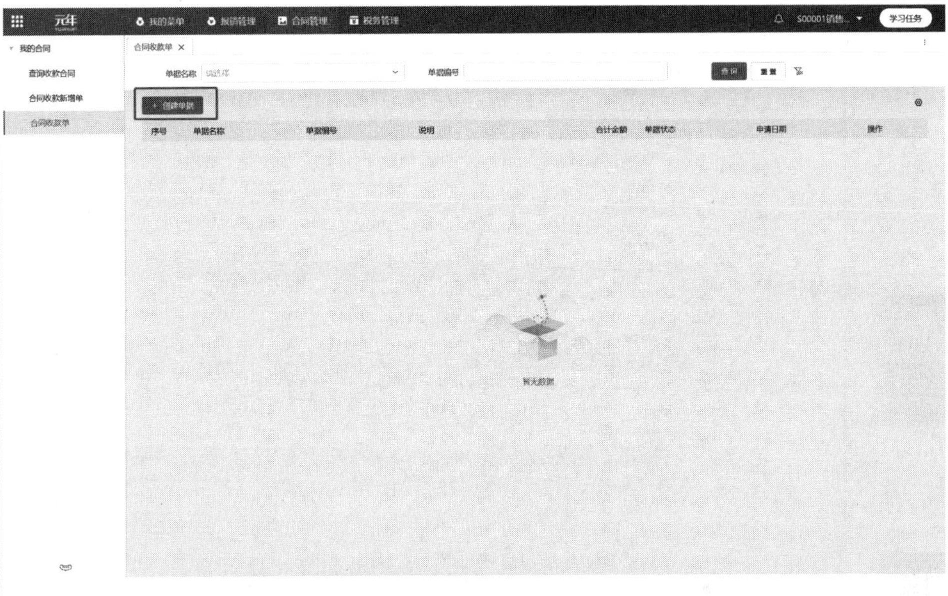

图 12-10　发起合同收款单界面

（2）填写“基本信息”。“填单日期”为 2020 年 6 月 18 日，“合同签订日期”为 2020 年 6 月 4 日，“客户名称”选择客户乙，“客户税号”自动带出。

（3）填写“明细信息”。“开票日期”为 2020 年 6 月 4 日，“商品类别”选择“库存商品”，“商品名称”为“轿车”，“商品编码”自动带出，“单位”为“辆”，“未税单价/元”为 70 100 元，“数量”为 923，“售价”由共享系统自动计算得出，“税额”为 8 411 299 元，“售价合计（含税）”由共享系统自动计算得出。

（4）填写“合同信息”。合同信息区中，单击“收款合同编号”空白栏，弹出合同备选列表界面，勾选相应的收款公司，单击确定按钮。“合同购买方”“合同期限”“合同发票类型”“合同关闭类型”“合同金额”“合同已收金额”“合同未收金额”等项目将根据链接的合同新增单自动带出，税率为 13%。

（5）填写“收款区”。“付款公司”“付款方账号”“付款方开户行”“付款方开户姓名”根据链接的合同新增单自动带出，对公收款，托收承付，“收款公司”

为向阳汽车有限公司，“收款账号”“收款银行”自动带出，“收款金额（含税）”随明细信息区“售价合计（含税）”自动带出。

（6）单击“提交审批”按钮，弹出“提交审批”对话框。单击“确定”按钮，生成合同收款单。提交审批对话框中显示下一环节审批人（见图 12－11）。

图 12－11　合同收款单

> **注意：**
>
> （1）如果不想立刻提交合同收款单，可以在填写完毕后单击“保存”按钮，保存的单据在“我的菜单-我的单据”中进行查看，单据状态显示为“未提交”，点击单据编号可以继续编辑并提交审批。
>
> （2）提交审批后，查询收款合同界面中对应合同一行中“在途金额”即为发起收款金额。

5. 销售经理审批收款

（1）切换身份至销售经理，单击“图标-待办任务”，进入待办任务界面。

（2）点击需要审批的合同收款单，单击“同意”，弹出“同意”对话框。单击“确定”按钮，弹出提示信息“单据提交成功”（见图 12－12）。

图 12-12 销售经理审批界面

> **注意：**
>
> 在待办任务界面，通过选择任务状态为“已办任务”查询销售经理已经审批的单据，在对应行中点击“查看流程”可查看审批历史。

6. 属地会计审批收款/开具发票

（1）切换身份至属地会计 1，单击“图标-待办任务”，进入待办任务界面。

（2）单击需要审批的合同收款单，单击“同意”按钮，弹出“同意”对话框。单击“确定”按钮，弹出提示信息“单据提交成功”（见图 12-13）。

（3）合同收款单经由属地会计审批同意通过后，系统将在后台自动开具收款合同对应的销项发票。可通过“税务管理-发票管理-销项发票管理”模块进入销项发票台账界面查看相应发票。

图 12－13　属地会计审批界面

注意：

负责审批的属地会计必须是单据发起人所在的属地公司的属地会计。若合同是销售专员发起的，则由属地会计 1 审批；若合同是采购专员发起的，则由属地会计 2 审批。

7. 派单员共享派工

收款合同-共享中心操作视频

当合同收款单流转至共享环节时，单据可以由派单员进行派工，也可以由共享会计进行抢单，以下为派单员批量派工时的操作步骤。

（1）切换身份至派单员，单击“共享中心-共享任务管理”，进入共享派工页面。

（2）勾选需要派单的合同收款单，单击“批量派工”按钮，弹出“确认批量派工吗?”对话框。单击“确定”按钮，弹出“共享派工”对话框，在共享初审组中选择派单的共享会计，如选择共享会计 1，则手动批量派工成功（见图 12－14）。

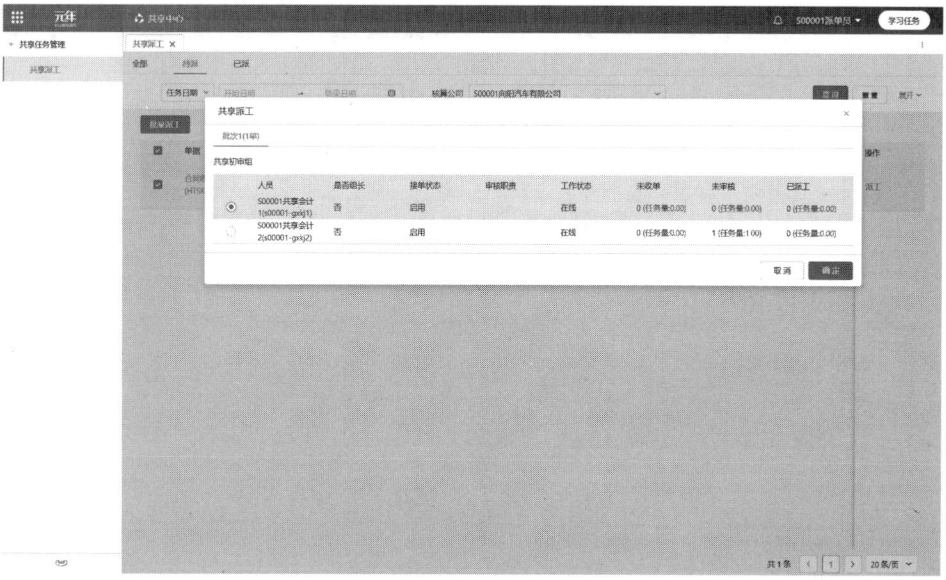

图 12-14　共享派工界面

注意：

（1）在共享会计审批单据之前，派单员可以收回派工并重新派单。在共享任务管理界面的“已派”页签下，勾选相应单据，点击“批量收回”按钮，然后在“待派”页签下重新派工。

（2）派单员选择某一共享会计派单后，审批单据待办任务将出现在相应共享会计的操作界面，其他共享会计无法在操作界面看到此待办任务，也无法抢单。

8. 共享会计抢单

当单据流程流转至共享环节时，单据处于未派工的状态，系统支持共享会计抢单。

（1）切换用户至共享会计，单击“共享中心-任务审核”。

（2）单击“待审”按钮，进入待审单据界面。

（3）在“本次抢单数”填写框中输入抢单数量，如“1”，单击“点击抢单”（见图 12-15），弹出提示信息，抢单成功，单击图标回到首页，单击“待办任务”跳转到待办任务区，可选择相应收款单进行审批。具体审批操作请参照共享会计审批收款流程。

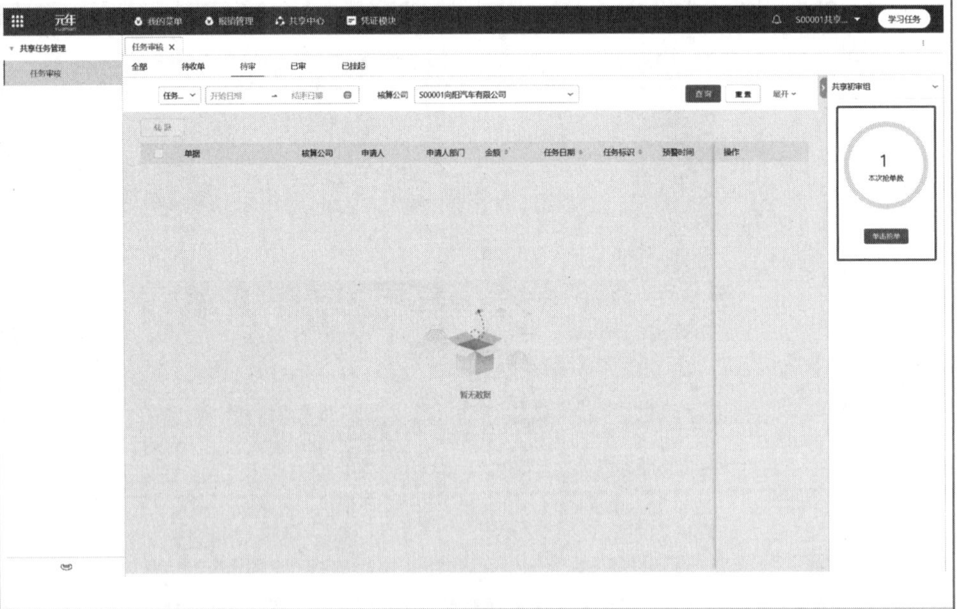

图 12 - 15　共享会计抢单界面

注意：

（1）共享会计手动输入“本次抢单数”，所填数额必须大于 0，但不得超过设置的单次抢单最大数。

（2）“可抢任务”显示当前审核会计组下，流程流转至共享环节且状态为未派工的单据数量。

（3）“待办任务”：当前共享会计待办任务中未处理的数量。

（4）抢单机制为随机抢单，共享会计无法定向抢单。

9. 共享会计审批收款

（1）切换身份至共享会计，单击“图标-待办任务”，进入待办任务页面。

（2）单击需要审批的合同收款单，单击“同意”按钮，弹出“同意”对话框，单击“确认”按钮，弹出提示信息，单据提交成功。

（3）单击“凭证管理-待生成”，勾选需要生成凭证的合同收款单，单击“批量生成凭证”，弹出选择批量生成凭证模板对话框，选择记账日期为 2020 年 6 月 4 日，勾选凭证模板为合同收款转账凭证，单击“确认”按钮，弹出批量生成凭证结果对话框（见图 12 - 16）。

图 12－16　生成转账凭证界面

(4) 单击“凭证管理-已生成”，点击需要推送凭证的合同收款单左侧箭头，勾选需要推送的凭证，点击凭证号，界面显示凭证的详细信息。

(5) 查看凭证详细内容，若信息正确，则点击“推送凭证”按钮；若信息有误，则进行修改。确认信息无误后，点击“推送凭证”按钮，弹出提示信息“推送成功”，点击“确定”按钮，推送凭证至核算中心（见图 12－17）。

图 12－17　凭证推送界面

> **注意：**
>
> (1) 推送凭证前可点击“验证凭证”按钮检查借贷方是否平衡，系统会弹出对话框提示借贷是否平衡。
>
> (2) 若不想立即推送凭证，可以点击“保存凭证”按钮。在“凭证管理-已生成”页签下，通过选择“推送状态”为“未推送”查询已经保存但尚未推送的凭证。
>
> (3) 凭证一旦推送成功便无法更改，所以推送前应仔细检查凭证是否有误。

10. 资金收款

(1) 切换身份至资金会计，单击“资金管理-资金审批”。

(2) 勾选需要审批的合同收款单，单击“通过”按钮，弹出提示信息，审批成功。

(3) 单击“资金管理-资金收款”，在状态为“待收款”的查询结果中，勾选需要收款的合同收款单，单击“制证”按钮，弹出收款凭证模板对话框，选择记账日期为 2020 年 6 月 24 日，勾选凭证模板为合同收款收款凭证，单击“确定”按钮，弹出提示信息“凭证生成成功”对话框。单击“确定”按钮，生成收款凭证（见图 12－18）。

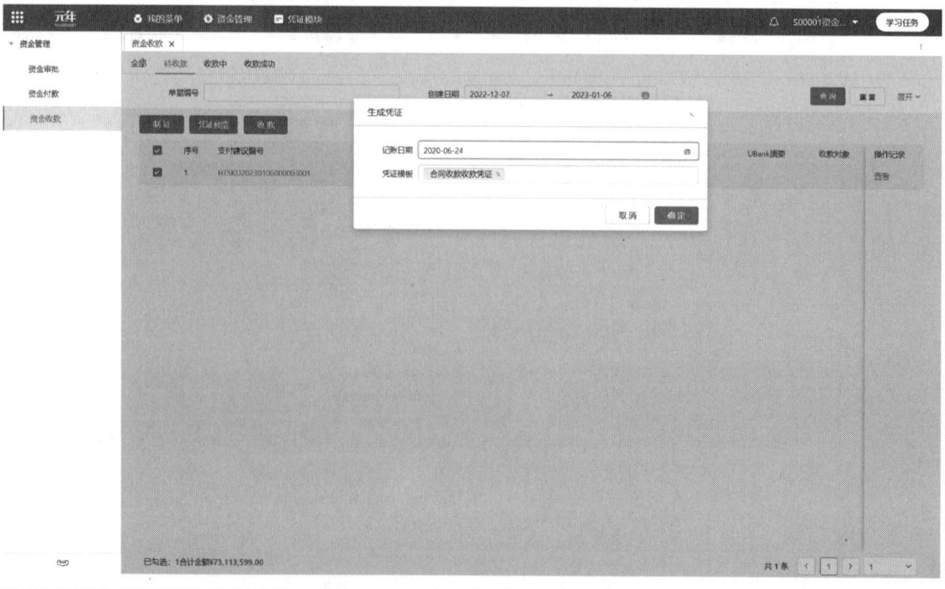

图 12－18　生成收款凭证界面

（4）在凭证状态为“已生成”的查询结果中勾选需要收款的合同收款单，单击“收款”按钮，弹出提示信息“处理成功”对话框。

（5）单击“凭证模块-凭证管理-已生成”，点击已经生成凭证的合同收款单左侧箭头。

（6）在凭证信息区找到序号为2，制证人为资金会计的记录，单击凭证号，查看收款凭证。

（7）单击“推送凭证”按钮，弹出提示信息“推送成功”（见图12-19）。

图12-19　凭证推送界面

注意：

（1）单击记录行的单据编号，可以查看合同收款单详细内容。

（2）制证前，可单击“凭证预览”按钮，预览收款凭证。应注意核对凭证信息是否正确，收款凭证一经生成并推送便无法更改。

（3）共享中心负责的会计核算业务相似度高，学生可以将多张单据填写完毕后，利用批量审批功能，一键全部审批。

（4）生成收款凭证后，待收款的单据记录审批状态仍然为“待收款”，收款后，单据记录审批状态变为“收款成功”。

（5）若一条记录已经生成收款凭证但尚未收款，对该记录再次制证，会弹出支付建议“收款凭证已经推送，请不要重复产生”，防止重复制证。

(6) 已推送的收款凭证可以在“凭证管理”菜单下筛选出已经推送凭证的单据，若凭证有误，可在查看凭证界面冲销凭证。

(7) 若案例中公司在发出商品后并没有在本月收到货款，则资金会计无须审批、收款、制证，流程仅到共享会计结束，在公司收到货款当月资金会计完成审批、收款、制证流程即可。

第六节 待处理业务

业务1：销售合同

2020年6月5日，ABC公司营销部与客户甲公司签订小型SUV销售合同（见图12-20），向客户甲公司出售小型SUV 1 234台，成交价（未税）为9.55万元/台。部门专员新增销售合同，经部门领导审批同意后，由属地会计开具增值税专用发票（见图12-21），税率为13%，公司该类型SUV单位成本为7.8万元/台。客户甲公司收到汽车并验收入库，开出商业承兑汇票（20日期限）。6月19日，销售专员发起收款。ABC公司持票前往开户银行办理托收；6月25日，银行收到客户甲公司划款。（ABC公司已将商品的法定所有权转移给甲公司，客户甲公司已取得商品控制权，该销售商品行为属于在某一时点履行的单项履约义务。）

小型SUV销售合同 合同编号：HTXZD-002

甲方（采购商）		甲公司
乙方（供应商）		ABC公司
签约时间		2020年6月5日
开始日期/结束日期		2020年6月5日/2020年6月25日
内容及价格		小型SUV 1 234台，成交价（未税）为9.55万元/台，增值税税率为13%
结算方式		甲方在自合同签订日起20个自然日内付清全部款项，以托收承付的方式支付款项至乙方账户
乙方账户信息	开户名称	向阳汽车有限公司
	开户银行	北京市向阳路支行
	账号	6212264100011300870

甲方联系人：张凯
电话：13322214444

乙方联系人：张三
电话：10000000000

图12-20 小型SUV销售合同

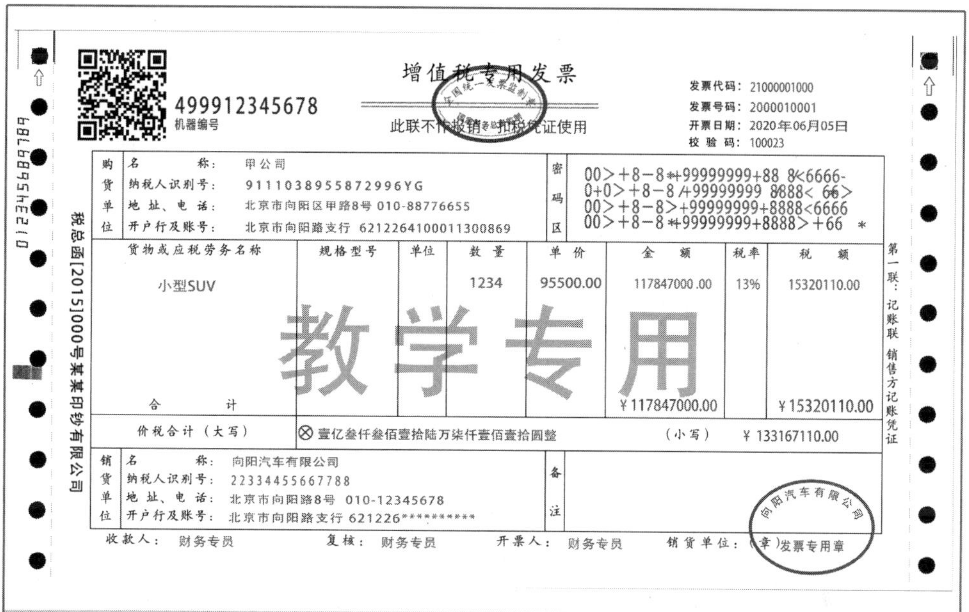

增值税专用发票

499912345678
机器编号

此联不作报销、扣税凭证使用

发票代码：2100000 1000
发票号码：2000010001
开票日期：2020年06月05日
校 验 码：100023

购货单位	名　　称：甲公司 纳税人识别号：911103895587 2996YG 地 址、电 话：北京市向阳区甲路8号 010-88776655 开户行及账号：北京市向阳路支行 6212264100011300869	密码区	00>+8-8*+99999999+88 8<6666- 0+0>+8-8/+99999999 8888< 66> 00>+8-8>+99999999+8888<6666 00>+8-8*+99999999+8888>+66 *

货物或应税劳务名称	规格型号	单位	数量	单价	金额	税率	税额
小型SUV			1234	95500.00	117847000.00	13%	15320110.00
合　计					￥117847000.00		￥15320110.00
价税合计（大写）	⊗壹亿叁仟叁佰壹拾陆万柒仟壹佰壹拾圆整				（小写）	￥133167110.00	

销货单位	名　　称：向阳汽车有限公司 纳税人识别号：2233445566 7788 地 址、电 话：北京市向阳路8号 010-12345678 开户行及账号：北京市向阳路支行 621226**********	备注	

收款人：财务专员　复核：财务专员　开票人：财务专员　销货单位：（章）

第一联：记账联　销售方记账凭证

税总函[2015]000号某某印钞有限公司

图 12－21　小型 SUV 增值税发票

业务 2：销售合同

2020 年 6 月 5 日，ABC 公司营销部与客户丙公司签订大型 SUV 销售合同（见图 12－22），向客户丙公司出售大型 SUV 1 051 台，成交价（未税）为 11.31 万元/台，部门专员新增销售合同经部门领导审批同意后由属地会计开具增值税专用发票（见图 12－23），增值税税率为 13%，该类型 SUV 单位成本为 9.6 万元/台，客户丙公司承诺本月支付。6 月 19 日，销售专员发起收款。当天，收到客户丙公司货款。（ABC 公司已收到销售货款，客户丙公司已收到商品并验收入库，该销售商品行为属于在某一时点履行的单项履约义务。）

业务 3：销售合同

2020 年 6 月 8 日，ABC 公司营销部与客户甲公司签订皮卡销售合同（见图 12－24），向客户甲公司出售皮卡 835 辆，成交价（未税）为 6.98 万元/辆。当天 ABC 公司收到客户开出的商业承兑汇票（20 日期限）。部门专员新增销售合同，经部门领导审批同意后，由属地会计开具增值税专用发票（见图 12－25），增值税税率为 13%，该类型皮卡单位成本为 5.99 万元/辆。6 月 22 日，销售专员发起收款。共享会计确认收入并制证，本月尚未收到客户打款。（ABC 公司已收到商业承兑汇票，客户甲公司已收到商品并验收入库，该销售商品行为属于在某一时点履行的单项履约义务。）

大型 SUV 销售合同 合同编号：HTXZD-003

甲方（采购商）		丙公司
乙方（供应商）		ABC 公司
签约时间		2020 年 6 月 5 日
开始日期/结束日期		2020 年 6 月 5 日/2020 年 6 月 19 日
内容及价格		大型 SUV 1 051 台，成交价（未税）为 11.31 万元/台，增值税税率为 13%
结算方式		客户丙公司承诺本月支付
乙方账户信息	开户名称	向阳汽车有限公司
	开户银行	北京市向阳路支行
	账号	6212264100011300870

甲方联系人：王晓　　乙方联系人：张三

电话：13322235555　　电话：10000000000

图 12-22 大型 SUV 销售合同

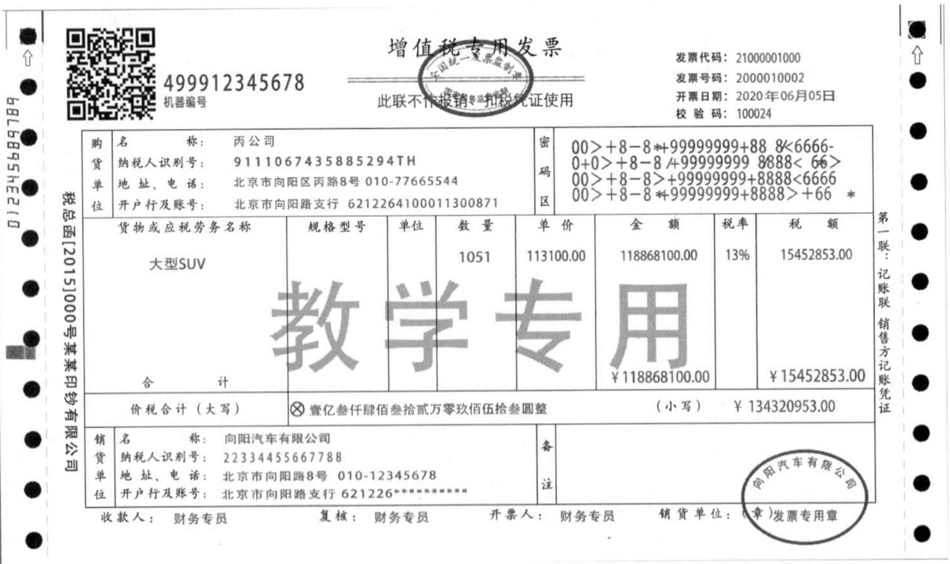

增值税专用发票

此联不作报销、扣税凭证使用

499912345678 机器编号

发票代码：21000001000
发票号码：2000010002
开票日期：2020年06月05日
校 验 码：100024

购货单位	名称：丙公司 纳税人识别号：9111067435885294TH 地址、电话：北京市向阳区丙路8号 010-77665544 开户行及账号：北京市向阳路支行 6212264100011300871
密码区	00>+8-8*+99999999+88 8<6666- 0+0>+8-8/+99999999 8888< 66> 00>+8-8>+99999999+8888<6666 00>+8-8*+99999999+8888>+66 *

货物或应税劳务名称	规格型号	单位	数量	单价	金额	税率	税额
大型SUV			1051	113100.00	118868100.00	13%	15452853.00
合计					¥118868100.00		¥15452853.00
价税合计（大写）	⊗壹亿叁仟肆佰叁拾贰万零玖佰伍拾叁圆整				（小写）		¥134320953.00

销货单位	名称：向阳汽车有限公司 纳税人识别号：22334455667788 地址、电话：北京市向阳路8号 010-12345678 开户行及账号：北京市向阳路支行 621226**********
备注	

收款人：财务专员　复核：财务专员　开票人：财务专员　销货单位：（章）

税总函[2015]000号某某印钞有限公司

第一联：记账联 销售方记账凭证

教学专用

图 12-23 大型 SUV 增值税发票

皮卡销售合同　　合同编号：HTXZD-004

甲方（采购商）		甲公司
乙方（供应商）		ABC公司
签约时间		2020年6月8日
开始日期/结束日期		2020年6月8日/2020年6月28日
内容及价格		皮卡835辆，成交价（未税）为6.98万元/辆，增值税税率为13%
结算方式		甲方在自合同签订日起20个自然日内付清全部款项，以托收承付的方式支付款项至乙方账户
乙方账户信息	开户名称	向阳汽车有限公司
	开户银行	北京市向阳路支行
	账号	6212264100011300870

甲方联系人：张凯
电话：13322214444

乙方联系人：张三
电话：10000000000

图12-24　皮卡销售合同

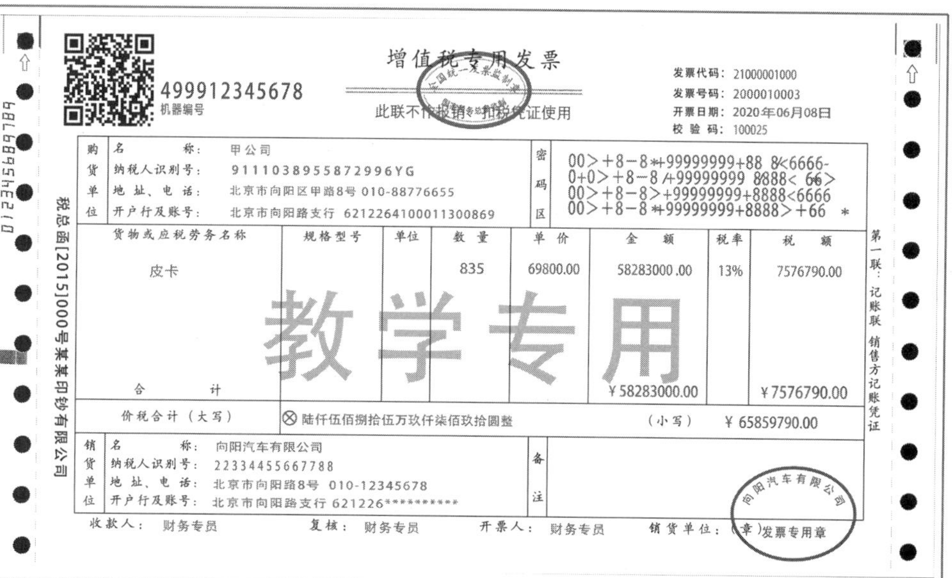

增值税专用发票
499912345678
机器编号
此联不作报销、扣税凭证使用
发票代码：21000001000
发票号码：2000010003
开票日期：2020年06月08日
校验码：100025

购货单位		密码区
名称：	甲公司	00>+8-8*+99999999+88 8<6666-
纳税人识别号：	911103895587 2996YG	0+0>+8-8/+99999999 8888< 66>
地址、电话：	北京市向阳区甲路8号 010-88776655	00>+8-8>+99999999+8888<6666
开户行及账号：	北京市向阳路支行 6212264100011300869	00>+8-8*+99999999+8888>+66 *

货物或应税劳务名称	规格型号	单位	数量	单价	金额	税率	税额
皮卡			835	69800.00	58283000.00	13%	7576790.00
合计					¥58283000.00		¥7576790.00
价税合计（大写）	⊗陆仟伍佰捌拾伍万玖仟柒佰玖拾圆整				（小写）		¥65859790.00

销货单位		备注
名称：	向阳汽车有限公司	
纳税人识别号：	22334455667788	
地址、电话：	北京市向阳路8号 010-12345678	
开户行及账号：	北京市向阳路支行 621226**********	

收款人：财务专员　复核：财务专员　开票人：财务专员　销货单位：（章）

税总函[2015]000号某某印钞有限公司

第一联：记账联　销售方记账凭证

图12-25　皮卡增值税发票

业务4：销售合同

2020年6月10日，ABC公司营销部与客户丙公司签订座椅总成销售合同（见图12-26），向客户丙公司销售仓库中多余的座椅总成1 189套，成交价（未税）为7 000元/套。部门专员新增销售合同，经部门领导审批同意后，由属地会计开具增值税专用发票（见图12-27），增值税税率为13%，该座椅总成的单位成本为 6 908 元/套。6 月 24 日，销售专员发起收款。共享会计确认收入并制证，当日公司收到客户打款。（ABC 公司已收到销售货款，客户丙公司已收到商品并验收入库，该销售商品行为属于在某一时点履行的单项履约义务。）

座椅总成销售合同　　合同编号：HTXZD-005

甲方（采购商）		丙公司
乙方（供应商）		ABC 公司
签约时间		2020 年 6 月 10 日
开始日期/结束日期		2020 年 6 月 10 日/2020 年 6 月 24 日
内容及价格		座椅总成 1 189 套，成交价（未税）为 7 000 元/套，增值税税率为 13%
结算方式		甲方在自合同签订日起 20 个自然日内付清全部款项，以银行转账的方式支付款项至乙方账户
乙方账户信息	开户名称	向阳汽车有限公司
	开户银行	北京市向阳路支行
	账号	6212264100011300870

甲方联系人：王晓　　乙方联系人：张三

电话：13322235555　　电话：10000000000

图 12－26　座椅总成销售合同

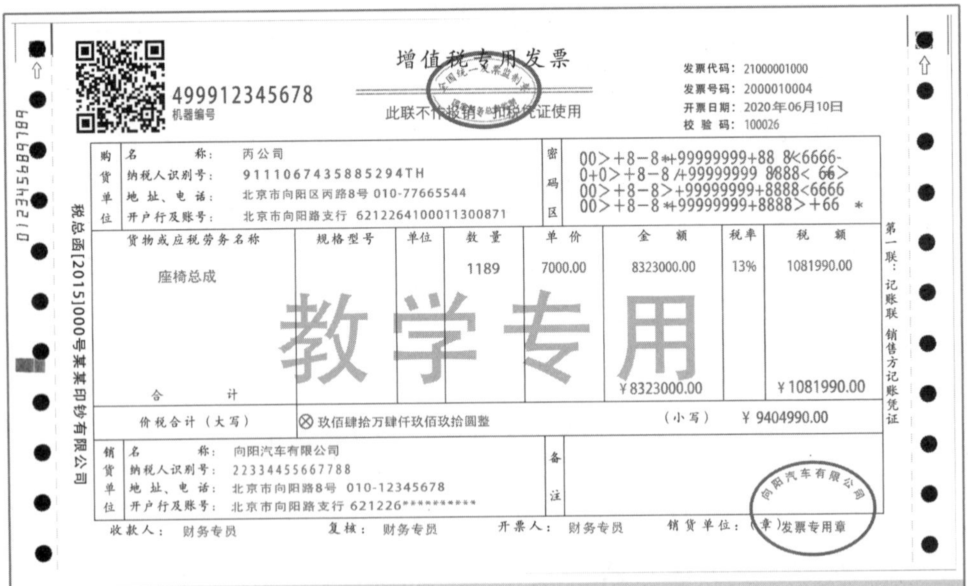
增值税专用发票

499912345678
机器编号

此联不作报销、扣税凭证使用

发票代码：2100001000
发票号码：2000010004
开票日期：2020年06月10日
校验码：100026

购货单位	名称：丙公司 纳税人识别号：9111067435885294TH 地址、电话：北京市向阳区丙路8号 010-77665544 开户行及账号：北京市向阳路支行 6212264100011300871			密码区	00>+8-8*+99999999+88 8<6666- 0+0>+8-8/+99999999 8888< 66> 00>+8-8>+99999999+8888<6666 00>+8-8*+99999999+8888>+66 *		
货物或应税劳务名称	规格型号	单位	数量	单价	金额	税率	税额
座椅总成			1189	7000.00	8323000.00	13%	1081990.00
合计					¥8323000.00		¥1081990.00
价税合计（大写）	⊗玖佰肆拾万肆仟玖佰玖拾圆整				（小写）	¥9404990.00	
销货单位	名称：向阳汽车有限公司 纳税人识别号：22334455667788 地址、电话：北京市向阳路8号 010-12345678 开户行及账号：北京市向阳路支行 621226**********			备注			

收款人：财务专员　复核：财务专员　开票人：财务专员　销货单位：（章）发票专用章

税总函[2015]000号某某印钞有限公司

第一联：记账联 销售方记账凭证

教学专用

图 12－27　座椅总成增值税发票

业务 5：销售合同

2020 年 6 月 12 日，ABC 公司营销部与客户丙公司签订组合音响销售合同

（见图 12－28），向客户丙公司销售仓库中多余的组合音响 2 580 套，成交价（未税）为 1 050 元/套。部门专员新增销售合同，经部门领导审批同意后，由属地会计开具增值税专用发票（见图 12－29），税率为 13%，该组合音响的单位成本为 850 元/套。当日发货，客户确认收货。6 月 26 日，销售专员发起收款。共享会计确认收入并制证，当日公司收到客户打款。（ABC 公司已收到销售货款，客户丙公司已收到商品并验收入库，该销售商品行为属于在某一时点履行的单项履约义务。）

组合音响销售合同　　　　合同编号：HTXZD-006

甲方（采购商）		丙公司
乙方（供应商）		ABC 公司
签约时间		2020 年 6 月 12 日
开始日期/结束日期		2020 年 6 月 12 日/2020 年 6 月 26 日
内容及价格		组合音响 2 580 套，成交价（未税）为 1 050 元/套，增值税税率为 13%
结算方式		甲方在自合同签订日起 20 个自然日内付清全部款项，以银行转账的方式支付款项至乙方账户
乙方账户信息	开户名称	向阳汽车有限公司
	开户银行	北京市向阳路支行
	账号	6212264100011300870

甲方联系人：王晓　　　　乙方联系人：张三

电话：13322235555　　　　电话：10000000000

图 12－28　组合音响销售合同

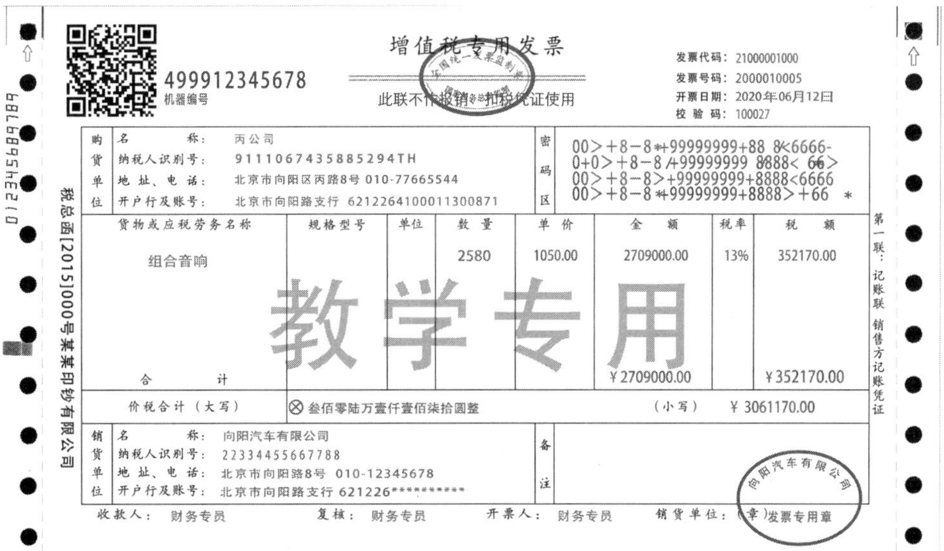

增值税专用发票

499912345678 机器编号

此联不作报销、扣税凭证使用

发票代码：21000001000
发票号码：2000010005
开票日期：2020年06月12日
校 验 码：100027

购货单位
名　　称：丙公司
纳税人识别号：9111067435885294TH
地 址、电 话：北京市向阳区丙路8号 010-77665544
开户行及账号：北京市向阳路支行 6212264100011300871

密码区
00>+8-8*+99999999+88 8<6666-
0+0>+8-8/+99999999 8888< 66>
00>+8-8>+99999999+8888<6666
00>+8-8*+99999999+8888>+66 *

货物或应税劳务名称	规格型号	单位	数量	单价	金额	税率	税额
组合音响			2580	1050.00	2709000.00	13%	352170.00
合计					¥2709000.00		¥352170.00
价税合计（大写）	⊗叁佰零陆万壹仟壹佰柒拾圆整				（小写）		¥3061170.00

销货单位
名　　称：向阳汽车有限公司
纳税人识别号：22334455667788
地 址、电 话：北京市向阳路8号 010-12345678
开户行及账号：北京市向阳路支行 621226**********

备注

收款人：财务专员　复核：财务专员　开票人：财务专员　销货单位：（章）

向阳汽车有限公司 发票专用章

第一联：记账联 销售方记账凭证

税总函[2015]000号某某印钞有限公司

教学专用

图 12－29　组合音响增值税发票

业务6：广告合同

(1) 2020年6月3日，XYZ公司采购部与供应商F公司签订一份为期3个月的广告合同（见图12-30）。合同约定供应商F公司为XYZ公司产品提供一系列线下宣传活动，合同总额为380 424元（不含税）。该合同仅包含一项履约义务，ABC公司能够在供应商F公司履约的同时即取得并消耗其履约所带来的经济利益，该履约义务满足在某一时段内履行的条件，双方协定按照已履约服务的工作量占预计总工作量的比例确定履约进度。XYZ公司每月月末按履约进度结算相应合同价款，且于结算时即发生增值税纳税义务，即XYZ公司在实际支付合同价款的同时支付其对应的增值税款。

广告合同　　合同编号：HTXZD-007

甲方（采购商）		XYZ公司
乙方（供应商）		F公司
签约时间		2020年6月3日
开始日期/结束日期		2020年6月3日/2020年9月3日
内容及价格		乙方为甲方产品提供一系列线下宣传活动，合同总额为380 424元（不含税），税率为6%
结算方式		甲方每月月末按履约进度结算相应合同价款，且于结算时即发生增值税纳税义务
乙方账户信息	开户名称	F公司
	开户银行	北京市向阳路支行
	账号	62122641000113000845

甲方联系人：张三　　乙方联系人：李凯

电话：10000000000　　电话：13433442222

图12-30　广告合同

(2) 2020年6月29日，XYZ公司收到供应商F公司邮寄的增值税专用发票（见图12-31），税率为6%。当天采购专员新增付款合同，经部门领导审批同意后发起付款。资金会计按履约进度支付价款及相应的增值税，截至2020年6月30日，经专业测量师测量，确定该项劳务的完工程度为1/3。

(3) XYZ公司于2020年6月30日支付归属于本月应付的合同价款（属于某一时段内履行履约义务确认收入）。

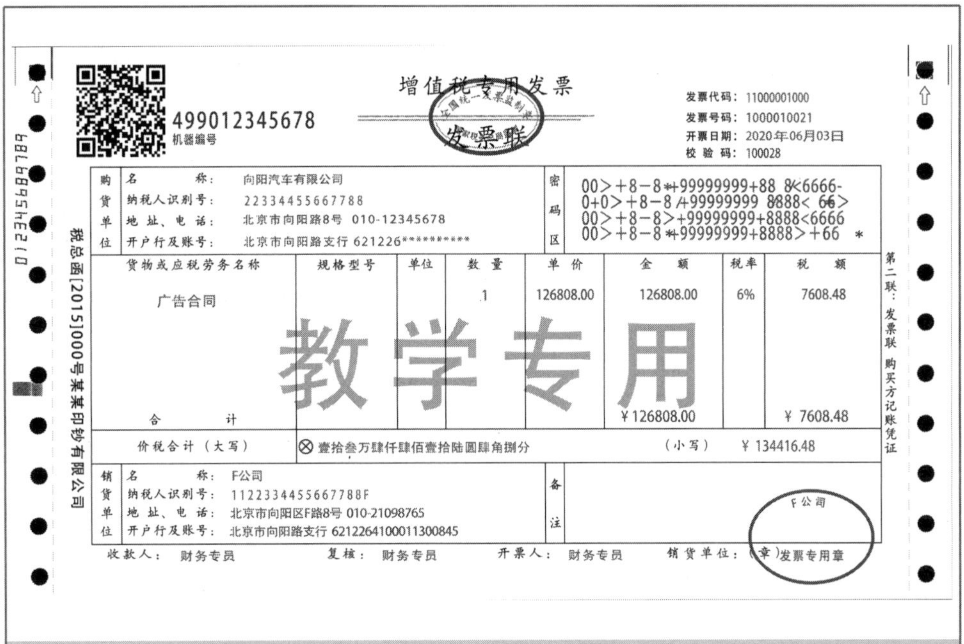

增值税专用发票

发票联

499012345678 机器编号

发票代码：1100001000
发票号码：1000010021
开票日期：2020年06月03日
校验码：100028

购货单位	名称：向阳汽车有限公司 纳税人识别号：2233445566778 8 地址、电话：北京市向阳路8号 010-12345678 开户行及账号：北京市向阳路支行 621226**********				密码区	00>+8-8*+99999999+88 8<6666- 0+0>+8-8/+99999999 8888< 66> 00>+8-8>+99999999+8888<6666 00>+8-8*+99999999+8888>+66 *	
货物或应税劳务名称	规格型号	单位	数量	单价	金额	税率	税额
广告合同			1	126808.00	126808.00	6%	7608.48
合计					¥126808.00		¥ 7608.48
价税合计（大写）	⊗壹拾叁万肆仟肆佰壹拾陆圆肆角捌分				（小写）¥ 134416.48		
销货单位	名称：F公司 纳税人识别号：1122334455667788F 地址、电话：北京市向阳区F路8号 010-21098765 开户行及账号：北京市向阳路支行 6212264100011300845				备注		

收款人：财务专员　复核：财务专员　开票人：财务专员　销货单位：（章）

图 12-31　广告合同增值税发票

业务 7：展览合同

（1）2020 年 6 月 5 日，XYZ 公司采购部与供应商 F 公司签订一份为期两个月的展览合同（见图 12-32）。合同约定供应商 F 公司为 XYZ 公司产品提供一系列展览服务，合同总额为 199 040 元（不含税）。该合同仅包含一项履约义务，XYZ 公司能够在供应商 F 公司履约的同时即取得并消耗其履约所带来的经济利益，该履约义务满足在某一时段内履行的条件，双方协定按照已履约服务的工作量占预计总工作量的比例确定履约进度。XYZ 公司每月月末按履约进度结算相应合同价款，且于结算时即发生增值税纳税义务，即 XYZ 公司在实际支付合同价款的同时支付其对应的增值税款。

（2）2020 年 6 月 29 日，XYZ 公司收到供应商 F 公司邮寄的增值税专用发票（见图 12-33），税率为 6%。当天采购专员新增付款合同，经部门领导审批同意后发起付款。资金会计按履约进度支付价款及相应的增值税，截至 2020 年 6 月 30 日，经专业测量师测量，确定该项劳务的完工程度为 1/2。6 月 30 日，公司支付归属于本月应付的合同价款（属于某一时段内履行履约义务确认收入）。

展览合同		合同编号：HTXZD-008
甲方（采购商）		XYZ 公司
乙方（供应商）		F 公司
签约时间		2020 年 6 月 5 日
开始日期/结束日期		2020 年 6 月 5 日/2020 年 8 月 5 日
内容及价格		乙方为甲方产品提供一系列展览服务，合同总额为 199 040 元（不含税），税率为 6%
结算方式		甲方每月月末按履约进度结算相应合同价款，且于结算时即发生增值税纳税义务
乙方账户信息	开户名称	F 公司
	开户银行	北京市向阳路支行
	账号	62122641000113000845

甲方联系人：张三　　　　乙方联系人：李凯

电话：10000000000　　　　电话：13433442222

图 12－32　展览合同

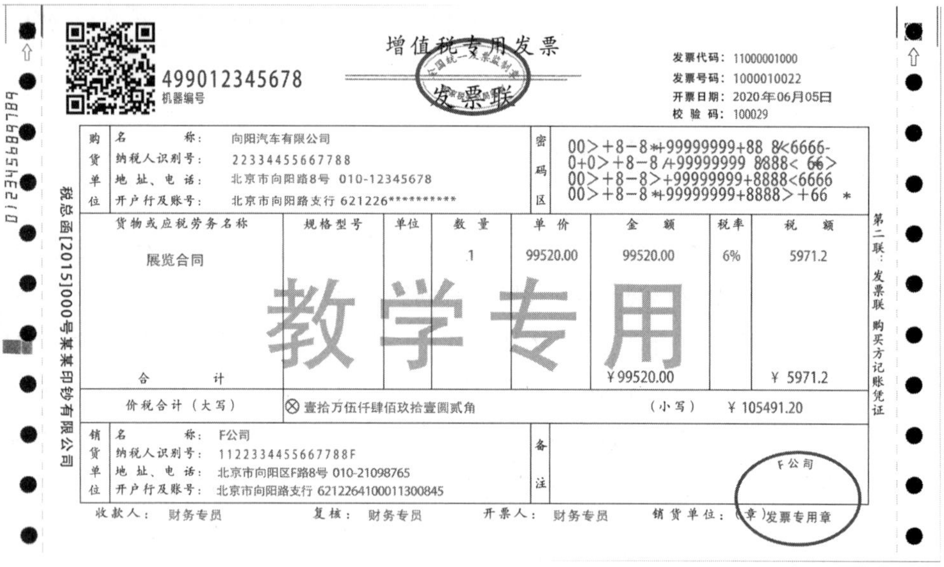
增值税专用发票

发票联

机器编号 499012345678

发票代码：11000001000

发票号码：1000010022

开票日期：2020年06月05日

校验码：100029

购货单位　名称：向阳汽车有限公司　纳税人识别号：22334455667788　地址、电话：北京市向阳路8号 010-12345678　开户行及账号：北京市向阳路支行 621226**********

密码区：00>+8-8*+99999999+88 8<6666- 0+0>+8-8/+99999999 8888< 66> 00>+8-8>+99999999+8888<6666 00>+8-8*+99999999+8888>+66 *

货物或应税劳务名称	规格型号	单位	数量	单价	金额	税率	税额
展览合同			1	99520.00	99520.00	6%	5971.2
合计					¥99520.00		¥ 5971.2
价税合计（大写）	⊗壹拾万伍仟肆佰玖拾壹圆贰角				（小写）		¥ 105491.20

销货单位　名称：F公司　纳税人识别号：1122334455667788F　地址、电话：北京市向阳区F路8号 010-21098765　开户行及账号：北京市向阳路支行 6212264100011300845

备注

收款人：财务专员　复核：财务专员　开票人：财务专员　销货单位：（章）发票专用章 F公司

第二联：发票联 购买方记账凭证

税总函[2015]000号某某印钞有限公司

教学专用

图 12－33　展览合同增值税发票

业务 8：装修合同

（1）2020 年 6 月 8 日，XYZ 公司采购部与供应商 F 公司签订一份为期两个月的门店装修合同（见图 12－34），合同约定装修价款为 367 320 元（不含税）。该合同仅包含一项履约义务，XYZ 公司能够在供应商 F 公司履约的同时即取得并消耗其履约所带来的经济利益，该履约义务满足在某一时段内履行的条件，双方协定按照已履约服务的工作量占预计总工作量的比例确定履约进度。XYZ 公司每月月末按履约进度结算相应合同价款，且于结算时即发生增值税纳税义务，即 XYZ 公司在实际支付合同价款的同时支付其对应的增值税款。

门店装修合同　　合同编号：HTXZD-009

甲方（采购商）		XYZ 公司
乙方（供应商）		F 公司
签约时间		2020 年 6 月 8 日
开始日期/结束日期		2020 年 6 月 8 日/2020 年 8 月 8 日
内容及价格		乙方为甲方提供门店装修服务，合同约定装修价款为 367 320 元（不含税），税率为 9%
结算方式		甲方每月月末按履约进度结算相应合同价款，且于结算时即发生增值税纳税义务
乙方账户信息	开户名称	F 公司
	开户银行	北京市向阳路支行
	账号	62122641000113000845

甲方联系人：张三　　乙方联系人：李凯

电话：10000000000　　电话：13433442222

图 12－34　门店装修合同

（2）2020 年 6 月 25 日，XYZ 公司收到供应商 F 公司邮寄的增值税专用发票（见图 12－35），税率为 9%。当天采购专员新增付款合同，经部门领导审批同意后发起付款，资金会计按履约进度支付价款及相应的增值税，截至 2020 年 6 月 30 日，经专业测量师测量，确定该项劳务的完工程度为 1/2。6 月 30 日，公司支付归属于本月应付的合同价款（属于某一时段内履行履约义务确认收入）。

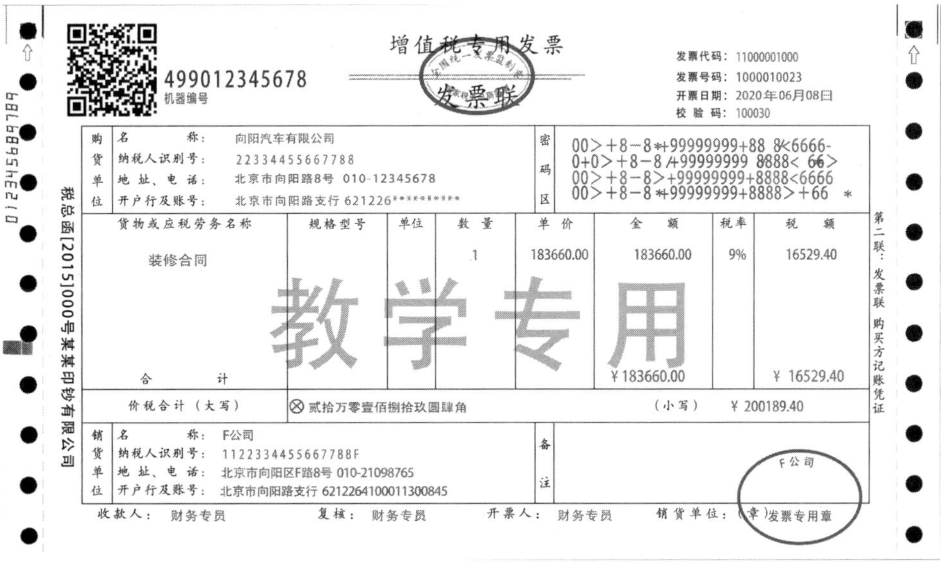
增值税专用发票

发票联

499012345678 机器编号

发票代码：11000001000
发票号码：1000010023
开票日期：2020年06月08日
校 验 码：100030

购货单位 名　　称：向阳汽车有限公司
纳税人识别号：22334455667788
地 址、电 话：北京市向阳路8号 010-12345678
开户行及账号：北京市向阳路支行 621226**********

密码区 00>+8−8*+99999999+88 8<6666-
0+0>+8−8/+99999999 8888< 66>
00>+8−8>+99999999+8888<6666
00>+8−8*+99999999+8888>+66 *

货物或应税劳务名称	规格型号	单位	数量	单价	金额	税率	税额
装修合同			1	183660.00	183660.00	9%	16529.40
合计					¥183660.00		¥ 16529.40

价税合计（大写）⊗贰拾万零壹佰捌拾玖圆肆角　（小写）¥ 200189.40

销货单位 名　　称：F公司
纳税人识别号：1122334455667788F
地 址、电 话：北京市向阳区F路8号 010-21098765
开户行及账号：北京市向阳路支行 6212264100011300845

备注 F公司 发票专用章

收款人：财务专员　复核：财务专员　开票人：财务专员　销货单位：（章）

第二联：发票联 购买方记账凭证

税总函[2015]000号某某印钞有限公司

0123456789

教学专用

图 12－35　装修合同增值税发票

思考题

1. 什么是合同管理？合同管理可能涉及的单据和会计记录有哪些？

2. 传统财务模式下的销售与收款的流程和缺点是什么？

3. 对比传统财务模式和财务共享模式下的合同管理流程，思考财务共享服务中心为合同管理带来了哪些改进。

4. 财务共享信息系统在合同管理流程上是否可以根据企业的实际情况和内部控制要求进行调整？若可以，你觉得哪些可以调整？

5. 已经推送的凭证是否可以修改？若凭证出现错误该怎么办？

延伸阅读

机器人流程自动化

RPA是指机器人流程自动化，企业通过配置计算机软件或机器人来对财务流程进行设置和管理，通过对人工的替代实现业务流程的自动化。它可以自动执行大量重复性高、定义清晰、有固定逻辑的工作。当然，RPA只是一款基于计算机操作系统的工作桌面，自动识别UI、完成预先设定的工作流程的软件机器人，主要模拟的是财务人员手工操作，不能代替人类的认知能力，所以并不能完全取代人工。

近年来，随着AI技术的不断发展，越来越多的企业也在引进RPA技术，RPA技术的应用能在很大程度上帮助企业实现数字化转型。下面将从如下几个方面简述RPA技术的深入应用给企业带来的益处：

（1）机器人可以7×24小时全年不间断地工作，工作效率相当于人工的15倍；

（2）机器人的使用能够降低成本，尤其是人工成本，成本可降至原人工执行的1/9，有利于企业增加新的投资机会；

（3）RPA技术的应用可以完成耗时及重复的任务，将人力从重复烦琐的工作中释放出来执行更增值的工作；

（4）可以实现指定环境下零错误率的工作质量；

（5）机器人配置在当前系统和应用程序之外，无须改变当前的人和应用技术；

（6）机器人减少错误，提供审计跟踪数据，更好地满足合规控制要求，并能防止信息泄露。

在实际企业应用中，并不是所有的流程均适用RPA技术。RPA关注的重点是一些重复性高、业务规则标准化程度高、跨平台系统、有明确规则的业务流程。目前最常使用

RPA技术的财务场景主要有单据信息传递、三单匹配、对账结算、发票查验、开票审核等。

当然，财务机器人的应用存在一定的局限性。

1. 无法处理异常事件

企业使用的财务机器人是根据预先设定的流程进行操作的，当业务发生重大改变时，财务机器人无法处理异常事件，需要企业配备人员对财务机器人的运转进行监督，在一定程度上限定了RPA技术在财务领域的应用。

2. 运营保障要求较高

RPA技术对系统平台的稳定性要求较高，当企业升级或更换系统平台时，财务机器人可能无法正常运转，需要企业投入一定的人力和资金对其进行优化调整。

3. 需要跟踪优化机制

财务机器人主要应用于规则明确、流程规定的业务，但这些业务流程并不是一成不变的。企业进行业务流程优化时，需针对财务机器人设计完整的跟踪优化机制。

最后，RPA技术仍然不是真正的智能财务，它只是实现智能财务的第一步。RPA技术仅仅将需要人工操作的业务流程变成机器代替人来操作。真正的智能财务机器人不仅需要自动进行相关业务流程，还需同时拥有自我学习、自我认知、自我纠正的能力。RPA与真正的财务智能尚有距离。

第十三章 薪酬管理

本章学习目的

本章重点介绍财务共享模式下薪酬管理的基本原理。通过本章的学习，应了解薪酬管理的概念和主要内容；理解传统财务模式下薪酬管理的基本流程和不足；掌握财务共享模式下薪酬管理的基本流程与主要特点；熟悉财务共享模式下薪酬管理的实训技能。

第一节　薪酬管理概述

一、薪酬管理的基本概念

薪酬是指员工因被雇佣而获得的各种形式的经济收入、有形服务和福利。薪酬的实质是一种公平的交易或交换关系，是员工在向单位让渡其劳动或劳务使用权后获得的报偿。根据货币支付的形式，可以把薪酬分为两大部分：一部分是以直接货币报酬的形式支付的工资，包括基本工资、奖金、绩效工资、激励工资、津贴、加班费、佣金、利润分红等；一部分则体现为间接货币报酬的形式，即间接地通过福利（如养老金、医疗保险）以及服务（带薪休假等）支付的薪酬。

财务管理负责的薪酬管理指的是企业应当在职工为其提供服务的会计期间，计提职工薪酬，同时将应付的职工薪酬除当月支付外确认为负债。

二、薪酬管理的主要内容

除因解除劳动关系而给予职工的补偿外，根据职工提供服务的受益对象，可以将薪酬管理的主要内容分为以下三类：

1. 计入成本的职工薪酬支出

对于应由生产产品、提供劳务负担的职工薪酬，计入产品成本或劳务成本。

2. 计入资产价值的职工薪酬支出

对于应由在建工程、无形资产负担的职工薪酬，计入建造固定资产或无形资产成本。

3. 计入费用的职工薪酬支出

企业为职工缴纳的医疗保险费、养老保险费、失业保险费、工伤保险费、生育保险费等社会保险费和住房公积金，应当在职工为其提供服务的会计期间，根据工资总额的一定比例计算，并确认为当期费用。

第二节　传统财务模式下的薪酬管理

一、基本流程

企业职工薪酬不仅是财务问题，还涉及企业的人力资源管理。传统财务模式下，需由各业务部门向人资薪酬专员提供考勤表以收集员工考勤、工作量等薪资数据，人资薪酬专员审核各部门数据的真实性与准确性；审核完成后，人资薪酬专员根据审核通过的考勤表制作工资明细表；制表成功后，人力资源部经理审核工资表的真实性与合理性；财务经理对工资表的合规性进行审核，譬如是否符合薪酬发放标准等；财务经理审核后，根据公司内部的资金权限安排将工资明细表提交给相关领导审批；领导审批时主要关注工资表的真实性、合理性等方面，并对工资发放负有最终责任；审批通过后交由出纳复核并履行资金支付；人力资源部进行工资条的制作与发放。图 13－1 为传统财务模式下薪酬管理的主要流程。

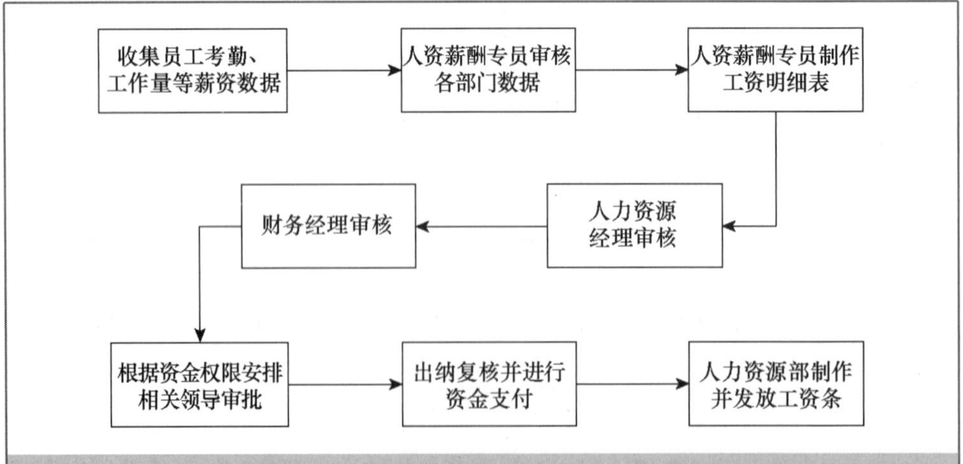

图 13－1　传统财务模式下薪酬管理的主要流程

二、主要特点

企业薪酬管理是与每一位员工息息相关的业务，传统财务模式下，企业的薪酬管理具有以下特点：

1. 业务量大

集团企业员工众多，而财务部门每月都要对企业所有员工的薪酬进行核算，其中一笔薪酬凭证的会计分录就多达数十行，需要财务人员处理的薪酬管理相关业务量极大。

2. 核算要求种类多

集团企业的员工种类较多，存在劳务派遣、劳务外包等情况，不同种类员工的薪酬会计核算的规定不同，根据相关制度要求需要进行多维度核算。

3. 存在信息壁垒

传统财务模式下，不同的信息系统间没有进行互联，核算薪酬需要从考勤、业务、人事等多个系统汇总数据，存在一定的信息壁垒。

三、对传统财务模式下薪酬管理的评价

由于薪酬核算业务具有业务量大、重复率高的特点，传统财务模式下薪酬管理业务具有以下不足：

1. 审核效率低

传统财务模式下的薪酬管理涉及部门较多且流程烦琐，涉及单据量大且以人工审核为主，影响了薪酬管理业务的处理效率。由于薪酬管理与每位员工息息相关，法律规定工资条需要由每位员工签字，易出现单据丢失、因时间地理无法签字等问题，业务效率低下。

2. 人员重复配置

薪酬核算业务具有业务量大、重复率高的特点。因此，在传统财务模式下，

分子公司众多的大型集团中，一些财务人员在不同的分支机构中处理大量类似的简单重复、标准化的工作。这类财务人员工作内容重复，属于重复配置，企业可以将他们的工作内容进行合并集中处理。

3. 实施标准不统一

传统财务模式下，不同的分子公司薪酬管理流程之间存在差异。同一家企业可能同时存在银行转账到代发账户、人事提供密盘，银企直联自动划扣，人事部门取支票及密盘去银行发放三种薪酬发放方式。工资计提和发放时间也可以分为当月计提当月发放和当月计提下月发放两种，不利于企业的统一管理。

4. 企业经营风险增加

传统财务模式下，管理部门之间无法实时共享企业的薪酬数据，数据传递以人工传递为主，数据的传递效率低下，薪酬数据极易被篡改或出现错误，任何步骤的失误都会影响薪酬管理业务的准确性和及时性，增加企业经营风险。

第三节　财务共享模式下的薪酬管理

一、基本流程

企业日常经营过程中，从发放周期来讲，一般分为当月工资当月发放、当月工资次月发放两种形式。若为当月工资次月发放，则按权责发生制需要对当月已实际发生的薪资进行预提，次月进行冲销，次月发放时按实际发放数完成薪资费用的确认。

对于当月工资次月发放的业务场景，业务上主要有两种方式，第一种是月末根据上月实际发放数对本月薪资进行预提；第二种是根据本月薪资实际的发生数进行预提。针对第一种方式，共享中心产品设计时，可设计一张薪酬核算单，该张单据包含上月实际的计提数据及实际发放数据，流程结束后计提数据自动插入预提台账，自动生成凭证并在下月自动冲销。针对第二种方式，共享中心产品设计时，可设计两张单据，一张为薪酬计提单（预提申请单方式实现）用于计提，一张为薪酬发放单，用于薪资发放业务的处理，财务人员在共享系统手工填写薪酬计提单，插入冲销台账并在下月自动冲销，薪资发放单发放时按实际发生数进行计提凭证及发放凭证的处理。

结合企业实际业务的应用情况，本部分以当月工资次月发放的第一种方式为例（当月工资当月发放的业务流程可参照实训部分），简要阐述业务流程。

首先，共享系统根据人力资源管理系统上传的职工工资、社保、公积金、个人所得税等信息自动生成薪酬核算单；共享会计审核单据是否符合相关财务管理规定、核算所需信息是否完整、内容是否真实等；对于审核通过的单据，共享会计按规则生成薪酬计提凭证并推送凭证（系统自动预提台账，次月自动冲销）；次月，资金会计根据人力资源管理系统提供的应发数进行薪酬发放，生成薪酬发放凭证并推送（见图 13－2）。

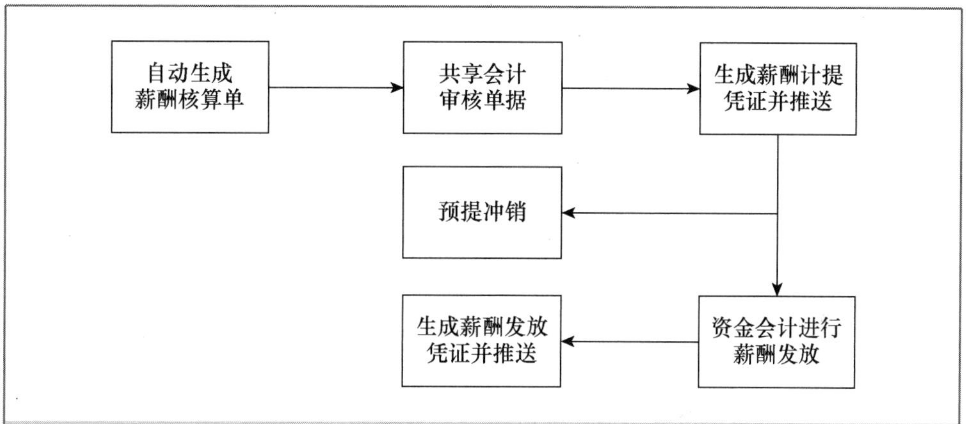

图 13－2　财务共享模式下薪酬管理的主要流程

二、主要特点

与传统财务模式下的薪酬管理相比，财务共享模式下的薪酬管理拥有数据保密化、系统自动化的特点。

1. 数据保密性强

在绝大部分企业，工资明细表属于保密文件，一般审批人员只能看到各部门的汇总数。明细数据在后台加密存储，等到共享流程审批结束，由人力资源专员根据审批状态将明细数据推送至银企直联系统直接支付。

2. 流程自动化

财务共享模式下，企业将相关的核算要求植入共享系统中，部分薪酬管理流程由系统自动进行，例如共享系统会自动生成“支付建议”并自动定时推送至资金系统。

3. 系统有效集成

财务共享模式下，根据薪酬业务需要，人力资源共享系统与财务共享信息系统、银企直联系统连接，实现系统间的互联，薪酬数据能够在系统间有效流转。

三、对财务共享模式下薪酬管理的评价

薪酬管理业务量大、重复率高的特点决定了它较适宜采用财务共享模式来实现。相较于传统财务模式下的薪酬管理，财务共享服务中心从以下几个方面对薪酬管理业务进行了改进。

1. 提高效率，降低运营成本

传统财务模式下的薪酬管理工作需要 7～15 天，而在财务共享模式下流程所需时间可缩减至 3 个工作日。此外，财务共享服务中心的会计信息全程共享，减少了各环节对财务业务处理进度的咨询工作量，一定程度上释放了人力。

2. 体现财务价值，促进财务人员转型

财务共享模式通过业务流程标准化将会计监督前置，实现了事前控制，体现了财务价值。此外，财务共享模式的运用促使财务人员从记账员转变为业务合作伙伴，将更多精力放在管理会计上，更好地支持企业业务的发展。

3. 规范业务流程，便于企业管控

财务共享服务中心为分子公司的薪酬管理提供了标准，统一薪酬发放方式、工资计提和发放时间，优化企业业务流程，使薪酬管理业务标准化和规范化，促进企业整体管理水平提升，便于企业管控。

4. 加强企业管控，降低企业风险

通过财务共享服务中心对数据的实时监控、定期报告与反馈，企业能够实时

了解自身财务状况并及时发现经营过程中的风险，加强企业管控。

第四节　薪酬管理实训

一、实训目标

（1）掌握财务共享信息系统中员工薪酬管理的操作流程；
（2）理解财务共享信息系统实现企业薪酬管理业务的整体流程；
（3）了解在财务共享信息系统中进行薪酬管理的意义。

二、任务背景

薪酬管理是企业财务工作的重要组成部分，实现薪酬管理信息化，对于提高财务工作效率、真实反映企业财务状况和经营成本、促进企业发展具有重要意义。向阳汽车有限公司通过在财务共享信息系统实施薪酬管理业务，加强企业管控，降低了企业风险。

三、案例分析

向阳汽车有限公司要实现薪酬管理的规范化，需要将各部门人员的职责与权限进行明确的分工与设计，各岗位人员必须遵循标准的、系统的财务共享信息系统操作设计，以实现薪酬管理在财务共享服务中心的自动化处理。

四、操作流程及操作要点

薪酬管理流程

薪酬管理是企业中事务最为频发的业务单元之一。向阳汽车有限公司采用的薪酬发放方式为银行转账到代发账户、人事提供密盘，工资计提和发放时间为当月计提当月发放。从属地公司开始，属地会计在系统中新增薪酬管理单。共享中心派单员进行共享派工或者共享会计直接抢单，共享会计进行审批付款并生成转账凭证，资金会计进行资金付款并生成付款凭证（见图 13－3）。

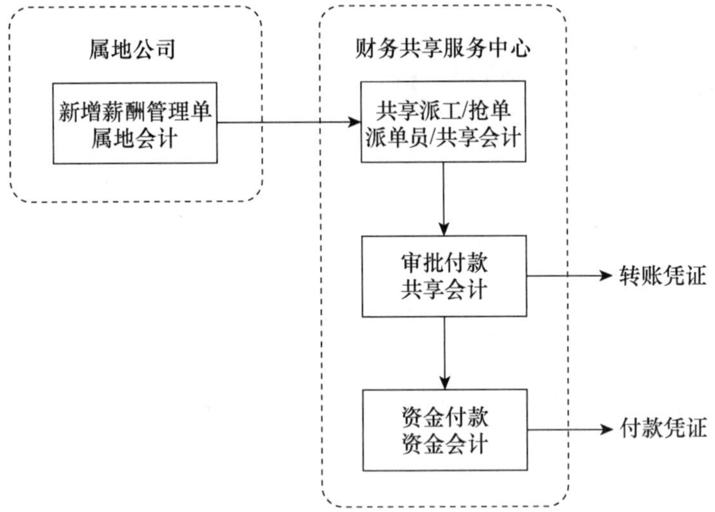

图 13-3　薪酬管理流程

第五节　典型业务及系统实现

典型业务：计提工资

（一）业务内容

2020 年 6 月 29 日，XYZ 公司计提本月员工工资，其中，生产部门员工工资为 170 600 元（基本生产车间员工工资为 50 600 元，辅助生产车间员工工资为 56 000 元，车间管理人员工资为 64 000 元），采购部门员工工资为 86 839 元，财务部门员工工资为 10 100 元。当日属地会计据此进行计提。6 月 30 日，共享中心资金会计划款支付。

（二）IT 系统实现

1. 属地会计 2 新增薪酬管理单

薪酬管理-新增单操作视频

（1）切换身份至属地会计 2，单击“薪酬管理”打开“职工薪酬付款单”下薪酬管理单，单击“创建单据”，进入薪酬管理单填写界面。

(2) 输入“基本信息”。“薪酬计提类别”为“工资薪金计提”，“填单日期”选择 2020 年 6 月 29 日，“预算归属日期”选择 2020 年 6 月 29 日。

(3) 输入“明细信息”。单击“组织机构”空白栏，在下拉列表选项中选择“生产部门”。“报销原币金额”为 170 600 元（该金额为生产部门各车间薪酬合计值），默认“报销本位币金额”等于报销原币金额。单击右侧的“⊕”按钮，增加明细行，“组织机构”选择“采购部门”，“报销原币金额”和“报销本位币金额”为 86 839 元。增加明细行，“组织机构”选择“财务部门”，“报销原币金额”和“报销本位币金额”为 10 100 元。

(4) 输入“应付职工薪酬区-借方科目”信息。单击“部门”空白栏，在下拉列表选项中选择“生产部门”，“借方科目”选择“生产成本/基本生产成本/直接人工”，“付款原币金额”为 50 600 元。默认“付款本位币金额”等于付款原币金额。单击右侧的“⊕”按钮，增加借方科目明细行，“部门”选择“生产部门”，“借方科目”选择“生产成本/辅助生产成本”，“付款原币金额”和“付款本位币金额”为 56 000 元。增加明细行，“部门”空白栏选择“生产部门”，“借方科目”选择“制造费用”，“付款原币金额”和“付款本位币金额”为 64 000 元。增加明细行，“部门”空白栏选择“采购部门”，“借方科目”选择“管理费用/职工薪酬/工资薪金支出”，“付款原币金额”为 86 839 元。增加明细行，“部门”空白栏选择“财务部门”，“借方科目”选择“管理费用/职工薪酬/工资薪金支出”，“付款原币金额”和“付款本位币金额”为 10 100 元。

(5) 输入“应付职工薪酬区-贷方科目”信息。“组织机构”默认为“财务部门”，“贷方科目”选择“应付职工薪酬/工资薪金”，“付款原币金额”为 267 539 元（该金额为表单所涉部门员工薪酬合计值），默认“付款本位币金额”等于付款原币金额。

(6) 输入付款区信息。“工资账户”选择“向阳集团工资结算账户”，系统自动带出银行账户基本信息，对公付款，网银结算，付款方为“向阳汽车有限公司”，系统自动带出其银行账户基本信息。“付款金额”为“明细信息”栏相应部门“报销原币金额”，默认“支付本位币金额”等于付款金额。

(7) 单击“提交审批”按钮，弹出提交审批对话框。单击“确定”按钮，弹出提示信息“提交成功”（见图 13－4 和图 13－5）。

图 13-4　薪酬管理单界面 1

图 13-5　薪酬管理单界面 2

注意：

（1）属地会计 1 只能填写 ABC 公司的薪酬管理单，属地会计 2 只能填写 XYZ 公司的薪酬管理单。

（2）如果不想立刻提交审批薪酬管理单，则可以点击“保存”或“收藏”，之后在“我的菜单-我的单据”中查询、编辑、提交审批。

（3）由于共享中心处理的业务重复性较高，学生可以将属地公司的多笔业务做完后，统一在共享中心进行批量审批、批量制证。

薪酬管理-共享中心操作视频

2. 派单员进行共享派工

流转至共享中心的薪酬管理单可以由派单员派工或共享会计抢单，以下为派单员派单的操作流程。

（1）将身份切换至派单员，单击“共享中心-共享任务管理”，单击“共享派工”选项卡，勾选需要进行派工的薪酬管理单。

（2）单击“批量派工”按钮，弹出提示信息：“确认批量派工吗？”

（3）单击“确定”按钮，选择共享派工分组“共享初审组”，选择派工的共享会计，弹出提示信息，手动批量派工成功（见图 13-6）。

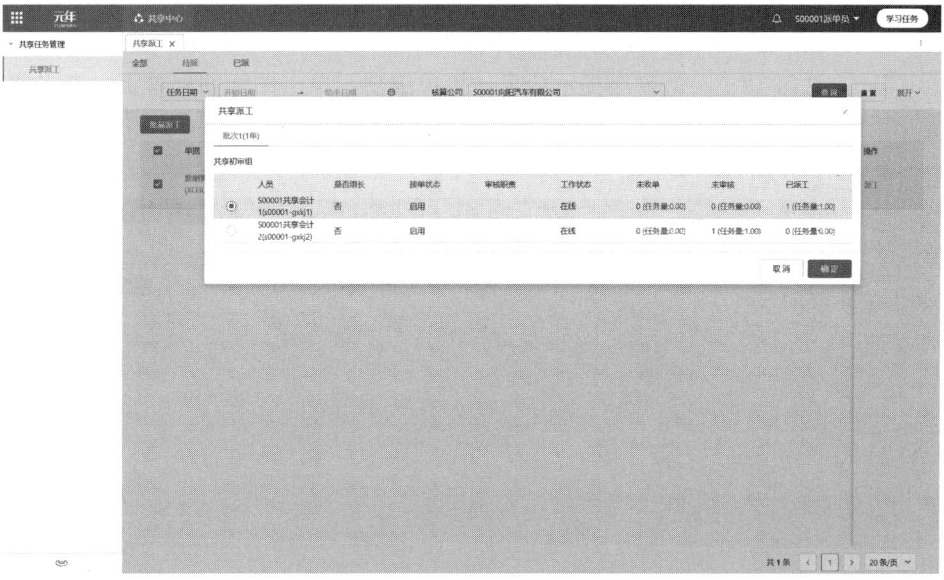

图 13-6 共享派工界面

注意：

（1）单击“展开”按钮，可分类查询单据。

（2）待审批薪酬管理单行显示管理单主要信息，包括单据编号、单据名称、核算公司、金额、任务日期、申请部门、申请人等，帮助迅速查找需要审批的单据。

（3）在“共享任务管理”页签下可以查看所有流转至共享中心的单据。任务状态包括“待派”“已派未审核”“已派已挂起”“已派已审核”。

（4）尚未派工的薪酬管理单的状态为“待派”，派工完毕后，该单据将不再显示在“待派”页签下，可以到“已派”页签下查找。

（5）如果派单后发现错误，如薪酬管理单填写内容不完整，则可单击“已派”页签，勾选需要收回的薪酬管理单，单击“批量收回”按钮。

3. 共享会计进行抢单

当薪酬管理单流程流转至共享环节时，在单据处于待派工的状态下，共享会计可以抢单。

（1）将身份切换至共享会计，单击“共享中心-任务审核”，单击“待审”按钮，进入待审单据页面。

（2）在“本次抢单数”填写框中输入抢单数量，如“1”，单击“点击抢单”（见图 13-7），弹出提示信息，抢单成功，单击图标回到首页，点击“待办任务”跳转到待办任务区，可选择相应管理单进行审批。

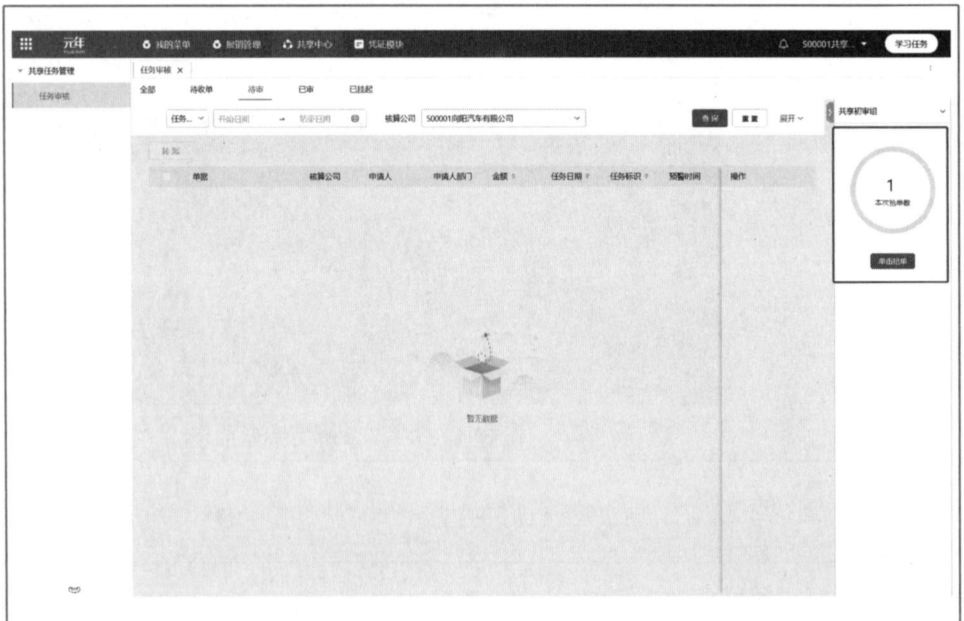

图 13-7　共享会计抢单界面

> **注意：**
>
> （1）会计手动输入“本次抢单数”，所填数额必须大于0，但不得超过设置的单次抢单最大数。
>
> （2）“可抢任务”显示当前审核会计组下流程流转至共享环节且状态为“待派”的单据数量。
>
> （3）“待办任务”：当前共享会计待办任务中未处理的数量。
>
> （4）当任务池中有多项任务时，系统在共享会计抢单时随机派单，共享会计无法定向抢单。

4. 共享会计审批付款

（1）将身份切换至共享会计，单击“图标-待办任务”。

（2）单击“待办任务”选项卡，单击需要审批的薪酬管理单。单击“同意”按钮，弹出“同意”对话框，默认审批意见为“同意”。单击“确定”按钮，弹出提示信息，单据提交成功（见图13－8）。

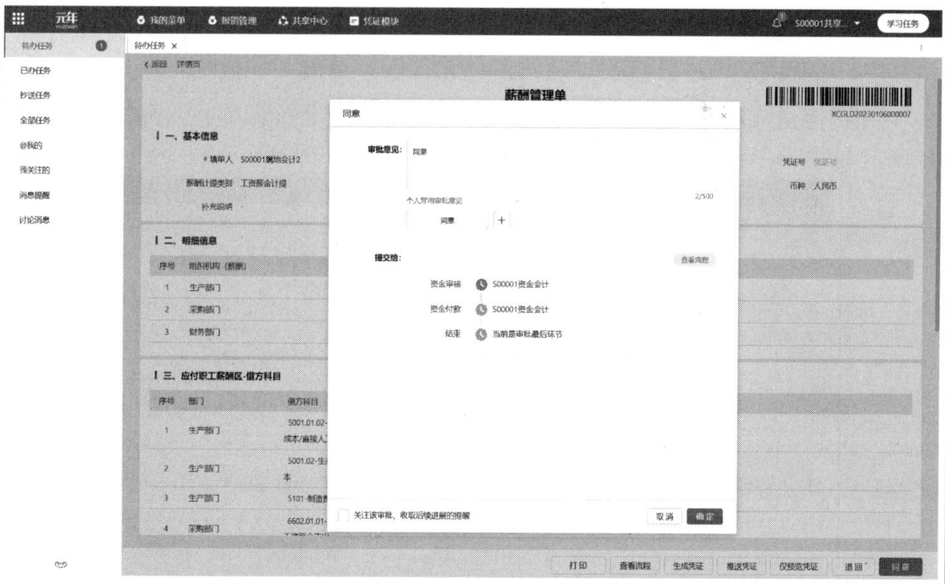

图13－8　共享会计审批界面

（3）单击“凭证模块-凭证管理”，勾选相应付款单，点击“批量生成凭证”按钮，弹出选择生成凭证的模板对话框。选择记账日期，勾选凭证模板为薪酬管理转账凭证。单击“确认”按钮，生成转账凭证（见图13－9）。

图 13-9　生成转账凭证

（4）单击“凭证管理-已生成”，点击需要推送的凭证关联单据左侧箭头，点击凭证号界面显示凭证详细信息。若信息正确，则单击“推送凭证”按钮；若信息有误，则进行修改。确认信息无误后，单击“推送凭证”按钮，弹出提示信息“推送成功”，单击“确定”按钮，推送凭证至核算中心（见图 13-10）。

图 13-10　凭证推送界面

5. 资金付款

（1）将身份切换至资金会计，单击“资金管理-资金审批”。

（2）勾选需要付款的薪酬管理单，单击“通过”按钮，弹出提示信息“处理成功”。

（3）单击“资金管理-资金付款”，在审批状态为“待付款”的查询结果中，勾选需要付款的薪酬管理单，单击“制证”按钮，弹出付款凭证模板对话框，选择记账日期（2020 年 6 月 30 日），勾选付款凭证模板，单击“确定”按钮，付款凭证生成成功（见图 13－11）。

图 13－11　生成付款凭证界面

（4）单击“资金管理-资金付款”，在审批状态为“待付款”的查询结果中，勾选需要付款的薪酬管理单，单击“付款”按钮，弹出提示信息“处理成功”（见图 13－12）。

（5）单击“凭证管理-已生成”，单击已经生成凭证的薪酬管理单左侧箭头，在凭证信息区找到序号为 2，制证人为资金会计的记录，单击记录，查看付款凭证。单击“推送凭证”按钮，弹出提示信息“推送成功”（见图 13－13）。

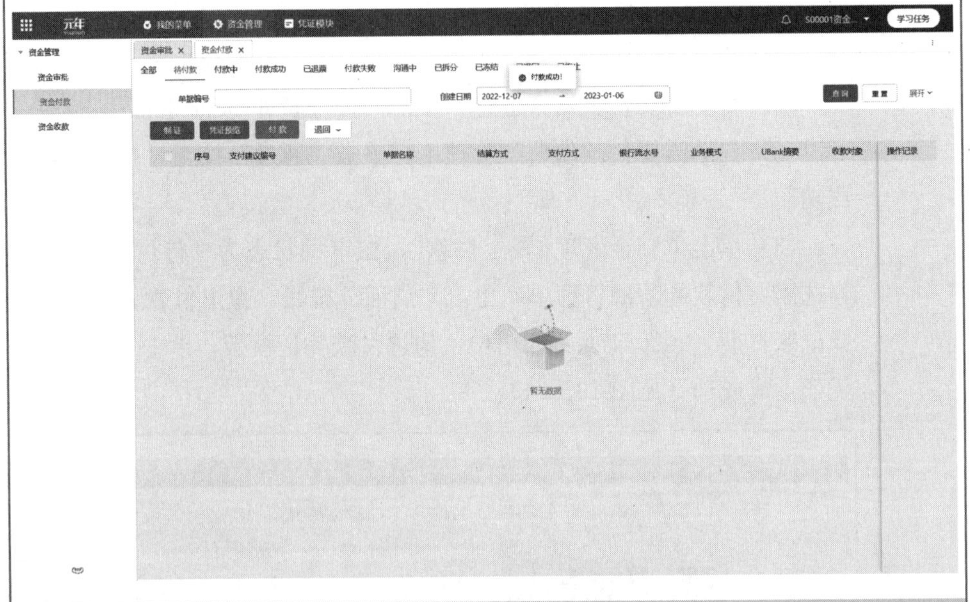

图 13-12　付款成功界面

图 13-13　凭证推送界面

注意：

（1）在勾选需要付款的薪酬管理单时，需通过单据编号及付款对象进行识别，避免错选、漏选。

第六节　待处理业务

业务 1：计提社会保险费

2020 年 6 月 29 日，ABC 公司计提本月应为员工缴纳的社会保险费，其中，营销部门员工工资共 108 524 元，财务部门员工工资共 10 012 元。根据国家规定的计提标准，确认应为营销部门员工缴纳的社会保险费为 13 022.88 元，应为财务部门员工缴纳的社会保险费为 1 201.44 元。当日属地会计据此进行计提。6 月 30 日，共享中心资金会计划款支付。

业务 2：计提职工福利费

2020 年 6 月 29 日，ABC 公司计提本月公司员工的福利费共 8 500 元，其中，营销部门员工福利费为 6 000 元，财务部门员工福利费为 2 500 元。当日属地会计据此进行计提。6 月 30 日，共享中心资金会计划款支付。

业务 3：计提工资

2020 年 6 月 29 日，XYZ 公司计提本月生产部门员工工资，其中，基本生产车间员工工资总额为 88 400 元，辅助生产车间员工工资总额为 56 800 元，车间管理人员工资总额为 60 500 元。当日属地会计据此进行计提。6 月 30 日，共享中心资金会计划款支付。

业务 4：计提工会经费

2020 年 6 月 29 日，XYZ 公司计提本月生产部门与采购部门员工工会经费支出，其中，生产部门基本生产车间员工工资总额为 88 450 元，车间管理人员工资总额为 67 930 元，采购部门员工工资总额为 95 680 元。根据国家规定的计提标准，确认生产部门基本生产车间员工工会经费支出为 1 769 元，车间管理人员工会经费支出为 1 358.6 元，采购部门员工工会经费支出为 1 913.6 元。当日属地会计据此进行计提。6 月 30 日，共享中心资金会计划款支付。

业务 5：计提职工教育经费

2020 年 6 月 29 日，XYZ 公司计提本月生产部门与财务部门员工职工教育经费支出，其中，生产部门基本生产车间员工工资总额为 79 650 元，车间管理人员工资总额为 89 840 元，财务部门员工工资总额为 97 620 元。根据国家规定的计提标准，确认生产部门基本生产车间员工职工教育经费支出为 6 372 元，车间管理人员职工教育经费支出为 7 187.2 元，财务部门员工职工教育经费支出为 7 809.6 元。当日属地会计据此进行计提。6 月 30 日，共享中心资金会计划款支付。

业务 6：计提住房公积金

2020 年 6 月 29 日，XYZ 公司计提本月应为生产部门与采购部门员工缴纳的住房公积金，其中，生产部门基本生产车间员工工资总额为 48 000 元，车间管理人员工资总额为 70 500 元，采购部门员工工资总额为 90 600 元。根据国家规定的计提标准，确认应为生产部门基本生产车间员工缴纳的住房公积金为 5 280 元，应为车间管理人员缴纳的住房公积金为 7 755 元，应为采购部门员工缴纳的住房公积金为 9 966 元。当日属地会计据此进行计提。6 月 30 日，共享中心资金会计划款支付。

思考题

1. 什么是薪酬管理？薪酬管理的主要内容有哪些？
2. 传统财务模式下的薪酬管理的缺点是什么？
3. 对比传统财务模式和财务共享模式下的薪酬管理流程，思考财务共享服务中心为企业薪酬管理带来了哪些改进。
4. 人力资源还有哪些模块可以采用财务共享模式？

延伸阅读

规则引擎

规则引擎由推理引擎发展而来，是一种嵌入应用程序中的组件，可实现将业务决策从应用程序代码中分离出来，并使用预定义的语义模块编写业务决策，接收数据输入，解释业务规则，并根据业务规则做出业务决策。

使用规则引擎可以在应用系统中分离商业决策者的商业决策和应用开发者的技术决策，并把这些商业决策放在统一的地方，让它们能在系统运行时动态地进行管理和修改，从而让企业保持灵活性和竞争力。

规则引擎的应用场景往往是需要应对多变的、复杂的业务场景，要求业务规则变更能够更快加速和低成本。财务共享服务中心流程多、规则性强、需要灵活调整的特点为规则引擎的应用提供了平台。财务共享服务中心使用规则引擎技术后，给运营和管理带来的改变如下：

(1) 规则引擎提供的是自然语言而不是一系列复杂代码，使用人员能够较容易地读懂业务规则，因此，可以将业务规则交给业务人员处理，而且业务人员无须精通 IT 知识。

(2) 提高业务灵活性，业务人员可以随时对规则进行修改和进行业务扩展，符合共享中心对规则能够迅速响应客户要求的要求。

(3) 加强业务处理透明度，业务规则可以被管理。

(4) 减少业务、财务部门与 IT 部门之间的依赖和矛盾，各司其职。

(5) 减轻 IT 部门的工作压力，降低系统的维护成本和维护难度。

(6) 在传统的软件开发中，程序员会事先根据业务需求设计软件处理流程，然后将该流程用代码实现。例如，企业原先规定合同付款单必须交由采购经理审批。当企业增加一条付款规定，低于 1 000 元的付款单无须审批，1 000 元至 10 万元只需采购经理审批，超过 10 万元的付款单需要采购经理和财务总监双重审批，此时共享系统需要更新内置规则。在上述流程需求下，财务人员需要找到 IT 技术人员提出需求。在实务中，反复的业务规则修改，会导致开发人员的需求量大且代码维护成本成倍增加。

(7) 规则引擎将业务流程从软件系统中剥离出来，开发配套的规则编辑器让专注于设计流程和规则的业务人员使用。针对上述流程需求，业务人员只需要在规则编辑器里新增两条规则即可——低于 1 000 元不审批，超过 10 万元继续提交给财务总监审批。规则引擎的应用可大大降低系统的更新维护成本，实现快速的规则管理。

第十四章

税务管理

本章学习目的

本章重点介绍财务共享模式下税务管理的基本原理。通过本章的学习，应了解税务管理的概念和主要内容；理解传统财务模式下税务管理的基本流程和不足；掌握财务共享模式下税务管理的基本流程与主要特点；熟悉财务共享模式下税务管理的实训技能。

第一节　税务管理概述

一、税务管理的基本概念

企业税务管理是企业对其涉税业务和纳税实务所实施的研究和分析、计划和筹划、处理和监控、协调和沟通、预测和报告的全过程管理行为。税务管理的目标是规范企业纳税行为，科学降低税收支出，有效防范纳税风险。

二、税务管理的主要内容

企业税务管理的内容主要包括两个方面：一是企业涉税活动管理；二是企业纳税实务管理。从企业生产经营活动与税务的联系来看，其内容大致可如表 14-1 所示进行划分。

表 14-1　税务管理的主要内容

具体分类	具体内容
税务信息管理	包括企业外部和内部的税务信息（税收法规、历年纳税情况等）收集、整理、传输、保管，以及分析、研究、教育与培训等。
税务计划管理	包括企业税收筹划、企业重要经营活动、重大项目的税负测算、企业纳税方案的选择和优化、企业年度纳税计划的制定、企业税负成本的分析与控制等。
涉税业务的税务管理	包括企业经营税务管理、企业投资税务管理、企业营销税务管理、企业筹资税务管理、企业技术开发税务管理、商务合同税务管理、企业税务会计管理、企业薪酬福利税务管理等。
纳税实务管理	包括企业税务登记、纳税申报、税款缴纳、发票管理、税收减免申报、出口退税、税收抵免、延期纳税申报等。
税务行政管理	包括企业税务证照保管、税务检查应对、税务行政复议申请与跟踪、税务行政诉讼、税务行政赔偿申请和办理、税务司法诉讼、税务公关、税务咨询等。

第二节　传统财务模式下的税务管理

一、基本流程

传统财务模式下的企业日常税务管理一般涉及税务会计税务核算、纳税申报、税款缴纳、银行回单、税务分析等环节。具体而言，获取相关数据（基础数据、认证数据、发票数据、海关数据、资金数据、业务数据等）后，税务会计根据相关数据和相关法律法规进行税务核算，编制会计转账凭证并填写税务申报表；填写完成后，交由财务经理对税务申报表内容的真实性和准确性进行审核；财务经理审核后，根据公司内部的资金权限安排将税务申报表提交给相关领导审批；领导审批时主要关注税务申报内容的真实性、合理性等方面，并对税务申报负有最终责任；审批完成后，税务会计在税务局的纳税申报系统中进行网上申报并进行税款缴纳；银行根据税款缴纳情况开具电子缴税付款凭证；税务会计编制付款凭证及税务缴纳汇总表并进行分析（见图 14－1）。

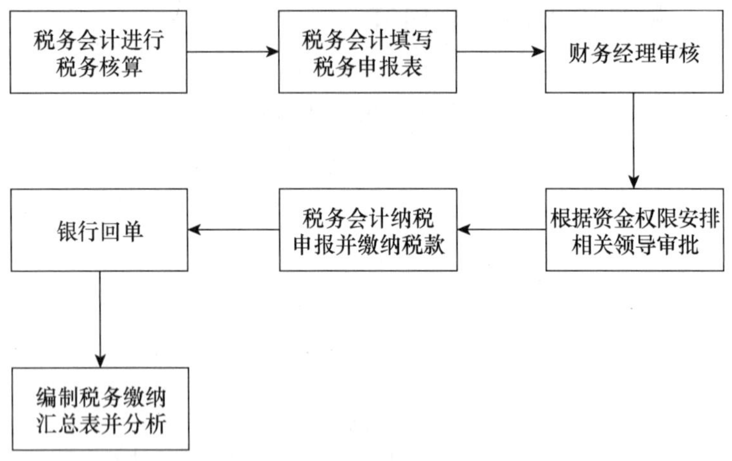

图 14－1　传统财务模式下日常税务管理的主要流程

以某集团型电视机巨头企业在采用财务共享信息系统前申报企业所得税为例，相应流程如下：

首先，由属地税务会计根据相关数据（基础数据、认证数据、发票数据、海关数据、资金数据、业务数据等）进行税务核算并填写申报表；属地财务经理对数据的真实性和准确性进行审核并签字；集团总经理对税务申报表进行审批；审批通过后，属地税务会计在税务局的纳税申报系统中进行网上申报；申报完毕后，银行从设定好的账户中划拨税款并发放税收缴款书；属地税务会计将相关单据登记入账并整理税务档案。

二、主要特点

企业的每一项经济行为都与纳税缴费紧密相关。传统财务模式下，企业的税务管理具有以下特点：

1. 模式粗放

传统企业的税务管理模式较为粗放，税基确认、税金计算等流程主要依靠税务会计人员的专业素质及对相关税务制度的理解。

2. 依赖手工

传统财务模式下，企业依赖于财务核算，采用人工算税、手动管票的方式。

3. 信息分散

大型企业集团的组织结构按照省市县乡层层下放，各属地员工不按照统一的规则标准处理涉税业务，涉税信息较为分散。

4. 被动管控

税务机关加强了对大企业税收的征管，并不断加大对企业偷税漏税的惩罚力度，在政策不断规范的背景下，企业处于被动风险管控状态。

三、对传统财务模式下税务管理的评价

由于存在税费构成复杂多变、征管属地化、管理不统一等情况，传统财务模式下的企业税务管理工作存在如下不足：

1. 制度体系不完善

税务管理的过程烦冗复杂，所涉及的相关法律法规较多，传统财务模式下，企业没有规范的管理制度，对各税费的政策理解、计税依据使用等依靠税务人员个体素质，集团企业对各个分子公司的税务执行审核、纳税申报时点控制缺失，

导致企业的税务管理成本增加，带来较高的税务风险。

2. 管理流程不规范

流程规范是税务管理的根本。税务管理流程节点多，仅开具发票管理就涉及申领、分发、使用、归档、抄报税等诸多环节，还涉及白票、蓝票、红票等诸多种类。集团企业由于业态多、业务量大，对数据准确性、及时性要求都比较高，税务管理流程的设计尤为重要。如果企业税务管理的流程不够清晰，就会造成税金计算不准确、不及时，给企业带来不必要的税收损失。

3. 信息共享程度低

税务信息是企业信息的重要组成部分，企业管理决策需要及时准确的税务信息的支撑，但是一般大企业集团总部、省份、地市、县系等分子公司涉税信息共享力度弱，集团税务管控制度及规范缺少迅速下达、推行全国的有效手段，再加上大企业税务管理人员众多、水平良莠不齐且变动频繁，容易造成信息分散失真或者缺失，使企业税务信息不能有效共享。

4. 无法有效控制税务风险

企业税务管理工作专业性较强，但目前我国很多企业没有专门的税务岗位，税务工作主要由财务或会计人员兼任，更没有专业的税务人员进行整体税务规划，易出现税务政策执行不到位的情况，无法有效控制税务风险。

第三节　财务共享模式下的税务管理

一、基本流程

税务管理是财务共享服务中心职责占比较低的业务。一般而言，在税务管理中，总部职责占比20%，财务共享服务中心职责占比30%，业务财务职责占比50%。财务共享服务中心主要负责的是所得税入账、增值税入账、其他税种入账、税收调整入账、税收返还入账、企业所得税弥补亏损台账维护。财务共享模式下，企业首先需要整合税务管理职能，分离分子公司的税务管理职责和基础税务操作职能，形成以总部税务管理部门为涉税管理业务服务平台、以子公司财务部门为业务支持平台、以税务共享中心为基础涉税业务处理平台的多层次、网络化的税务管理组织模式。其次，通过建设税务信息化平台，实现税基管理、税额计提、纳税申请、纳税申报、税务统计等涉税业务管理功能；税务信息化平台与前端系统紧密对接，自动获取纳税数据源；将申报流程、缴税信息处理规则内嵌于税务信息化平台，在业务过程中将业务信息和会计信息转化为税务信息，实时自动出具纳税申报表，动态掌握企业纳税情况，而内嵌的填报逻辑让申报纳税更加规范化。通过记录涉税数据，实现纳税申报数据的事后追溯。图 14－2 为财务共享模式下日常税务管理流程图。

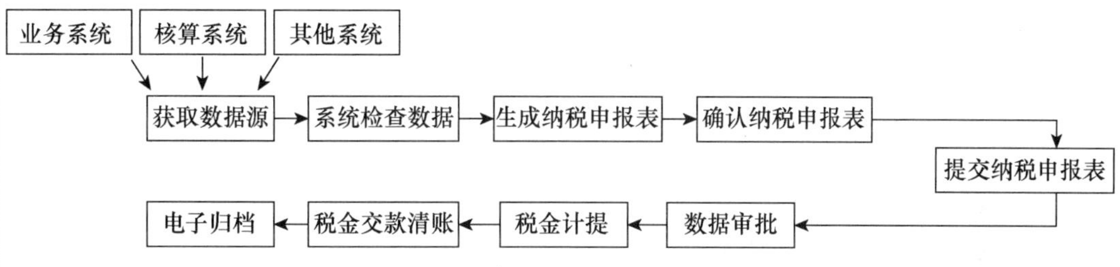

图 14－2　财务共享模式下日常税务管理的主要流程

仍以某集团型电视机巨头企业申报企业所得税为例，相应流程如下：

税务系统根据前端系统数据自动生成纳税申报表，共享中心税务会计确认并提交纳税申报表；共享中心税务主管和属地财务经理对数据的真实性和准确性进行审核；共享中心总账会计进行企业所得税计提；共享中心税务会计完成网上申报并发起企业所得税报账单；完成相关审批后，共享中心资金会计进行支付企业所得税清账；最后，共享中心税务会计进行电子归档。

二、主要特点

与传统财务模式下的税务管理相比，财务共享模式下的企业税务管理更加精细化、自动化、集中化、主动化，将企业税务管理人员从简单、重复的基础涉税业务中解放出来从而发挥更大的作用。

1. 精细化

在全面推行“营改增”试点方案后，我国现存 18 个税种，上百种地方附加税。财务共享模式充分考虑不同分子公司的税务差异，精细化管理企业涉税业务。

2. 自动化

财务共享模式下的企业利用互联网、人工智能、大数据等信息化手段，使部分税务管理流程由系统在后台自动运行，缓解人工压力。

3. 集中化

财务共享模式将企业税务集中处理，在统一的共享系统中有效地推行企业的税务管理制度，使业务人员按照统一的规则标准处理涉税业务。

4. 主动化

随着国家税务政策的不断规范，企业在财务共享信息系统中建立查补税收管理机制，降低被动风险，加强主动税务风险管控。

三、对财务共享模式下税务管理的评价

财务共享服务中心从大企业税务管理体系建设出发，运用信息数据网络化思维，更新传统旧有的企业税务制度规则，构建从企业内部税务活动到税务机关征管平台的税务信息共享路径，承载大企业集团全税种、全主体、全业务、全流程的税务管理应用工作，实现低成本、高效率、低风险的企业税务管理目标。

1. 完善制度体系

财务共享模式下，企业建立与自身情况相适应的税务管理制度，将企业涉税票据管理、税款缴纳、税务备案、纳税申报、汇算清缴等涉税业务标准统一，确保各涉税事项符合税法规定，且对税务事项的会计处理符合企业会计制度或准则，减少人为因素对税务管理业务的影响，加强对企业的管控，降低税务风险。

2. 规范管理流程

在运用财务共享模式之前，不同的分子公司税务管理业务处理流程存在差异，财务共享服务中心通过建立“税＋票＋会计”一体化平台，规范管理业务流程，实现交易管理、发票处理、税务处理、会计核算、结算处理全部在财务共享服务中心平台集中管控。针对对外开具发票与外部对内开具发票的不同点建立从

发票纸制单据、使用过程、风险提示到入账存档一套完整的管理体系，使发票数据准确性、报账及时性等得到有效控制，达到降低税务风险的目的。

3. 提升信息化程度

税务共享通过信息化手段实现企业税务的全生命周期管理，将原来手工的税务处理和管理过程转化为由计算机自动完成；通过税务数据的分析和报告为管理层提供直观、动态的涉税数据分析报告，为税务筹划及管理决策提供强有力的支持；帮助企业税务管理部门在进行税务组织共享后，由税务合规的基础职能朝面向未来和战略的税务管理职能转变。在企业外部，税务信息系统可以对接税务部门的信息系统，实现在线报税等。

4. 加强税务风险控制

企业通过税务管理信息化平台对税务政策进行集中统一管理，在税务信息化平台中内嵌并固化涉税业务的规则、逻辑及模型，根据实际涉税业务自动识别税务风险并进行预警，及时发现税务风险，保障涉税数据的准确性、完整性、有效性，减少人为失误导致的企业未来利益可能的损失。

第四节　税务管理实训

一、实训目标

（1）掌握财务共享信息系统中企业税务管理的操作技能；
（2）理解财务共享信息系统实现企业税务管理业务的整体流程；
（3）理解税务共享系统和财务共享信息系统税务管理模块的区别。

二、任务背景

企业每一项经济行为都与纳税缴费紧密相关。在“互联网＋”的大背景下，企业税务管理面临涉税业务复杂、管理成本较高、工作效率低、办税人员工作压力大等问题。基于此，向阳汽车有限公司通过财务共享信息系统实现税务管理的转型升级。

三、案例分析

向阳汽车有限公司建立税务管理中心，宣传税务知识，建立风险控制体系同时建设税务信息化平台处理集团整体税务相关工作。本模块中税务专员负责处理需流转至共享中心的业务场景，包括所得税入账、增值税入账、附加税入账。

四、操作流程及操作要点

税务管理流程

由于财务共享服务中心负责的税务管理内容仅占企业税务管理业务的30%，因此财务共享信息系统中税务管理的操作流程较为简单。首先，由税务管理中心的税务专员新增税费报账单，系统自动将税费报账单流转至财务总监处。财务总监审批税费报账单通过后，由共享中心的派单员进行共享派单或者共享会计进行抢单。最后，由共享会计审批付款并生成转账凭证（见图14-3）。

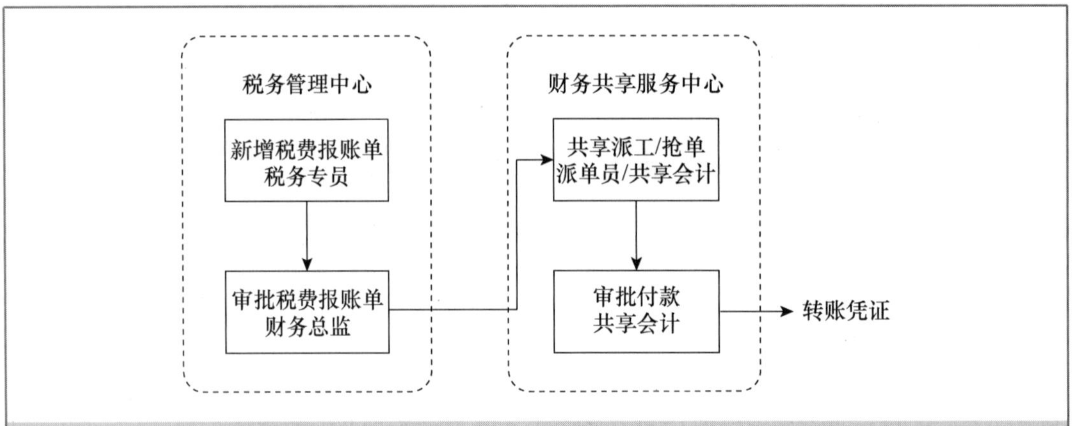

图 14-3　税务管理流程

第五节　典型业务及系统实现

典型业务：结转应交增值税

（一）业务内容

2020年6月，向阳汽车有限公司当月发生增值税销项税额合计为48 195 212

元，增值税进项税额合计为 30 373 930.74 元，增值税进项税转出额为 72 800 元。集团本月实际应交增值税款为 17 894 081.26 元，6 月 30 日，税务专员发起增值税纳税申报，经财务总监审批通过后推送至共享中心由共享会计制证，待下月纳税义务发生时再由资金会计划款缴纳。

税务管理-报账单操作视频

（二）IT 系统实现

1. 部门员工新增税费报账单

（1）切换身份至税务专员，单击“税务管理”打开税务管理下税费报账单，单击“创建单据”，进入税费报账单填写界面。

（2）填写“基本信息”。“填单日期”为 2020 年 6 月 30 日，“预算归属日期”为 2020 年 6 月 30 日，“报账期间”为 6 月。

（3）填写“明细信息”。“税目管理类型”为“增值税计提”，“税费科目归属（贷方）”为“应交税费/未交增值税”，单击“申报金额”空白栏，在弹出的“增值税计提”界面填写增值税明细信息。本期增值税进项税额为 30 373 930.74 元，增值税进项税转出额为 72 800 元，本期增值税销项税额为 48 195 212 元，系统自动带出本期应纳增值税合计值（见图 14－4 和图 14－5）。

图 14－4 税费报账单

（4）单击“提交数据”按钮，回到填写税费记账单界面。单击“提交审批”按钮，弹出提交审批对话框。单击“确定”按钮，弹出提示信息“提交成功”对话框，生成税费报账单。

图 14-5　增值税计提界面

2. 财务总监审批税费报账单

（1）将身份切换至财务总监，单击“图标-待办任务”，单击“待办任务”选项卡，点击需要审批的税费报账单。

（2）单击“同意”按钮，弹出“同意”对话框，默认审批意见为“同意”（见图 14-6）。

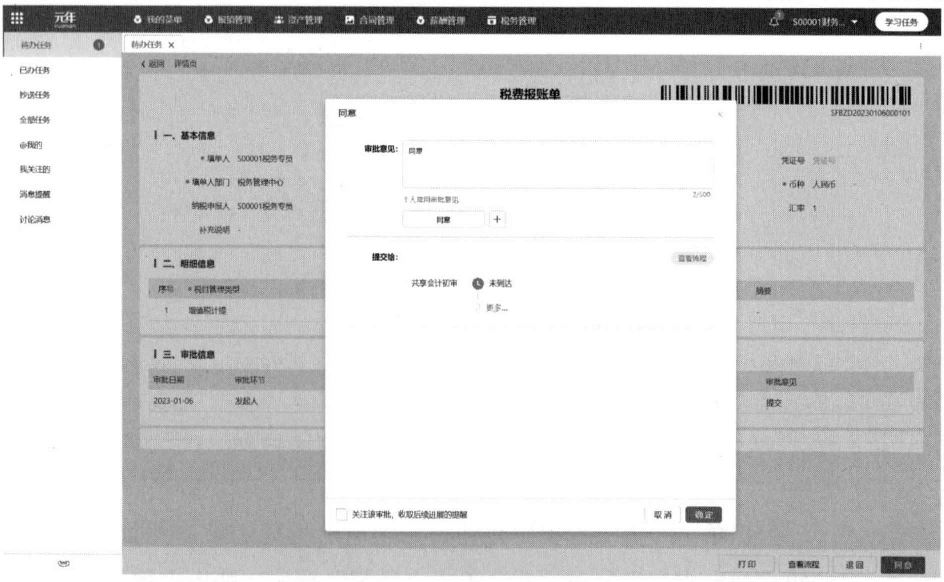

图 14-6　财务总监审批界面

（3）单击“确定”按钮，弹出提示信息“单据提交成功”。

3. 派单员进行共享派工

当税费报账单流转至共享环节时，单据可以由派单员进行派工，也可以由共享会计进行抢单，以下为派单员批量派工时的操作步骤。

（1）切换身份至派单员，单击“共享中心-共享任务管理”，进入共享派工页面。

（2）勾选需要派单的税费报账单，单击“批量派工”按钮，弹出“确认批量派工吗?”对话框。单击“确定”按钮，弹出“共享派工”对话框，在共享初审组中选择派单的共享会计，如选择共享会计1，手动批量派工成功(见图14－7)。

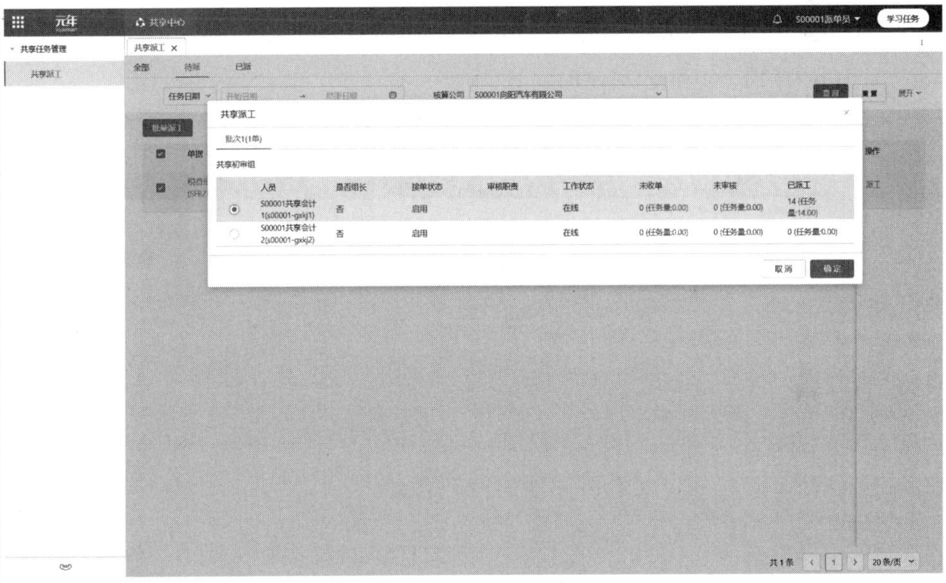

图 14－7　共享派工界面

注意：

（1）在共享会计审批单据之前，派单员可以收回派工并重新派单。在共享派工界面的“已派”页签下，勾选相应单据，点击“批量收回”按钮，然后在“待派”页签下重新派工。

（2）派单员选择某一共享会计派单后，审批单据待办任务将出现在相应共享会计的操作界面，其他共享会计无法在操作界面看到此待办任务，也无法抢单。

4. 共享会计抢单

税务管理-共享中心操作视频

当单据流程流转至共享环节时，在单据处于未派工的状态下，系统支持共享会计抢单。

（1）切换用户至共享会计，单击“共享中心-任务审核”。

（2）单击“待审”按钮，进入待审单据页面。

（3）在“本次抢单数”填写框中输入抢单数量，如“1”，单击“点击抢单”，弹出提示信息，抢单成功。单击图标回到首页，点击待办任务，跳转到待办任务区，可选择相应报账单进行审批。具体审批操作请参照共享会计审批收款流程（见图 14－8 和图 14－9）。

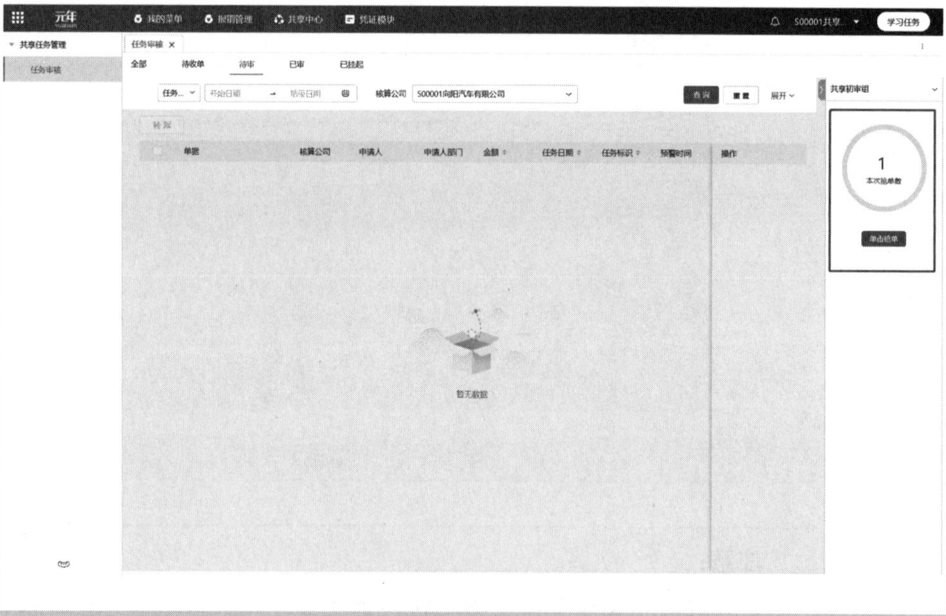

图 14－8 共享会计抢单界面

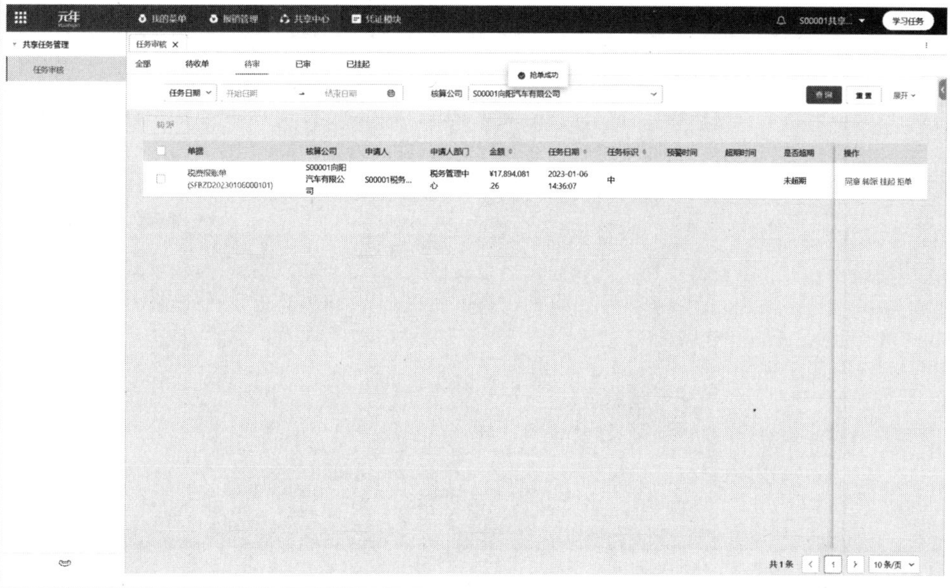

图 14-9　抢单成功界面

注意：

（1）共享会计手动输入“本次抢单数”，所填数额必须大于 0，但不得超过设置的单次抢单最大数。

（2）“可抢任务”显示当前审核会计组下，流程流转至共享环节且状态为未派工的单据数量。

（3）“待办任务”：当前共享会计待办任务中未处理的数量。

（4）抢单机制为随机抢单，共享会计无法定向抢单。

5. 共享会计审批

（1）切换身份至共享会计，单击“图标-待办任务”，进入待办任务页面。

（2）单击需要审批的税费报账单，单击“同意”按钮，弹出“同意”对话框，单击“确认”按钮，弹出提示信息“单据提交成功”。

（3）单击“凭证模块-凭证管理”，勾选需要生成凭证的税费报账单，单击“批量生成凭证”，弹出选择批量生成凭证模板对话框，选择记账日期为 2020 年 6 月 30 日，勾选凭证模板为税务管理转账凭证，单击“确认”按钮，弹出批量生成凭证结果对话框（见图 14－10）。

（4）单击“凭证管理-已生成”，点击需要推送的凭证关联单据左侧箭头，点击凭证号，界面显示凭证的详细信息。

图 14－10　生成转账凭证界面

（5）查看凭证详细内容，若信息正确，则点击“推送凭证”按钮；若信息有误，则进行修改。确认信息无误后，点击“推送凭证”按钮，弹出提示信息“推送成功”，点击“确定”按钮，推送凭证至核算中心（见图 14－11）。

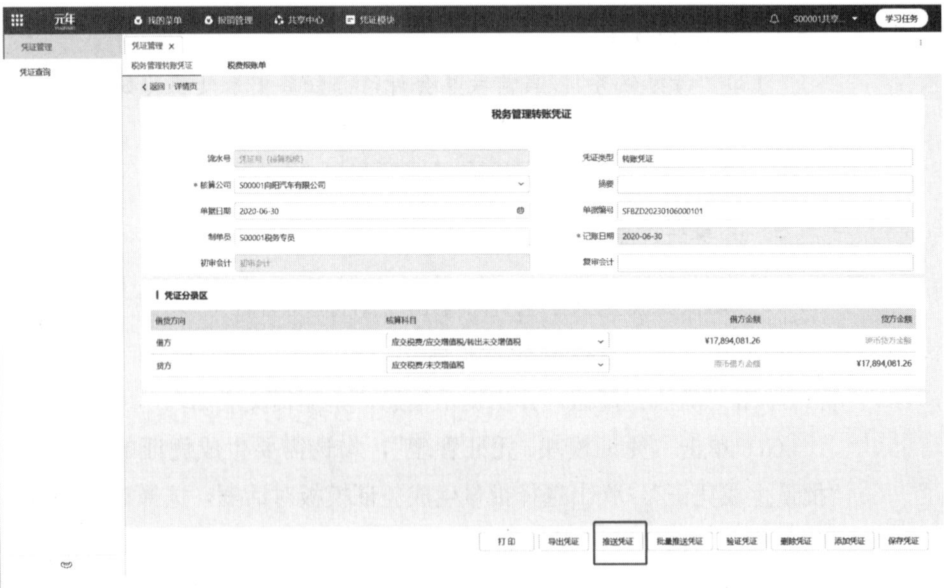

图 14－11　凭证推送界面

> **注意：**
>
> (1) 推送凭证前可点击“验证凭证”按钮检查借贷方是否平衡，系统会弹出对话框提示借贷是否平衡。
>
> (2) 若不想立即推送凭证，可以点击“保存凭证”按钮。在“凭证管理-已生成”页签下，通过选择“推送状态”为“未推送”查询已经保存但尚未推送的凭证。
>
> (3) 凭证一旦推送成功便无法更改，所以推送前应仔细检查凭证是否有误。

第六节　待处理业务

业务 1：计提附加税

2020 年 6 月，向阳汽车有限公司当月实际应交增值税款为 17 894 081.26 元。6 月 30 日，集团按应交增值税额的相应比例计提城市维护建设税、教育费附加、地方教育附加三项附加税，该三项附加税费税率（征收率）分别为 7%（城市维护建设税为 1 252 585.69 元）、3%（教育费附加为 536 822.44 元）、2%（地方教育附加为 357 881.63 元）。税务专员发起附加税申报，经财务总监审批通过后推送至共享中心由共享会计制证，待下月纳税义务发生时再由资金会计划款缴纳。

业务 2：计提企业所得税

2020 年 6 月，向阳汽车有限公司实现税前利润总额 56 730 304.72 元，企业所得税税率为 25%（所得税费用为 14 182 576.18 元），且本月不存在纳税调整额，近 5 年应弥补亏损额及当期使用的可弥补亏损额均为 0。6 月 30 日，税务专员发起企业所得税纳税申报，经财务总监审批通过后推送至共享中心由共享会计制证，待下月纳税义务发生时再由资金会计划款缴纳。

思考题

1. 什么是税务管理？税务管理的主要内容有哪些？

2. 传统财务模式下的税务管理的缺点是什么？

3. 对比传统财务模式和财务共享模式下的税务管理流程，思考财务共享服务中心为企业税务管理带来了哪些改进。

4. 税务共享服务中心与财务共享服务中心税务管理模块的区别是什么？

延伸阅读

OCR

光学字符识别（Optical Character Recognition，OCR）是读取图片、照片上的文字内容并将其自动转化为可编辑文本的技术。OCR 的概念最早是由德国科学家 Tausheck 于 1929 年提出。1870 年电报技术和为盲人设计的阅读设备的出现标志着 OCR 技术的诞生。20 世纪 90 年代，发达国家开始采用 OCR 技术进行票据电子化处理，近几年，国内开始在财务、金融等领域使用 OCR 技术。OCR 技术应用的目的是对不可编辑的图像上指定位置的字符予以读取，并将其转换成计算机文字，最终使识别结果可再使用及分析，从而节省人工使用键盘输入耗用的人力与时间。

目前，在财务领域 OCR 技术应用主要分成以下两个模块：

1. 识别确认模块

OCR 影像识别的基础工作为定义识别引擎模板。模板根据位置、识别区域来确定影像中要转换为电子信息的内容，通过标示项由引擎自动定位确定影像区域，模板定义时可对识别内容进行校正。识别模板可以识别影像文件中的任何内容。OCR 识别发票代码、发票号码、发票日期、金额、税额、总额、购方税号、销方税号八个识别项后，形成结构化数据，用于认证、记账等流程。

2. 记账应用模块

在财务共享服务中心中利用 OCR 识别结果，提升记账信息集成度，提高核算记账效率和质量。共享中心模板使用了 OCR 识别结果，在系统初始形成凭证预制信息时，会根据 OCR 识别的结果对行项目中的税行进行预录入，按照识别信息逐行生成“应交税费—增值税”行项目，并写入税额、税码信息，完全替代人工维护税金行项目工作。

企业建立财务共享服务中心后，面临集中办公与原始凭证分散产生的矛盾，因此企业会相应地建立影像管理系统，将各地区、各项目产生的原始凭证扫描形成电子化文件，传送至财务共享服务中心，其中以发票管理最为显著。

OCR 技术从影像识别到结果输出，一般需要经过影像形成、OCR 识别、人工确认、信息记账应用、增票电子认证等五个环节。

1. 影像形成

将纸质单据发票交由共享中心进行扫描，形成电子影像上传至影像系统。

2. OCR 识别

后台利用 OCR 技术自动识别业务影像。首先识别出增值税发票并进行票据类型分类，然后对增值税发票关键记账信息识别并回写至用户确认界面。

3. 人工确认

对于增值税发票等标准统一的格式化票据，识别准确率近 95%。为了保证数据的准确一致，需要安排少量员工对关键信息进行核对。

4. 信息记账应用

将确认的影像信息转换成结构化电子数据，通过与记账系统自动集成，自动生成记账凭证中的科目。

5. 增票电子认证

与国家税务总局电子发票勾选认证系统关联，实现记账后发票依据 OCR 识别的发票代码自动认证。

企业在财务领域运用 OCR 技术，可减少增值税发票核验时间，提高会计核算效率，从而促进共享流程标准化和财务人员转型，推动业务财务工作流程化、自动化、智能化进程。

第十五章 核算中心

本章学习目的

本章重点介绍财务共享模式下会计核算的基本原理。通过本章的学习，应了解核算中心的定位和典型业务；熟悉财务共享模式下核算中心的实训技能。

第一节　核算中心概述

一、核算中心的定位

企业设立财务共享服务中心之后，一般会将非共享业务的会计处理交由核算中心处理。一般而言，核算中心主要负责处理以下业务：

（1）非共享业务的会计处理。比如，投融资业务、营业外收支业务等。

（2）财务共享服务中心推送到核算中心的凭证的后续处理，包括审核、记账等。

（3）分子公司财务报表和集团合并财务报表的编制。

二、核算中心的典型业务

核算中心的主要业务为非共享业务的会计核算工作，典型的业务如表 15－1 所示。

表 15－1　核算中心的典型业务

分类	内容
投资	股权投资、债权投资、证券投资等。
融资	内部融资、债务融资、权益融资等。
债务重组	债务转移、债务抵销、债务豁免、债务混同、削债、以非现金资产清偿债务、债务转为资本、融资减债、修改其他债务条件等。
结转期间损益	结转间接生产成本、结转营业成本、结转销售成本、结转本年利润等。
营业外收入	固定资产盘盈、处理固定资产净收益、罚款收入、政府补助、捐赠利得、教育费附加返还款等。
营业外支出	公益性捐赠支出、罚款支出、非货币性资产交换损失、盘亏损失等。

第二节　核算中心实训

一、实训目标

（1）熟悉企业非共享业务在财务共享信息系统中的处理流程；

（2）掌握企业会计期末通过财务共享信息系统进行结账、生成报表的操作方式。

二、任务背景

核算中心是企业会计账务处理流程的最终环节。核算中心包括凭证模块和报表模块。当企业发生非共享业务时，如总公司的投融资业务，核算会计须在凭证模块新增凭证。此外，企业所发生的共享业务凭证与非共享业务凭证均需在核算中心由会计主管审核、核算会计记账。期末，核算会计在凭证模块进行期末结账以及成本结转、期间损益结转。结账后，会计主管在报表模块生成报表，结束本月所有的财务工作。

三、案例分析

财务共享信息系统已经对公司的共享业务进行自动化流程处理，向阳汽车有限公司建立核算中心，主要进行非共享业务的会计处理、财务共享服务中心推送到核算中心的凭证的后续处理、会计期末的损益结转和报表出具。

四、操作流程及操作要点

核算中心流程

如图 15－1 所示，首先由核算会计对财务共享服务中心流转至核算中心的会计凭证或核算会计在核算中心新增的会计凭证进行现金流量分析。会计主管登录系统对所有的会计凭证进行审核。审核完毕后，核算会计进行凭证记账处理。当所有的业务凭证都完成审核、记账后，核算会计进行月末结账。最后，会计主管查看报表。

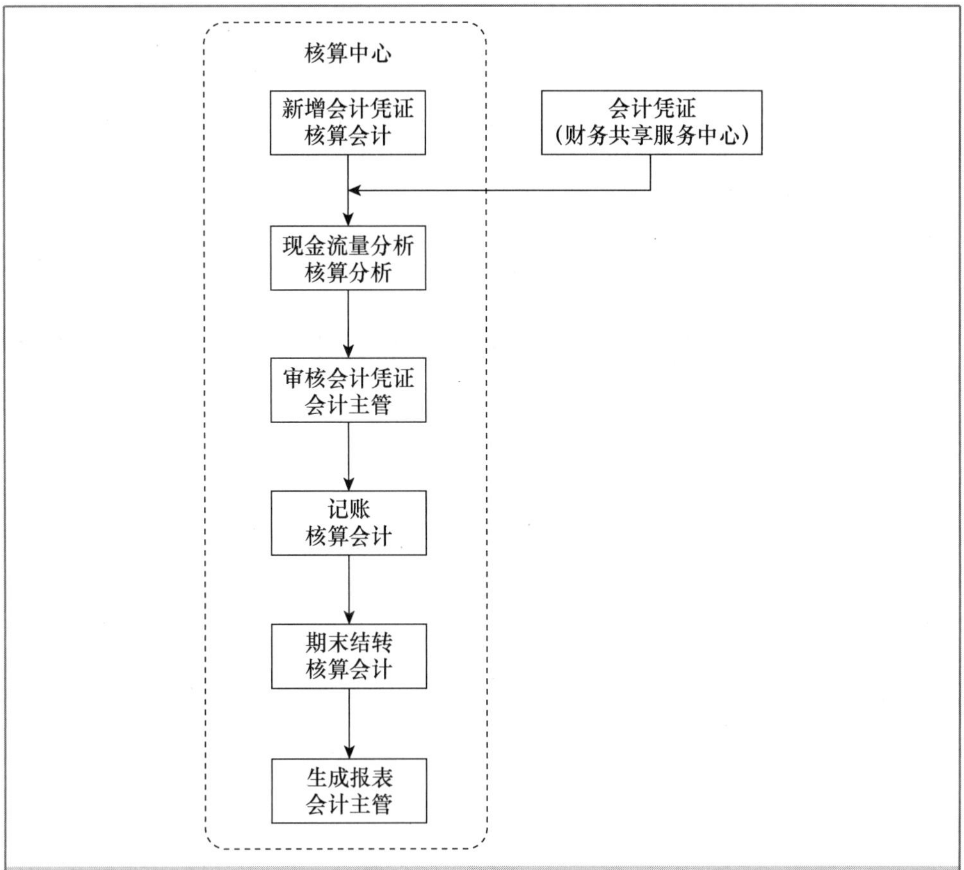

图 15-1　核算中心流程

第三节　典型业务及系统实现

典型业务：获得政府补助

（一）业务内容

2020 年 6 月 2 日，集团公司收到政府补贴资金 2 320 231 元，存入银行账户，经确认该笔款项与收益相关。

核算中心-凭证管理（新增、现金流量分析）操作视频

（二）IT 系统实现

1. 核算会计新增会计凭证

(1) 切换身份至核算会计，单击“总账-凭证管理”菜单下的“凭证录入”

按钮，新增一张空白记账凭证。

（2）选择所属账簿为“S00001 向阳汽车有限公司”，选择会计日期和业务日期为 2020 年 6 月 2 日，凭证字为“记”，摘要为“其他 01”，输入借方科目“银行存款”，借方金额为“2320231”，输入贷方科目“政府补助利得”，贷方金额为“2320231”。

（3）单击“保存”按钮，系统默认保存后自动提交（见图 15－2）。

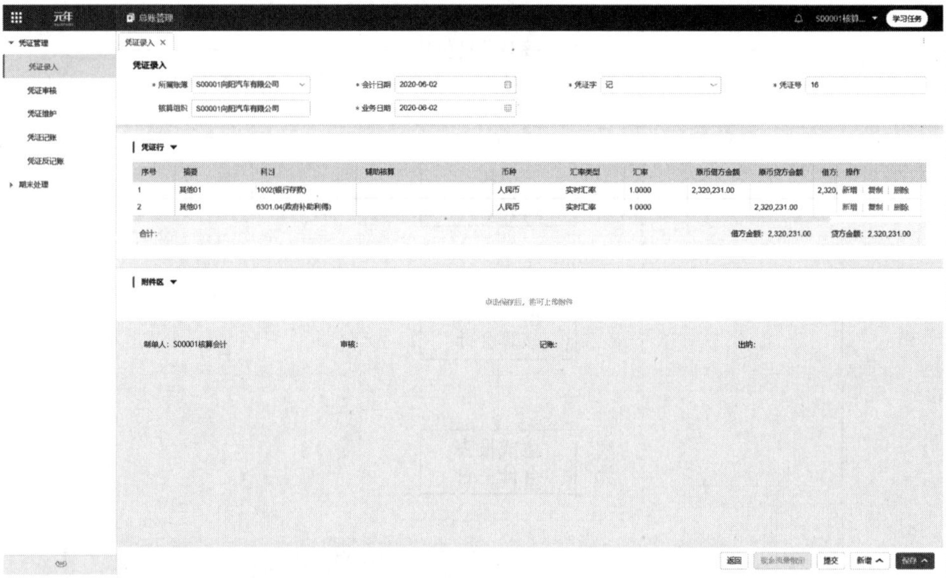

图 15－2　新增会计凭证界面

2. 核算会计进行现金流量分析

在“凭证维护”菜单下，查看从共享中心推送到核算中心及核算中心编制的所有凭证。核算会计需要对所有凭证进行现金流量分析。

（1）切换身份至核算会计，单击“总账-凭证管理-凭证维护”，进入凭证维护界面（见图 15－3）。

（2）选择一张收付款凭证，单击凭证号，查看凭证详细内容。

（3）在凭证展示界面中单击“现金流量”按钮，在弹出的“现金流量”框中，“对方科目”选择“政府补助利得”，“主表项目”选择“收到其他与经营活动有关的现金”，金额为“2320231”，单击“保存”按钮（见图 15－4）。

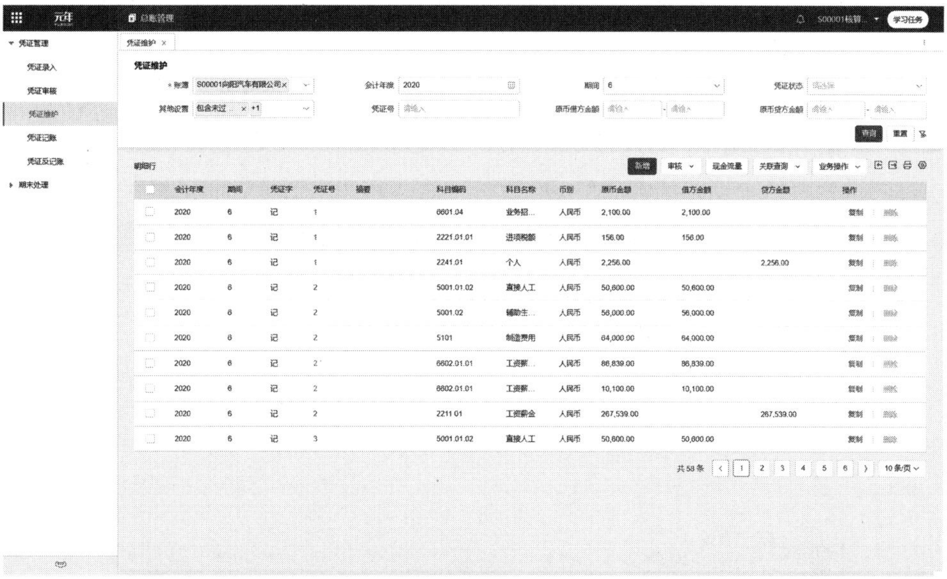

图 15－3　凭证维护界面

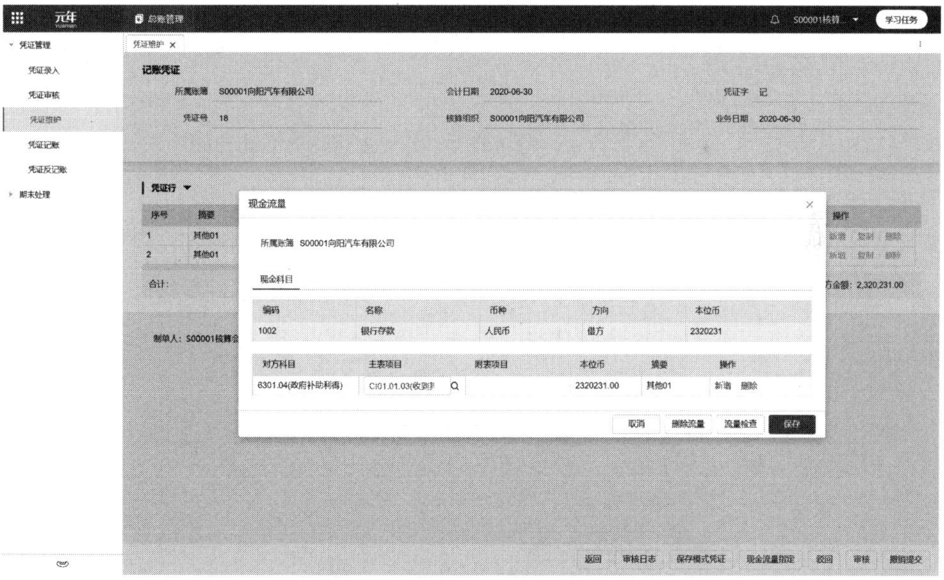

图 15－4　现金流量分析界面

3. 会计主管审核会计凭证

会计主管需要审核所有凭证，包括推送至核算中心的凭证及在核算中心编制的凭证。

（1）切换身份至会计主管，单击“总账-凭证管理-凭证维护”，进入凭证维护界面。

（2）勾选需要审核的凭证，单击右上角的“审核”按钮，提示“审核成功1条”（见图15-5）。

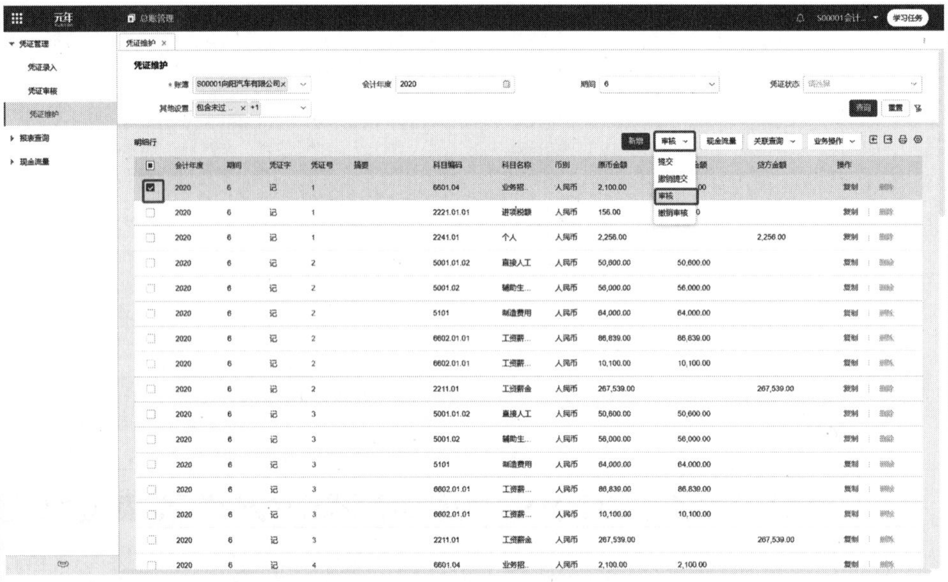

图15-5 会计主管审核凭证界面

注意：

（1）已经提交或审核的凭证无法修改或删除，若想修改已提交或审核的凭证，则必须勾选该凭证，单击“审核-撤销审核”按钮取消审核，单击“审核-撤销提交”按钮取消提交。

（2）审核过的凭证会在凭证下方显示对应审核人。

4. 核算会计进行记账

核算中心-审核、记账、结转操作视频

对会计主管审核完毕的凭证，核算会计需要进行凭证记账处理。

（1）切换身份至核算会计，单击“总账-凭证管理-凭证记账”，进入凭证记账界面。

（2）勾选需要记账的账簿，单击右上角的“记账”按钮（见图15-6），提示“您确定开始凭证记账?”，点击“确定”按钮。

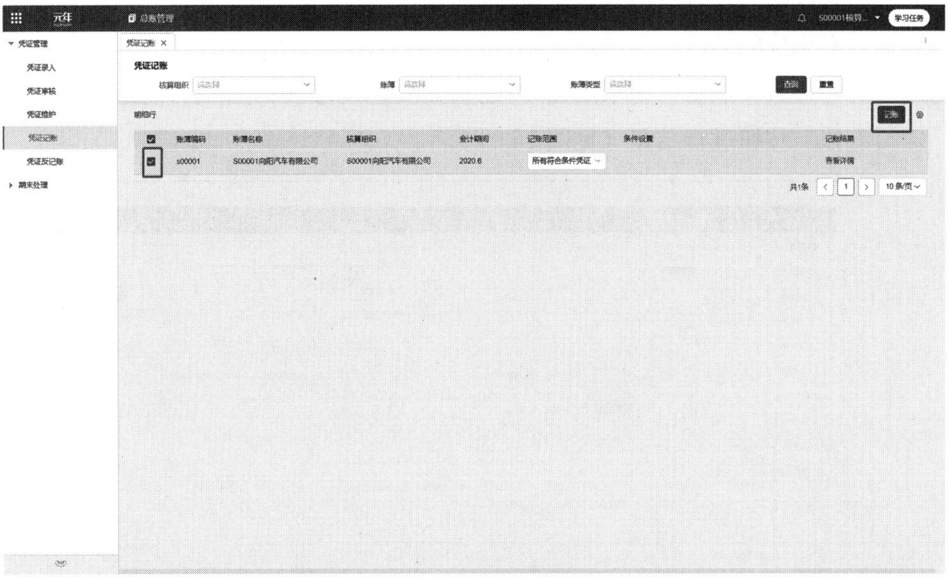

图 15-6　核算会计记账界面

> **注意：**
> 已经审核且记账的凭证无法修改或删除，若想修改该凭证，则必须对该凭证先“反记账”再“撤销审核”“撤销提交”。

5. 核算会计进行月末结账

当所有的业务凭证都完成审核、记账后，核算会计进行月末结账。

核算中心-反结转操作视频

（1）切换身份至核算会计，单击“总账-期末处理-结转成本”，进入成本结转界面。

（2）勾选需要结转成本的账簿，点击“手工结转”，成本结转成功。

（3）切换身份到会计主管，单击“总账-凭证管理-凭证维护”，对生成的结转成本凭证进行审核；切换身份到核算会计，单击“总账-凭证管理-凭证记账”，对生成的结转凭证进行记账。

（4）切换身份到核算会计，单击“总账-期末处理-结转损益”，勾选需要结转损益的账簿，点击“手工结转”，期间损益结转成功。

（5）切换身份到会计主管，单击“总账-凭证管理-凭证维护”，对生成的结转成本凭证进行审核；切换身份到核算会计，单击“总账-凭证管理-凭证记账”，对生成的结转凭证进行记账。

（6）点击“期末结账”，勾选需要期末结转的公司，通过界面右上角的“结账”按钮进行结账（见图 15-7）。

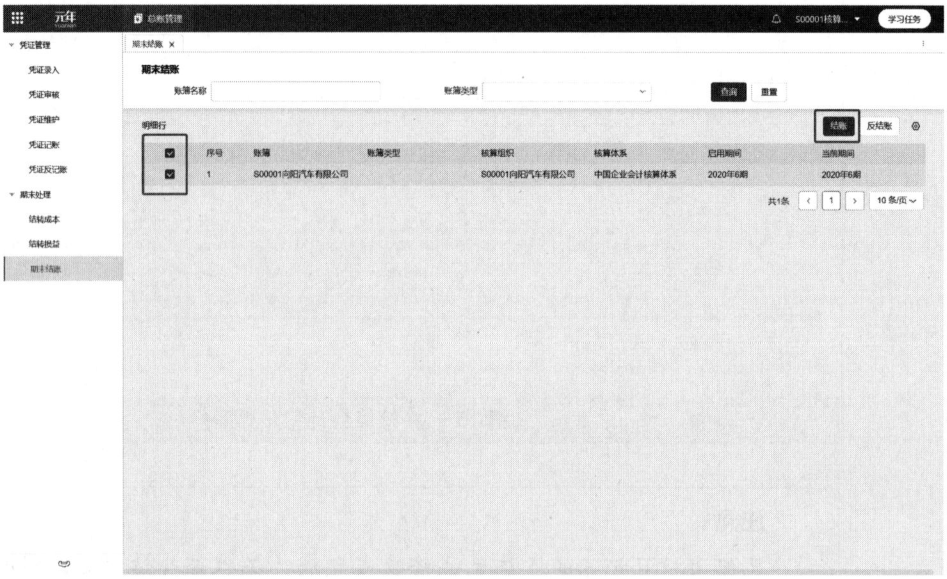

图 15-7 期末结转界面

> **注意：**
>
> （1）若想取消期末结转，勾选需要反结账的公司，单击“反结账”，再将生成的结转凭证“反记账”“撤销审核”“撤销提交”后删除。
>
> （2）凭证断号的账簿不能结账。

6. 会计主管查看报表

（1）切换身份至会计主管。

（2）在“总账-报表查询”菜单下，分别单击“科目余额表”和“试算平衡表”按钮，界面展示报表。

（3）点击“现金流量-现金流量表”，界面展示现金流量表。

第四节　待处理业务

业务 1：捐赠善款

2020 年 6 月 15 日，集团公司为履行企业社会责任向受灾地区捐赠善款 140 万元。

业务 2：支付利息

2020 年 6 月 5 日，集团公司以银行存款支付上月短期借款产生的利息共 316 245 718 元。

业务 3：投资收益

2020 年 6 月 12 日，集团公司作为其他权益工具投资处理的股票投资，被投资企业 6 月 5 日宣布分配现金股利，集团公司可获得现金股利共 991 813 元。

业务 4：归结生产成本

2020 年 6 月 30 日，集团公司归结成本。SUV 生产车间领用甲类钢材 13 290 吨，实际成本为 68 815 620 元；皮卡生产车间领用乙类钢材 9 294 吨，实际成本为 45 215 310 元；轿车生产车间领用座椅总成 5 645 吨，实际成本为 38 995 660 元；车间一般耗用甲类钢材实际成本为 2 589 万元。

业务 5：偿还短期借款

2020 年 6 月 29 日，集团公司偿还到期短期借款本金 10 910 万元。

业务 6：预计负债

2020 年 5 月 12 日，向阳汽车有限公司因合同违约被客户起诉，2020 年 6 月

30 日尚未接到法院的判决。在咨询公司的法律顾问后，公司认为最终的法律判决很有可能对自身不利。假定公司预计将要支付的赔偿金额、诉讼费等费用为 160 万～200 万元之间的某一金额，而且这个区间内每个金额的可能性都大致相同，其中诉讼费为 3 万元。公司应在资产负债表中确认负债。

业务 7：债务重组

2019 年 11 月 5 日，ABC 公司向客户丙公司赊销一批 SUV，含税价共 117 万元。该客户因本年发生财务困难，无法按合同规定偿还债务，2020 年 6 月 29 日，与 ABC 公司协商进行债务重组。双方达成的债务重组协议内容如下：ABC 公司同意客户丙公司用其固定资产（生产设备）抵偿该账款。2020 年 6 月 29 日，抵债设备已转让完毕。其中，抵债设备的账面原价为 100 万元，累计折旧为 30 万元，公允价值为 75 万元。假定 ABC 公司已对该项债权计提坏账准备 1 万元，公司在接受抵债资产时，自行安装设备，耗用的原材料价值 0.5 万元，6 月 30 日安装完毕，可以投入使用。不考虑其他相关税费和设备运输过程中的费用及其他因素（本题适用于 2020 年的会计准则）。

业务 8：结转间接生产成本

2020 年 6 月 29 日，集团公司归结成本。将本月发生的制造费用共 27 101 154.8 元转入产品生产成本。

业务 9：结转营业成本

2020 年 6 月 29 日，集团公司结转销售的商品成本，其中，销售汽车应结转的主营业务成本为 302 544 500 元，销售原材料应结转的其他业务成本为 10 406 612 元。

最后作业：结账并核对答案

在做完所有模块的典型业务和课后习题后，学生已经熟练掌握财务共享信息系统的业务操作流程。在进入期末考核前，可以先结账出具报表，核对答案，修改平时作业，保证期末考试前系统中的单据、凭证、报表完全正确，否则平时作业中的错误将影响期末考试结果。平时作业答案如表 15－2 至表 15－3 所示。

表 15-2　科目余额表　　单位：元

科目编码	科目名称	期末余额		方向	本期实际损益发生额
		借方	贷方		
1001	库存现金	100 294.00		借	
1002	银行存款	7 743 363 101.06		借	
1012	其他货币资金	0.00		借	
101201	银行汇票存款	0.00		借	
101202	银行本票存款	0.00		借	
101203	信用卡存款	0.00		借	
101204	信用证存款	0.00		借	
101205	外埠存款	0.00		借	
1101	交易性金融资产	184 564 259.52		借	
110101	成本	184 564 259.52		借	
110102	公允价值变动	0.00		借	
1121	应收票据	26 013 064 494.90		借	
1122	应收账款	24 254 026 220.02		借	
1123	预付账款	564 271 709.16		借	
1131	应收股利	649 121 202.66		借	
1132	应收利息	204 194 195.09		借	
1200	往来款	0.00		借	
1221	其他应收款	984 007 978.08		借	
1231	坏账准备		53 616 373.52	贷	
1321	代理业务资产（受托代销商品）	0.00		借	
1401	材料采购	0.00		借	
1402	在途物资	0.00		借	
1403	原材料	2 040 222 557.00		借	
1404	材料成本差异	0.00		借	
1405	库存商品	1 428 712 521.51		借	
1406	发出商品	0.00		借	
1407	商品进销差价		0.00	贷	
1408	委托加工物资	0.00		借	
1409	自制半成品	0.00		借	
1411	周转材料	81 293 819.19		借	
141101	包装物	81 293 819.19		借	
141102	低值易耗品	0.00		借	
1421	消耗性生物资产	0.00		借	
1471	存货跌价准备		40 213 094.42	贷	

续表

科目编码	科目名称	期末余额		方向	本期实际损益发生额
		借方	贷方		
1501	债权投资	0.00		借	
1502	债权投资减值准备		0.00	贷	
1503	其他债权投资	0.00		借	
1504	其他权益工具投资	7 700 000.00		借	
1511	长期股权投资	5 273 861 404.26		借	
1512	长期股权投资减值准备		0.00	贷	
1521	投资性房地产	99 008 358.76		借	
1531	长期应收款	0.00		借	
1532	未实现融资收益	0.00		借	
1601	固定资产	27 496 865 428.49		借	
160101	房屋、建筑物	7 553 101 020.67		借	
160102	机器、机械和其他生产设备	17 021 253 415.02		借	
160103	器具、工具、家具等	364 947 905.88		借	
160104	运输工具	526 529 780.79		借	
160105	电子设备	975 873 463.96		借	
160106	其他	1 055 159 842.17		借	
1602	累计折旧		1 359 541 455.00	贷	
160201	房屋、建筑物		360 354 429.60	贷	
160202	机器、机械和其他生产设备		900 079 027.30	贷	
160203	器具、工具、家具等		17 378 471.30	贷	
160204	运输工具		25 208 846.70	贷	
160205	电子设备		46 470 164.95	贷	
160206	其他		10 050 515.15	贷	
1603	固定资产减值准备		102 479 296.20	贷	
1604	在建工程	3 772 467 032.71		借	
1605	工程物资	−1 111 364.00		借	
1606	固定资产清理	0.00		借	
1621	生产性生物资产	0.00		借	
1622	生产性生物资产累计折旧		0.00	贷	
1623	公益性生物资产	0.00		借	

续表

科目编码	科目名称	期末余额		方向	本期实际损益发生额
		借方	贷方		
1701	无形资产	3 343 469 694.61		借	
170101	专利权	1 055 901 424.01		借	
170102	商标权	0.00		借	
170103	著作权	0.00		借	
170104	土地使用权	2 093 945 624.11		借	
170105	非专利技术	5 670 000.00		借	
170106	特许权使用费	0.00		借	
170107	其他	187 952 646.49		借	
1702	累计摊销		331 514 682.52	贷	
1703	无形资产减值准备		0.00	贷	
1711	商誉	0.00		借	
1801	长期待摊费用	130 687 917.26		借	
180101	已提足折旧资产的改建支出	0.00		借	
180102	租入固定资产的改建支出	0.00		借	
180103	固定资产的大修理支出	50 210 231.02		借	
180104	开办费	0.00		借	
180105	其他	80 477 686.24		借	
1811	递延所得税资产	234 019 468.70		借	
1901	待处理财产损溢	0.00		借	
2001	短期借款		8 772 600 000.00	贷	
2101	交易性金融负债		0.00	贷	
2201	应付票据		12 345 014 591.10	贷	
2202	应付账款		21 891 965 038.53	贷	
2203	预收账款		5 813 568 597.73	贷	
2211	应付职工薪酬		698 185 891.96	贷	
221101	工资薪金		500 034 727.20	贷	
221102	各类基本社会保障性缴款		0.00	贷	
221103	职工教育经费支出		0.00	贷	
221104	工会经费支出		0.00	贷	
221105	职工福利费支出		30 000 324.09	贷	
221106	住房公积金		0.00	贷	

续表

科目编码	科目名称	期末余额		方向	本期实际损益发生额
		借方	贷方		
221107	补充养老保险		0.00	贷	
221108	补充医疗保险		0.00	贷	
221109	其他		168 150 840.67	贷	
2221	应交税费	48 268 012.00	1 159 415 585.32	贷	
222101	应交增值税	48 268 012.00	48 268 012.00	贷	
22210101	进项税额	30 373 930.74		借	
22210102	销项税额		48 195 212.00	贷	
22210103	转出未交增值税	17 894 081.26		借	
22210104	进项税额转出		72 800.00	贷	
22210105	出口退税		0.00	贷	
22210106	减免税款	0.00		借	
22210107	已交税金	0.00		借	
22210108	转出多交增值税		0.00	贷	
22210109	出口抵减内销产品应纳税额	0.00		借	
22210110	销项税额抵减	0.00		借	
222102	应交城市维护建设税		6 146 378.94	贷	
222103	应交教育费附加		2 634 162.40	贷	
222104	应交地方教育附加		1 354 436.34	贷	
222105	应交个人所得税		88 649 658.82	贷	
222106	应交企业所得税		181 467 905.23	贷	
222107	应交营业税		0.00	贷	
222108	应交消费税		743 089 618.20	贷	
222109	未交增值税		87 805 413.39	贷	
222110	待抵扣进项税		0.00	贷	
222111	其他应交税费		0.00	贷	
22211101	应交房产税		0.00	贷	
22211102	应交土地使用税		0.00	贷	
22211103	应交土地增值税		0.00	贷	
22211104	应交资源税		0.00	贷	
22211105	应交车船税		0.00	贷	
22211106	应交印花税		0.00	贷	
22211107	其他		0.00	贷	
222112	预交增值税	0.00		借	

续表

科目编码	科目名称	期末余额		方向	本期实际损益发生额
		借方	贷方		
222113	待认证进项税额	0.00		借	
222114	待转销项税额		0.00	贷	
222115	增值税留抵税额	0.00		借	
222116	简易计税		0.00	贷	
222117	转让金融商品应交增值税		0.00	贷	
222118	代扣代交增值税		0.00	贷	
2231	应付利息		—874 902 859.26	贷	
2232	应付股利		781 949 682.96	贷	
2241	其他应付款		2 233 248 508.01	贷	
224101	个人		84 910 485.09	贷	
224102	代扣社保及公积金		0.00	贷	
22410201	养老保险		0.00	贷	
22410202	医疗保险		0.00	贷	
22410203	失业保险		0.00	贷	
22410204	工伤保险		0.00	贷	
22410205	生育保险		0.00	贷	
22410206	住房公积金		0.00	贷	
224103	公司		2 148 338 022.92	贷	
224104	残保金		0.00	贷	
2314	代理业务负债（代销商品款）		0.00	贷	
2401	递延收益		1 000 000 000.00	贷	
2501	长期借款		1 275 155 776.35	贷	
2502	应付债券		0.00	贷	
2701	长期应付款		0.00	贷	
2702	未确认融资费用		0.00	贷	
2711	专项应付款		0.00	贷	
2801	预计负债		1 005 460 000.00	贷	
2901	递延所得税负债		0.00	贷	
4001	实收资本		9 127 269 000.00	贷	
4002	资本公积		1 464 187 305.77	贷	
4101	盈余公积		3 967 512 617.15	贷	
4103	本年利润		42 547 728.54	贷	
4104	利润分配		31 961 635 939.16	贷	

续表

科目编码	科目名称	期末余额		方向	本期实际损益发生额
		借方	贷方		
410401	未分配利润		31 958 995 939.16	贷	
410402	提取法定盈余公积		2 640 000.00	贷	
410403	提取任意盈余公积		0.00	贷	
410404	应付股利（利润）		0.00	贷	
4201	库存股		0.00	贷	
5001	生产成本	0.00		借	
500101	基本生产成本	0.00		借	
50010101	直接材料	0.00		借	
50010102	直接人工	0.00		借	
50010103	制造费用	0.00		借	
500102	辅助生产成本	0.00		借	
5101	制造费用	0.00		借	
5201	劳务成本	0.00		借	
5301	研发支出	0.00		借	
530101	资本化支出	0.00		借	
5401	工程施工	0.00		借	
5402	工程结算		0.00	贷	
5403	机械作业	0.00		借	
6001	主营业务收入		0.00	贷	359 700 400.00
600101	商品销售收入		0.00	贷	359 700 400.00
600102	提供劳务收入		0.00	贷	0.00
600103	建造合同收入		0.00	贷	0.00
600104	让渡资产使用权收入		0.00	贷	0.00
600105	其他		0.00	贷	0.00
6051	其他业务收入		0.00	贷	11 032 000.00
605101	销售材料收入		0.00	贷	11 032 000.00
605102	出租固定资产收入		0.00	贷	0.00
605103	出租无形资产收入		0.00	贷	0.00
605104	出租包装物和商品收入		0.00	贷	0.00
605105	其他		0.00	贷	0.00
6101	公允价值变动损益		0.00	贷	0.00
6111	投资收益		0.00	贷	991 813.00
6301	营业外收入		0.00	贷	2 320 231.00

续表

科目编码	科目名称	期末余额		方向	本期实际损益发生额
		借方	贷方		
630101	非流动资产处置利得		0.00	贷	0.00
630102	非货币性资产交换利得		0.00	贷	0.00
630103	债务重组利得		0.00	贷	0.00
630104	政府补助利得		0.00	贷	2 320 231.00
630105	盘盈利得		0.00	贷	0.00
630106	捐赠利得		0.00	贷	0.00
630107	罚没利得		0.00	贷	0.00
630108	确实无法偿付的应付款项		0.00	贷	0.00
630109	汇兑收益		0.00	贷	0.00
630110	其他		0.00	贷	0.00
6401	主营业务成本	0.00		借	302 544 500.00
640101	商品销售成本	0.00		借	302 544 500.00
640102	提供劳务成本	0.00		借	0.00
640103	建造合同成本	0.00		借	0.00
640104	让渡资产使用权成本	0.00		借	0.00
640105	其他	0.00		借	0.00
6402	其他业务成本	0.00		借	10 406 612.00
640201	材料销售成本	0.00		借	10 406 612.00
640202	出租固定资产成本	0.00		借	0.00
640203	出租无形资产成本	0.00		借	0.00
640204	包装物出租成本	0.00		借	0.00
640205	其他	0.00		借	0.00
6403	税金及附加	0.00		借	2 147 289.76
640301	消费税	0.00		借	0.00
640303	城市维护建设税	0.00		借	1 252 585.69
640304	资源税	0.00		借	0.00
640305	土地增值税	0.00		借	0.00
640306	教育费附加	0.00		借	536 822.44
640307	地方教育附加	0.00		借	357 881.63
640308	印花税等	0.00		借	0.00
640309	车船税	0.00		借	0.00

续表

科目编码	科目名称	期末余额		方向	本期实际损益发生额
		借方	贷方		
640310	土地使用税	0.00		借	0.00
640311	房产税	0.00		借	0.00
6601	销售费用	0.00		借	306 738.88
660101	职工薪酬	0.00		借	19 022.88
66010101	工资薪金支出	0.00		借	0.00
66010102	职工福利费支出	0.00		借	6 000.00
66010103	职工教育经费支出	0.00		借	0.00
66010104	工会经费支出	0.00		借	0.00
66010105	各类基本社会保障性缴款	0.00		借	13 022.88
66010106	住房公积金	0.00		借	0.00
66010107	补充养老保险	0.00		借	0.00
66010108	补充医疗保险	0.00		借	0.00
66010109	其他	0.00		借	0.00
660102	劳务费	0.00		借	0.00
660103	咨询顾问费	0.00		借	0.00
660104	业务招待费	0.00		借	8 725.00
660105	广告费和业务宣传费	0.00		借	126 808.00
660106	佣金和手续费	0.00		借	0.00
660107	资产折旧摊销费	0.00		借	49 688.00
66010701	固定资产折旧	0.00		借	0.00
66010702	无形资产摊销	0.00		借	49 688.00
660108	财产损耗、盘亏及毁损损失	0.00		借	0.00
660109	办公费	0.00		借	0.00
660110	董事会费	0.00		借	0.00
660111	租赁费	0.00		借	0.00
660112	诉讼费	0.00		借	0.00
660113	差旅费	0.00		借	2 975.00
660114	保险费	0.00		借	0.00
660115	运输、仓储费	0.00		借	0.00
660116	修理费	0.00		借	0.00
660117	包装费	0.00		借	0.00
660118	技术转让费	0.00		借	0.00

续表

科目编码	科目名称	期末余额		方向	本期实际损益发生额
		借方	贷方		
660119	研究费用	0.00		借	0.00
660120	各项税费	0.00		借	0.00
660121	其他	0.00		借	99 520.00
6602	管理费用	0.00		借	475 889.64
660201	职工薪酬	0.00		借	120 329.64
66020101	工资薪金支出	0.00		借	96 939.00
66020102	职工福利费支出	0.00		借	2 500.00
66020103	职工教育经费支出	0.00		借	7 809.60
66020104	工会经费支出	0.00		借	1 913.60
66020105	各类基本社会保障性缴款	0.00		借	1 201.44
66020106	住房公积金	0.00		借	9 966.00
66020107	补充养老保险	0.00		借	0.00
66020108	补充医疗保险	0.00		借	0.00
66020109	其他	0.00		借	0.00
660202	劳务费	0.00		借	0.00
660203	咨询顾问费	0.00		借	0.00
660204	业务招待费	0.00		借	0.00
660205	广告费和业务宣传费	0.00		借	0.00
660206	佣金和手续费	0.00		借	0.00
660207	资产折旧摊销费	0.00		借	136 000.00
66020701	固定资产折旧	0.00		借	136 000.00
66020702	无形资产摊销	0.00		借	0.00
660208	财产损耗、盘亏及毁损损失	0.00		借	0.00
660209	办公费	0.00		借	150.00
660210	董事会费	0.00		借	0.00
660211	租赁费	0.00		借	0.00
660212	诉讼费	0.00		借	30 000.00
660213	差旅费	0.00		借	5 750.00
660214	保险费	0.00		借	0.00
660215	运输、仓储费	0.00		借	0.00
660216	修理费	0.00		借	0.00
660217	包装费	0.00		借	0.00

续表

科目编码	科目名称	期末余额		方向	本期实际损益发生额
		借方	贷方		
660218	技术转让费	0.00		借	0.00
660219	研究费用	0.00		借	0.00
660220	其他	0.00		借	183 660.00
66022001	交通费	0.00		借	0.00
66022002	物业费	0.00		借	0.00
66022003	技术服务费	0.00		借	0.00
66022004	车杂费	0.00		借	0.00
66022005	开办费	0.00		借	0.00
66022006	通讯费	0.00		借	0.00
66022007	其他费用	0.00		借	183 660.00
660221	各项税费	0.00		借	0.00
6603	财务费用	0.00		借	−3 132 691.00
660301	利息收支	0.00		借	0.00
660302	汇兑差额	0.00		借	0.00
660303	现金折扣	0.00		借	−3 132 691.00
660304	其他	0.00		借	0.00
66030401	手续费	0.00		借	0.00
6701	资产减值损失	0.00		借	90 000.00
6711	营业外支出	0.00		借	4 475 800.00
671101	非流动资产处置损失	0.00		借	263 000.00
671102	非货币性资产交换损失	0.00		借	0.00
671103	债务重组损失	0.00		借	410 000.00
671104	非常损失	0.00		借	632 800.00
671105	捐赠支出	0.00		借	1 400 000.00
671106	赞助支出	0.00		借	0.00
671107	罚没支出	0.00		借	0.00
671108	坏账损失	0.00		借	0.00
671109	无法收回的债券股权投资损失	0.00		借	0.00
671110	其他	0.00		借	1 770 000.00
6801	所得税费用	0.00		借	14 182 576.18
6901	以前年度损益调整	0.00		借	0.00

表 15－3　现金流量表

单位：元

项目	行次	6月发生额	本年累计金额
一、经营活动产生的现金流量：			
销售商品、提供劳务收到的现金	1	353 067 822.00	1 059 203 466.00
收到的税费返还	2	—	—
收到其他与经营活动有关的现金	3	2 320 231.00	6 960 693.00
经营活动现金流入小计	4	355 388 053.00	1 066 164 159.00
购买商品、接受劳务支付的现金	5	189 902 982.27	569 709 344.57
支付给职工以及为职工支付的现金	6	545 374.32	1 319 344.96
支付的各项税费	7	—	—
支付其他与经营活动有关的现金	8	1 419 043.00	4 254 978.00
经营活动现金流出小计	9	191 867 399.59	575 283 667.53
经营活动产生的现金流量净额	10	163 520 653.41	490 880 491.47
二、投资活动产生的现金流量：			
收回投资收到的现金	11	—	—
取得投资收益收到的现金	12	—	—
处置固定资产、无形资产和其他长期资产收回的现金净额	13	—	—
处置子公司及其他营业单位收到的现金净额	14	—	—
收到其他与投资活动有关的现金	15	—	—
投资活动现金流入小计	16	—	—
购建固定资产、无形资产和其他长期资产支付的现金	17	74 203 648.47	100 627 085.41
投资支付的现金	18	—	—
取得子公司及其他营业单位支付的现金净额	19	—	—
支付其他与投资活动有关的现金	20	—	—
投资活动现金流出小计	21	74 203 648.47	100 627 085.41
投资活动产生的现金流量净额	22	−74 203 648.47	−100 627 085.41
三、筹资活动产生的现金流量：			
吸收投资收到的现金	23	—	—
取得借款收到的现金	24	—	—
收到其他与筹资活动有关的现金	25	—	—
筹资活动现金流入小计	26	—	—
偿还债务支付的现金	27	109 100 000.00	327 300 000.00
分配股利、利润或偿付利息支付的现金	28	316 245 718.00	948 737 154.00
支付其他与筹资活动有关的现金	29	—	—
筹资活动现金流出小计	30	425 345 718.00	1 276 037 154.00
筹资活动产生的现金流量净额	31	−425 345 718.00	−1 276 037 154.00

续表

项目	行次	6月发生额	本年累计金额
四、汇率变动对现金及现金等价物的影响	32		
五、现金及现金等价物净增加额	33	−336 028 713.06	−885 783 747.94
加：期初现金及现金等价物余额	34	8 079 492 108.12	8 629 247 143.00
六、期末现金及现金等价物余额	35	7 743 463 395.06	7 743 463 395.06

修改平时作业

结账后如果需要修改平时作业，可以按照“反结账—反记账—撤销审核—撤销提交—删除结转凭证”的顺序恢复结账前状态，修改凭证。

思考题

1. 什么是会计核算？会计核算内容有哪些？
2. 核算会计在核算中心进行现金流量分析的原因是什么？企业的经营现金流分析具有哪些意义？
3. 简述凭证记账与凭证审核操作要点（操作主体、作用、意义）的对比。

延伸阅读

会计引擎

在业财一体化的大趋势下，企业经营中的三大主要流程——业务流程、会计流程、管理流程趋向融合。实现业财一体化的关键是让业务理解财务，让财务支持业务，即让财务数据和业务数据融为一体。在实际情况中，财务和业务数据很难相互融合，原因主要是虽然财务系统拥有统一的会计语言，以会计凭证为记录载体，以财务报表为展示工具，一个会计在看到其他会计做的分录后能够理解分录背后的经济实质，但是业务系统并没有统一的业务语言。每天企业中会发生很多种类的业务，分别对应企业中不同的业务系统，这些业务系统中的信息在没有整理和标准化之前，很难直接被业务人员解读和理解。而且业务系统涉及的业务面越来越广泛，给每一种业务系统规定一套会计核算规则的方法也会随着业务的发展和分化而越来越复杂。因此，企业需要一个自动化的决策工具，帮助企业准确、快速地将业务语言转换为财务语言，这就是会计引擎。

如图 15-8 所示，会计引擎是业务系统和会计系统的中间件，是会计核算系统前置的统一决策系统。它的功能是自动收集业务交易产生的凭证信息和财务管理手工录入的凭证信息，然后根据系统预设的会计规则，自动将采集的数据生成明细账、总账和财务报表，简化业务流程。它就像是一个业务财务语言的翻译器，将业务语言转换为财务语言，以实现业务财务数据的对接。

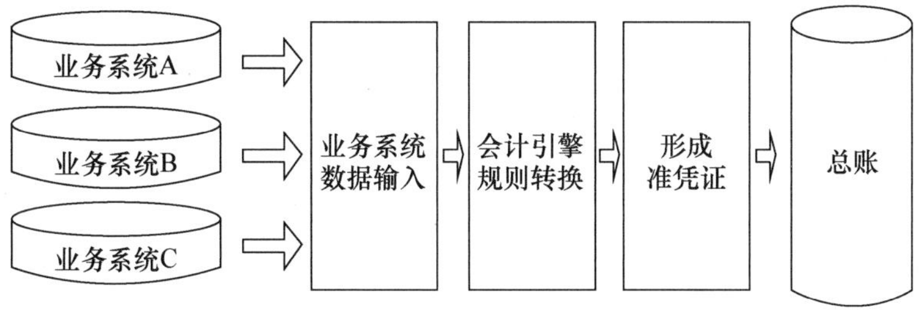

图 15-8　会计引擎工作原理

会计引擎的工作原理并不复杂，它靠事件推动，集成业务系统和会计核算系统。通过系统产品、事件和场景，将业务内容拆分成交易信息、计量信息等会计核算内容，按照统一的、独立的会计核算规则，生成明细账和总账。

会计引擎在业务流程中就像传统的会计人员，相当于一个做账机器人。会计引擎的使用可以给共享中心带来如下优势：

1. 简化会计流程

不需要给每一个业务系统配置一个会计核算规则，统一的会计引擎可以一端对接所有的业务系统获得业务数据输入，另一端对接核算系统或者管理会计系统。所有业务信息归纳后由独立的会计引擎平台集中处理，转换为财务语言，减少系统的重复记账。

2. 提高系统灵活性

由于会计引擎是独立的模块，因此财务系统和业务系统的迭代升级不会互相影响。例如，如果业务系统做了修改，只需要维护会计引擎、更改会计规则模型即可。

3. 提升效率

无须同步处理业务和财务，提高系统对业务的吞吐量，提高对客户需求的响应速度。

4. 数据标准化

统一数据标准，财务数据可追溯，业务数据可延伸，为企业财务管理提供可靠、标准化的数据。

除此之外，随着技术的进步，会计引擎也可以借助新的技术进一步提高财务业务数据对接能力。一方面，会计引擎可以使用机器学习技术，通过监督学习或者无监督学习等方式优化业务财务信息转化规则，提高会计引擎的转换速度和转换准确率；另一方面，会计引擎也可以使用区块链技术建立分布式账本，提高会计引擎转换结果的可追溯性，保证数据的安全性和准确性。

参考文献

1. ACCA，中兴新云服务有限公司，厦门国家会计学院. 2020 年中国共享服务领域调研报告.

2. 2019 年中国共享服务领域调研报告.

3. 2018 年中国共享服务领域调研报告.

4. http://www.ztccloud.com.cn/classicalarticle_content/701587/.

实训与视频使用说明

本书免费开放实训平台的部分功能模块，并提供相应的视频讲解。步骤如下：

1. 登录平台并完成用户注册

输入网址（http://www.ejingxue.cn）进入平台首页（建议使用 Chrome、Firefox、Safari 等浏览器）。首次登录需先完成用户注册。

2. 激活教材序列号

首次登录后，单击页面右上方“激活教材序列号”按钮，输入教材封面贴片上的完整序列号，点击“确认激活”（见图 1）。激活成功后，可免费使用第十章费用报销模块的实训。注意：一旦激活成功，此模块的免费有效期为 6 个月。

图 1　激活教材序列号界面

点击“课程目录”，单击第十章费用报销“立即实训”按钮（见图 2），即可实训。

图 2　课程目录界面

3. 观看视频讲解

本书提供了实训模块的视频讲解，有两种方式可以观看。

（1）手机端：扫描书中相应位置的二维码（首次需先扫描教材封面贴片的二维码）。

（2）电脑端：点击图 2 界面中的“查看实训步骤”按钮。

4. 客户服务

在平台使用过程中，如有任何疑问，可在页面点击在线客服留言，我们将尽快为您解答（见图 3）。

图 3　客户服务

中国人民大学出版社　管理分社

教师教学服务说明

中国人民大学出版社管理分社以出版工商管理和公共管理类精品图书为宗旨。为更好地服务一线教师，我们着力建设了一批数字化、立体化的网络教学资源。教师可以通过以下方式获得免费下载教学资源的权限：

★ 在中国人民大学出版社网站 www.crup.com.cn 进行注册，注册后进入“会员中心”，在左侧点击“我的教师认证”，填写相关信息，提交后等待审核。我们将在一个工作日内为您开通相关资源的下载权限。

★ 如您急需教学资源或需要其他帮助，请加入教师 QQ 群或在工作时间与我们联络。

中国人民大学出版社　管理分社

教师 QQ 群：648333426(工商管理)　114970332(财会)　648117133(公共管理)
教师群仅限教师加入，入群请备注(学校＋姓名)

联系电话：010-62515735，62515987，62515782，82501048，62514760

电子邮箱：glcbfs@crup.com.cn

通讯地址：北京市海淀区中关村大街甲 59 号文化大厦 1501 室(100872)

管理书社　　人大社财会　　公共管理与政治学悦读坊